地方产业驱动的乡村振兴之路
浙江模式研究

Rural Revitalization Driven by Local Industries
The Zhejiang Model

陈晨 著

·上海·

序言

中国这样一个人口大国，在工业化、城市化和现代化进程中，任何时候都不能忽视乡村发展和农业现代化。自改革开放以来，中央政府一直高度重视"三农"问题。就我国的乡村发展而言，有两条重要的政策路径：一是借助工业化、城市化发展带动和反哺乡村发展，如在政策上鼓励农村剩余劳动力进城务工和农民工市民化，并逐步演进至城乡统筹（2003）、城乡一体化（2007）、城乡融合（2017）等政策导向。二是推动乡村地区的在地化发展，如鼓励发展乡镇企业和"离土不离乡"，并出台社会主义新农村建设（2005）、美丽乡村建设（2013）、乡村振兴战略（2017）等政策；党的十九大后进一步出台了《乡村振兴战略规划（2018—2022年）》等政策和法律文件。此外，多年来的中央一号文件也以"三农"为主题，强调农业农村优先发展，乡村发展的指导思想则是既要"以城带乡、以工补农"，同时也要促进"乡村内生发展"。乡村地区的发展既面临着诸多挑战，也有着前所未有的机遇。在新时代的新格局下，我国乡村振兴需要不断向纵深推进；在此情形下，如何将政策支持与市场机制相结合，有效激活乡村发展的内生动力，是学界与业界的共同课题。

在我国的国情下，乡村发展中的产业发展有其独特地位。这里的产业，既指传统农耕的第一产业，也包括新型的第二产业和第三产业，以及三次产业相结合的所谓"六次产业"。同时，乡村产业发展也有其自身的特殊性和规律性，将城市产业发展的经验"生搬硬套"到乡村地区难免会失败。从国际经验看，很多乡村地区在内外部条件变化后便长期趋于衰退，甚至极其衰败；这种情景的出现，有其内部成因机理和必然性。反之，呈现出活力和可持续发展的乡村地区大多具有某种地方特色的产业基础；它们或是基于资源禀赋，或是源于创新思维和实践的"无中生有"。

本书的相关研究工作缘起于上述宏观背景，写作素材主要源于2017—2023年间在浙江省的大量田野调查。作者借鉴类型学研究方法，根据产业类别进行乡村聚落分类，从"产村互动"的视角归纳拥有不同类别地方产业的乡村聚落的发展特征，在总体上形成了对"浙江模式"的归纳。因此，本书不但具有传递研究经验的现实意义，同时也有启迪规律性认知的理论意义。

从现实意义及应用层面看，浙江省的改革开放和自下而上的工业化、城镇化及乡村振兴都已经取得了巨大的成就，本书揭示了其背后的大胆探索、政策制度创新、发展模式的不拘一格等经验。目前浙江省的整体市场化、现代化、信息化、全球化等程度均较高，其乡村发展和转型实践在发达地区以及全国具有先锋性与典型性。对浙江的地方产业驱动的乡村振兴案例和模式加以总结，有利于面上的借鉴。这里的所谓借鉴，包括发展模式和路径的借鉴，但更重要的是对浙江基层创业者的大胆探索、因地制宜和务实求真的精神和理念的借鉴，从而寻找和开拓适合本地的乡村转型与振兴之路。

从理论层面看，作者主要以产业经济学和城乡规划学的双重视角，将研究对象聚焦在"具有地方产业发展基础的乡村聚落"，通过不同产业门类对乡村聚落进行类型学特征规律总结，进而解析地方产业驱动乡村聚落发展的内生机理，以及探究乡村聚落在不同的外部条件下的发展驱动机制。这有助于构建地方产业驱动乡村聚落发展的一般解释理论，并提出相应的规划策略；这种努力显然也有助于我国新时代的乡村规划理论和方法建构。

最后还需要指出，我国幅员辽阔、地区差异巨大，乡村地域和发展阶段的类型很多；浙江的经验很重要，但毕竟有其地域特定性。希望本书的出版能引发更多的同类研究，尤其是青年学者基于田野调查和地域模式总结的研究，为全面推进我国的乡村振兴作出应有的贡献。

赵民
2024 年 3 月 31 日

前言

伴随着我国快速城镇化的进程，乡村发展一直是我国经济社会发展中的重点问题，国家层面的政策命题有一定的阶段性。2002—2016年，乡村地区的发展主要得益于"统筹城乡发展"（2002）和"城乡发展一体化"（2007），这些命题凸显出"以城带乡、以工补农"的思想，但相对忽视了乡村发展的主体性诉求和内生动力机制。既然是"以城带乡"，那么在实践层面，发达地区更有可能率先达到城乡一体化（或城乡统筹）发展的路径，从而形成了上海、苏州、成都、重庆、珠三角等一系列工具理性的发展模式[1,2]。总体而言，不同地区所处城乡发展阶段的差异性决定了其城乡统筹发展模式的差异性[3]，城镇化和经济发展程度越高的地区，其政府能够掌握的资源（土地、就业、产业等）一般也越多。相应地，地方政府可用的政策工具也就较多；而上述模式也具有显著的共性，主要在于围绕农村土地的政策和制度创新，具体做法包括"三集中""三置换""地票""土地银行"等[4]。

然而，经过长达14年的主动政策干预和公共财政投入，乡村地区衰败、落后的局面仍没有发生根本性的改变。2017年，党的十九大报告将"乡村振兴"上升到国家战略的高度，提出要坚持农业农村优先发展，由此乡村发展的重要性已经上升到前所未有的高度。从"产业兴旺、生态宜居、乡风文明、治理有效、生活富裕"的总体要求来看，中央层面已认识到乡村发展具有独立于城市的主体性诉求，而不是城市的附庸。乡村常住人口仍占我国人口的40%，乡村户籍人口更高达58%，如何在这样一个基本国情下实现全面乡村振兴成了摆在各地政府面前的重大难题。在实践层面，当前乡村振兴实践中仍不乏高度依赖财政资金的样板乡村，显示出外部干预未能有效激发乡村发展的内生动力，也就难以起到真正的示范和推广作用。

对照发达经济体的彼岸状态，大量缺乏内生动力的乡村地区随着城镇化的推进逐渐消失是

---

1 陈晨，方辰昊，陈旭. 从城乡统筹到城乡发展一体化：先发地区实践探索[M]. 北京：中国建筑工业出版社，2018.
2 石忆邵. 城乡一体化理论与实践：回眸与评析[J]. 城市规划汇刊，2003（1）：49-54.
3 CHEN C, LEGATES R, FANG C H. From Coordinated to Integrated Urban and Rural Development in China's Megacity Regions[J]. Journal of Urban Affairs, 2019, 41(2): 150-169.
4 赵民，方辰昊，陈晨."城乡发展一体化"的内涵与评价指标体系建构：暨若干特大城市实证研究[J]. 城市规划学刊，2018（2）：11-18.

客观规律，而进入可持续发展的乡村地区则大多具有某种地方特色的资源禀赋，并据此形成乡村发展的产业基础。这种地方产业可能包括：①规模化的粮食或蔬菜瓜果的生产基地；②某种特色农产品的供应地；③特色农产品及其深加工产业的集聚地；④建立在农业或风景资源基础上的休闲旅游目的地；⑤建立在农业文明、历史文化传承基础上的旅游目的地，等等。法国、日本等都在农村地区开发了大批具有特色的旅游产品，法国还发展出成熟的乡村养老业[1]。日本和我国台湾地区都提出了所谓的"六次产业战略"[2,3]。我国空间地域广袤，资源差异性极大。借鉴类型学研究方法，根据产业类别进行乡村聚落分类，从经济、社会、空间等多维度归纳基于不同类别地方产业的乡村聚落发展的类型学特征，具有重要的理论和现实意义。

在政策层面，产业发展对于乡村发展的重要性也不断被提到新的高度。党的十九大将"乡村振兴"上升至国家战略，并将"产业兴旺"放在乡村振兴总目标中最重要的位置。2019年中央一号文件再次强调"加快发展乡村特色产业"。因地制宜发展多样性特色农业，倡导"一村一品""一县一业""大力发展现代农产品加工业、发展乡村新型服务业"等；2019年1月，《中央农办、农业农村部、自然资源部、国家发展改革委、财政部关于统筹推进村庄规划工作的意见》进一步明确提出，"结合村庄资源禀赋和区位条件，引导产业集聚发展，尽可能把产业链留在乡村，让农民就近就地就业增收"。

然而，学界对地方产业驱动乡村聚落发展的认识落后于现实情况的发展，现行的乡村规划体系缺乏有效的干预手段，在理论和实践两个层面都存在缺憾，但也存在较大的潜力和机遇。

在理论层面，已有研究较多关注通过政策倾斜、财政投入、资本介入、人才导入等外部干预的方式提升乡村发展水平，但在"内生动力"方面，对地方产业驱动乡村聚落发展的过程还没有形成系统性的解释理论。我国乡村地区丰富多元的资源禀赋孕育了大量具有根植性和自组织性的地方产业，各地的发展和规划实践为本书写作的开展提供了丰富的研究样本和广阔的前景。

在实践层面，理解地方产业驱动乡村聚落发展的机理，有两个层面的应用意义：一是对已经形成地方产业的地区而言，有助于形成更有效的规划干预，特别是避免造成"善意"的破坏。二是对没有形成地方产业的地区，研究可以为如何通过外部干预促成内生型的特色地方产业，以及相应的乡村聚落提供经验参考。

---

1 周建华，贺正楚.法国农村改革对我国新农村建设的启示[J].求索，2007（3）：17-19.
2 即"1+2+3=6"次产业，主要表现在三个方面的产业多元化：农业现代化、农村工业化及农村休闲化。政府还强调"一乘二乘三"的产业联动效应，由农业向第二产业、第三产业延伸，避免走向单一发展第二产业、第三产业的极端，通过农业稳固农村的内涵和特征，不断强化农村"造血"功能。
3 赵民，方辰昊，陈晨."城乡发展一体化"的内涵与评价指标体系建构：暨若干特大城市实证研究[J].城市规划学刊，2018（2）：11-18.

在研究对象上，本书聚焦的浙江省乡村振兴实践在沿海发达地区以及全国范围均具有先锋性与典型性，不仅表现出较好的乡村经济社会发展绩效，更为可贵的是还培育出了自下而上、生生不息的内源动力。一方面，浙江乡村振兴所取得的成就，与其政策环境密不可分；浙江省的政策创新与制度改革走在全国前列，促进乡村地区走上了全面、协调、可持续发展之路。2003年，时任浙江省委书记的习近平同志提出"八八战略"，其中包括前瞻性地提出了创建生态省。2005年，习近平同志在浙江省湖州市安吉县余村考察时，提出"绿水青山就是金山银山"的重要论断（以下简称"两山理念"）。在"两山理念"的指引下，安吉县下辖的乡村地区创造性地探索出"美丽乡村"发展模式，即通过环境整治、基础设施建设及生态文明建设带动乡村在风貌、经济、社会发展等方面的嬗变。2010年起，浙江省全面推广安吉经验，将美丽乡村建设升级为省级战略决策。2013年起，安吉的样板推广至全国范围。可以说，乡村振兴上升为国家战略与浙江省的先锋探索密不可分。

另一方面，浙江省的乡村实践在很大程度上与发达地区活跃开放的市场经济土壤有关。浙江省的经济社会发展水平较高，市场化、现代化、信息化、全球化等程度均较高，具有比较活跃且多元的民营经济基础，营造出自由包容、自主创新的城乡发展氛围，从而能不断激发出块状经济、民宿经济、淘宝村镇等自下而上、欣欣向荣的新兴乡村发展景象。因此，浙江省具有相对成熟与融合的城乡发展环境，蕴含着多元要素共同作用的机制内涵，其颇具先锋性与多样性的乡村发展实践，可为全国其他相对较发达地区的乡村振兴实践提供一定借鉴。

由此，本书聚焦"位于浙江省的具有地方产业发展基础的乡村聚落"，并以"乡镇／街道"为单元选取一系列相对完整的空间地域。笔者在2017—2023年连续七年组织的浙江省乡村产业振兴田野调查中积累了大量的一手资料，通过不同产业门类对乡村聚落进行类型学特征规律总结；继而检验地方产业驱动乡村聚落发展的内生机理及乡村聚落在不同的外部干预下的演进韧性，试图从经济、社会、空间等多维度归纳基于不同类别地方产业的乡村聚落发展的类型学特征，总结归纳地方产业驱动乡村聚落发展的浙江模式，进而提出面向乡村聚落"产业－社区"可持续发展的规划策略和政策建议。

本书第1章是理论视阈下的产业发展与乡村振兴，第2章是浙江省乡村振兴的政策实践及产业基础，第3章是对浙江模式进行解读的理论建构与研究设计，第4—6章分别是基于农业资源、工业基础和风景资源的乡村振兴实践及驱动机制，第7章总结地方产业驱动乡村振兴的浙江模式，第8章归纳面向乡村聚落"产业－社区"可持续发展的规划策略。本书部分章节的观点曾发表于有关学术期刊，现提出地方产业驱动乡村振兴的浙江模式，是对过去7年中浙江省乡村产业振兴及其规划干预研究中点滴心得的系统性学术总结。

目录

序言   3

前言   5

第 1 章　理论视阈下的产业发展与乡村振兴   11

    1.1　乡村聚落的发展类型研究   12

    1.2　乡村聚落发展的内生动力   13

    1.3　乡村聚落发展的外部干预与韧性机制   16

    1.4　小结   19

第 2 章　浙江省乡村振兴的政策实践及产业基础   23

    2.1　浙江省战略层面的乡村政策演进   24

    2.2　浙江省行动层面的乡村政策演进   30

    2.3　浙江省乡村发展的产业基础   35

    2.4　小结   40

第 3 章　探索地方产业驱动乡村振兴的浙江模式   43

    3.1　理论建构   44

    3.2　研究设计   46

第 4 章　基于农业资源的乡村振兴实践及驱动机制   53

    4.1　白茶产业驱动的安吉县溪龙乡模式   54

    4.2　河蟹产业驱动的长兴县洪桥镇模式   69

    4.3　珍珠产业驱动的诸暨市山下湖镇模式   82

第 5 章	基于工业基础的乡村振兴实践及驱动机制		95
	5.1	制鞋产业驱动的温岭市泽国镇模式	96
	5.2	羊毛衫产业驱动的嘉兴市濮院镇模式	108
	5.3	童装产业驱动的吴兴区织里镇模式	122

第 6 章	基于风景资源的乡村振兴实践及驱动机制		137
	6.1	民宿产业驱动的莫干山镇模式	138
	6.2	乡村旅游产业驱动的安吉县天荒坪镇模式	152
	6.3	老年康养产业驱动的长兴县水口乡模式	168

第 7 章	地方产业驱动乡村振兴的浙江模式		185
	7.1	基本特征	186
	7.2	驱动机制	190
	7.3	趋势展望	193

第 8 章	面向乡村聚落"产业－社区"可持续发展的规划策略		201
	8.1	面向农业驱动模式的乡村规划策略	202
	8.2	面向加工贸易业驱动模式的乡村规划策略	207
	8.3	面向旅游业驱动模式的乡村规划策略	212
	8.4	地方产业驱动乡村发展的"乡村产业振兴工作法"	217
	8.5	小结	220

后记	223

第 1 章

理论视阈下的产业发展与乡村振兴

1.1 乡村聚落的发展类型研究

"聚落"是指人类各种形式的居住场所，包括房屋及其相关的生产、生活设施，由各种建筑物、构筑物、道路、绿地、水源地等物质要素组成。人类聚落的规模越大，物质要素构成越复杂，可分为乡村聚落和城市聚落两大类[1]。近年来，在乡村城镇化、工业化和政府调控等外部因素和乡村聚落自身社会经济文化等内部因素综合影响下，我国乡村聚落进入功能转型和空间重构的关键加速期，许多学者认为乡村聚落发展将成为今后国内乡村聚落地理研究的主要内容之一[2]。

乡村聚落的发展类型研究是乡村地理学的核心内容之一，旨在揭示乡村社会经济活动的分异规律。界定乡村发展类型的难点在于如何把握乡村整体发展演变的动态性、乡村各组成要素的不整合性、乡村与城市之间的相对性，以及由于这三大特性形成的城乡连续体（Rural-urban Continuum），这些都大大增加了对乡村发展类型及其所处阶段的判断难度[3]。在此认知前提下，现有相关成果主要依据乡村地域空间特征、经济发展水平、产业结构、社会主体等进行乡村发展类型的划分。

1.1.1 基于乡村地域空间特征的分类

基于乡村地域空间特征，一是根据地貌条件、水文条件、开放程度、村落规模等地域环境条件进行分类[4]，二是基于乡村空间形态及演变特征进行分类，如沈惠新、常江、尤海梅将徐州村庄分为无序蔓延式、轴向带状式、跳跃组团式和紧凑连续式4种类型[5]。此外，城乡空间关系也成为划分乡村发展类型的重要依据之一，如广州等城市已在其乡村规划编制指引中提出城郊村、城边村、城中村、搬迁村的分类方式。

1.1.2 基于乡村经济发展水平、产业结构等的分类

基于经济视角，以主导产业进行乡村发展分类的方法最为常见，可分为农业主导型、工业

---

1 王恩涌，赵荣，张小林，等.人文地理学[M].北京：高等教育出版社，2000：191.
2 朱晓翔，朱纪广，乔家君.国内乡村聚落研究进展与展望[J].人文地理，2016，31（1）：33-41.
3 龙花楼，刘彦随，邹健.中国东部沿海地区乡村发展类型及其乡村性评价[J].地理学报，2009，64（4）：426-434.
4 刘晓霞.乡村地域发展模式研究：以宝鸡地区为例[J].人文地理，1999，14（S1）：52-55.
5 沈惠新，常江，尤海梅.徐州市村庄空间形态演化研究[J].现代城市研究，2013，28（11）：93-98.

主导型、商旅服务型和均衡发展型 4 种乡村产业发展类型[1,2]。在此基础上，部分学者根据乡村的具体经济职能进行细分，例如，吴梦肖、尹洁基于陕西西安乡村调查研究，划分出新兴工业主导型、特色经济主导型、畜牧养殖主导型、生态农业主导型、旅游休闲主导型、商贸流通主导型、合作经济组织主导型、劳务经济主导型、文化主导型共 9 种乡村发展类型[3]。此外，也有学者将乡村经济发展水平、土地及劳动生产率、农民人均收入与消费水平等指标作为依据，将乡村聚落发展分为发达型、相对发达型、相对落后型、落后型 4 类乡村经济类型[4,5]。

1.1.3 基于乡村多元因素的综合分类

随着乡村发展的内涵逐渐丰富完善，学界对乡村发展的分类依据也逐渐从单一的经济因素转变为多元的经济、空间、生态、社会等因素，更综合、客观地反映乡村发展水平的差异。例如，董越和华晨以乡村经济、空间建设与生态环境为 3 个评价维度，将乡村发展分为全优均衡型、经济超前型、生态超前型、建设超前型、经济滞后型、建设滞后型、生态滞后型和整体落后型 8 种类型[6]。此外，根据驱动乡村经济社会发展的社会主体可分为政府主导型、城市带动型、村企互动型、支部带动型、能人领导型等类型[7]。

1.2 乡村聚落发展的内生动力

"外生发展"与"内生发展"的概念最早源于 20 世纪 60 年代欧美与日本社会学领域研究。前者是以政府主导，以外来资本、人才技术等要素输入的方式，追求经济快速增长，是阶段性的单系发展学说；后者则强调对本土资源禀赋的依赖，通过因地制宜的布局与经济结构调整，实现地区经济、环境、社会等方面的全面协调与可持续发展，呈现出多系渐进积累的过程。外生式发展模式在乡村地区屡见不鲜，费孝通先生与日本学者鹤见和子、柳田国男等根据大量乡村实践总结出乡村发展单凭外生模式难以持续，从根源上还有赖于自身的内生发展能力[8]。

---

1 孟欢欢,李同昇,于正松,等.安徽省乡村发展类型及乡村性空间分异研究[J].经济地理,2013（4）：144-148+185.
2 龙花楼,刘彦随,邹健.中国东部沿海地区乡村发展类型及其乡村性评价[J].地理学报,2009,64（4）：426-434.
3 吴梦肖,尹洁.乡村发展九模式：以陕西省西安市庄发展规划为例[J].农村金融研究,2007（8）：24-28.
4 张步艰.浙江省农村经济类型区划分[J].经济地理,1990（2）：18-22.
5 崔明,覃志豪,唐冲,等.我国新农村建设类型划分与模式研究[J].城市规划,2006,30（12）：27-33.
6 董越,华晨.基于经济、建设、生态平衡关系的乡村类型分类及发展策略[J].规划师,2017,33（1）：128-133.
7 蒋和平,朱晓峰,等.社会主义新农村建设的理论与实践[M].北京：人民出版社,2007.
8 费孝通,鹤见和子,等.农村振兴和小城镇问题：中日学者共同研究[M].南京：江苏人民出版社,1991.

20 世纪 90 年代，学界对"内生发展"逐渐形成共识性的认知把握，与"乡村生产三要素"相对应，可归入经济、社会、空间 3 个层面。

1.2.1 具有根植性的乡村地方产业及其内源发展

乡村地区产业经济的可持续发展在于乡村产业的根植性，即是否依赖本地的自然资源、历史文脉、人力资源等独特的本地资源禀赋。许多学者在研究中关注到许多根植于地域资源禀赋和本地乡村社区的产业，典型案例如我国台湾地区桃米社区依托本地蛙类物种丰富的独特资源形成蛙类主题的文创产业[1]，瑞典温特瑞克（Kristianstads Vattenrike）湿地社区确定的芦苇制品传统特色产业，在解决村民就业和收入的同时又具有维持本地生态系统平衡的功能[2]。此外，还有浙江省德清县莫干山镇基于风景资源的高端民宿产业[3]、江西省宜春市温汤镇基于富硒温泉资源的异地养老／旅游度假产业[4]，等等。

由于规模效应、集聚经济和知识溢出，地方产业在发展过程中有形成产业集群的内生动力。地方产业集群的形成一般根植于当地的自然禀赋、文化基础、社会关系和制度结构中[5]，这构成了某个地区产业集群的形成与发展的内部条件。当全球价值链在空间垂直分离进入某一特定区域时，伴随着这个环节的发展会衍生出许多与该环节直接或间接相关的各种支撑体系，如劳动力市场、技术服务机构等。虽然这种支撑体系是价值环节的附属产物，但对集群的整体竞争力具有重要作用[6]。

实际上，高度市场竞争环境下地方产业升级带来了城乡要素重组，同时，地方产业的发展升级产生了更复杂的产业领域，力图构建一种在各个发展阶段都能使附加值回归本地的本土关联产业，而这也正是产业集群内源发展动力形成的内在逻辑。

1.2.2 现代化进程中的乡村社会资本变迁

乡村社会资本在乡村演进发展过程中塑造多元要素的连结性。所谓"社会资本"，美国学者罗伯特·帕特南（Robert D.Putnam）将其解释为三层含义：①社会网络关系是社会资本的基础，

---

1 颜文涛，卢江林.乡村社区复兴的两种模式：韧性视角下的启示与思考[J].国际城市规划，2017，32（4）：22-28.
2 颜文涛，黄欣，邹锦.融合生态系统服务的城乡土地利用规划：概念框架与实施途径[J].风景园林，2017（1）：45-51.
3 陈晨，耿佳，陈旭.民宿产业驱动的乡村聚落重构及其规划启示：对莫干山镇劳岭村的案例研究[J].城市规划学刊，2019（Z1）：67-75.
4 李渊文，陈晨.资源依赖型小城镇特色化发展中的产业选择与政策干预：以江西省温汤镇为例[J].现代城市研究，2019，34（5）：17-24.
5 付晓东，蒋雅伟.基于根植性视角的我国特色小镇发展模式探讨[J].中国软科学，2017（8）：102-111.
6 张辉.全球价值链下地方产业集群转型和升级[M].北京：经济科学出版社，2006.

群体和组织是载体；②社会信任是社会资本的内容，有效合作是成果和外部表现；③制度规范是社会资本存续和发展的条件。三者通过推动协调的行动来提高社会的效率。与城市社会不同，乡村社会的关系网络与信任结构呈现"差序格局"的特征属性，即每个人以自己为中心划出一个圈子，像石子投入水中的波纹一般一圈圈推出去，血缘、地缘、经济及政治地位、知识文化水平等中心势力决定圈子的半径大小；每个人都有以自己为中心的圈子，同时又从属于以优于自己的人为中心的圈子，塑造出紧密局促的乡村社会资本基础[1, 2]。

随着现代化、市场化、城市化过程的浸润，乡村社会逐渐发生4个层面的改变，即社会结构由单质同一性的草根化向异质多元性的绅士化转变，社会网络从封闭内倾型向开放外向型转变，信任结构从情感取向差序式向利益取向契约式转变，制度规范从乡民意识向公民意识转变[3]。过于内倾封闭的传统乡村社会易导致"没有发展的增长"或称之为"内卷化"，这主要源于某种社会文化的发展达到一定程度后无法突破和创新，只能通过内部不断精细和复杂化而得以存在；而过度绅士化的乡村社会易导致乡村经济发展与空间演变的分异[4, 5]。

因此，产业发展必然推动乡村社会系统从血缘向业缘转型，从而逐渐突破"内卷化"的小农经济，形成新的乡村社会网络和社会资本，推动乡村聚落的现代化发展。

1.2.3 乡村地区生产、生活、生态空间协同演进的内在诉求

乡村是人地关系紧密的生产生活生态集合体，乡村经济社会发展始终以其聚落空间为载体与根基，并在乡村演进过程中具有相辅相成、相互影响的作用关系。生产空间演进与国家及地方经济结构、农户家庭经济收入存在耦合关系，乡村过剩劳动力的外流改变着农业耕种与乡镇工业企业的组织方式，因而强化乡村生产空间需采取农业产业化和工业园区化的发展策略[6]。生活空间的品质并不完全因迁村并点、环境整治、基础设施建设等政策行动的实施而提升，更多是依赖乡村社会主体行为的管理与引导[7]。生态空间与生产空间和生活空间存在着一定的交集关系，某种程度上亦是生产与生活空间的图底。随着乡村社区经济发展水平与村民生活质量的提升，绿色化的生

---

1 费孝通. 乡土中国 [M]. 北京：生活·读书·新知三联书店，1985.
2 乔杰，洪亮平. 从"关系"到"社会资本"：论我国乡村规划的理论困境与出路 [J]. 城市规划学刊，2017，236（4）：81-89.
3 赵泉民，井世洁. 转型期乡村社会资本生态：动态发展中的共存与互动 [J]. 天府新论，2011（6）：101-107.
4 何深静，钱俊希，徐雨璇，等. 快速城市化背景下乡村绅士化的时空演变特征 [J]. 地理学报，2012，67（8）：1044-1056.
5 高慧智，张京祥，罗震东. 复兴还是异化？消费文化驱动下的大都市边缘乡村空间转型：对高淳国际慢城大山村的实证观察 [J]. 国际城市规划，2014（1）：68-73.
6 龙花楼. 论土地整治与乡村空间重构 [J]. 地理学报，2013，68（8）：1019-1028.
7 LONG H L, WOODS M. Rural Restructuring Under Globalization Ineastern Coastal China: What Can be Learned From Wales?[J]. Journal of Rural and Community Development, 2011, 6(1): 70-94.

产生活方式将成为乡村空间演进的必然趋势[1]。

在乡村"经济—社会—聚落"系统共生的背景下,三类空间发展相互促进、相互制衡。因此,产业空间扩张压力下乡村聚落三生空间协调发展的内生诉求可能也是驱动乡村聚落发展的核心内生动力之一。

1.3 乡村聚落发展的外部干预与韧性机制

1.3.1 乡村聚落的外部干预

乡村聚落发展的内生动力并不是孤立存在的,而是与外部环境和干预相辅相成的。费孝通先生曾将其 1936 年于苏州市吴江区七都镇开弦弓村观察到的转型机制归纳为促进变革的外界力量和承受变化的传统力量[2]。近年来,相关研究对乡村聚落发展的外部干预的研究主要集中在"政策力"和"市场力"2 个层面。

1. 政府干预及其行动逻辑

乡村聚落所处的政策环境决定了乡村内部及对外的要素流动与积累,同时这也因"结构－能动者"的互动而被重新定义。地方政府的政策创新可视为是在既有的制度和体制机制框架下试图盘活乡村聚落现有资源和资产的努力。当前空间规划与建设项目驱动下的乡村发展是主流模式,凸显出强烈的"自上而下"的发展特征。例如,浙江省"千村示范万村整治"政策的推行是全国美丽乡村建设的先驱,其推广伊始是以政府财政支持为主导的村庄环境整治、基础设施及公共服务设施配套等物质空间的优化[3],而后则在此基础上通过土地制度改革、财政杠杆调节等方式促进招商引资、政企合作、村民创业,以产业转型发展作为"乡村经营"的重要支撑[4]。

不过,政府干预的逻辑并非简单的自上而下,在现行模式下,地方政府的职能至少有 2 个作用机制,其一是合法化机制,即地方政府需要向上级政府寻求大规模乡村项目的认可;其二是社

---

1 李裕瑞,刘彦随,龙花楼,等.大城市近郊区村域转型发展的资源环境效应与优化调控研究:以北京市顺义区北村为例[J].地理学报,2013,68(6):825-838.
2 费孝通.江村经济:中国农民的生活[M].北京:商务印书馆,2001.
3 周岚,于春,何培根.小村庄大战略:推动城乡发展一体化的江苏实践[J].城市规划,2013,(11):20-27.
4 吴理财,吴孔凡.美丽乡村建设四种模式及比较:基于安吉、永嘉、高淳、江宁四地的调查[J].华中农业大学学报(社会科学版),2014(1):15-22.

会动员机制,即合法性的获取同时也增强地方政府动员乡镇基层政府以及企业、农民、社会组织等非政府部门的能力,发挥重要的机动性与工具性平台作用[1]。

2. 市场驱动与资本介入

除市场环境波动对乡村发展的影响以外,城乡要素流动是驱动乡村发展和转型的触媒因素,尤其是城市资本、城市消费的介入。以"外来资本介入"为主题的相关研究主要关注资本渗透和蔓延到我国广大乡村地区而带来的乡村空间演变,其中新马克思主义的空间生产理论被较多地应用于剖析我国乡村空间的转型发展过程,主要是对乡村地区出现"城市型消费空间"现象进行解释。通过外来资本实现乡村空间生产的视角分析,当前乡村建设热潮的兴起源于资本循环过程中对乡村"消费性建成环境"的主动营造,从而获取垄断地租而实现资本的快速增值[2];伴随着消费文化的兴起,都市边缘的乡村被纳入城市的消费体系,进行乡村空间再生产,逐渐成为资本运作的平台[3]。在空间生产理论的基础上,一些学者还运用资本三级循环理论研究大都市近郊区的乡村变迁的过程,认为大都市近郊区在资本初级循环阶段、次级循环阶段和三级循环的空间表现分别为"乡村工业空间的出现""工业空间脱离乡村,城市型消费空间的出现"和"公共服务空间、服务机构的出现"[4]。

1.3.2 乡村聚落的韧性机制

在政策、资本等外部干预构成一系列扰动因素的背景下,乡村社区的韧性构建并不是表现为"工程韧性"或"生态韧性",而是一种在应对外界扰动因素前提下的动态过程中不断变化、适应和改变,并最终转化为"新常态"的"演进韧性"[5,6,7]。虽然已有的韧性研究大多集中在城市和社区层面,但是乡村聚落的韧性构建有明确的韧性主体和韧性对象,具有韧性构建的天然优势。

---

1 申明锐,张京祥. 新型城镇化背景下的中国乡村转型与复兴 [J]. 城市规划,2015,39(1):30-34.
2 张京祥,姜克芳. 解析中国当前乡建热潮背后的资本逻辑 [J]. 现代城市研究,2016,31(10):2-8.
3 高慧智,张京祥,罗震东. 复兴还是异化?消费文化驱动下的大都市边缘乡村空间转型:对高淳国际慢城大山村的实证观察 [J]. 国际城市规划,2014(1):68-73.
4 谭百慧,王红扬,冯建喜. 哈维"资本三级循环"理论视角下的大都市近郊区乡村转型:以南京市江宁区为例 [J]. 城市发展研究,2015,22(12):43-50.
5 韧性概念历经两次范式转型,从"工程韧性"的原状恢复力,到"生态韧性"的恢复原状或创造新平衡状态的系统生存能力,再到"演进韧性"的变化、适应和改变能力。HOLLING C S. Resilience and Stability of Ecological Systems. Annual Review of Ecology [J]. Evolution, and Systematics, 1973, 4(1), 1-23.
6 BERKES F, FOLKE C. Linking Social and Ecological Systems: Management Practices and Social Mechanisms for Building Resilience [M]. Cambridge: Cambridge University Press, 1998.
7 WALKER B, HOLLING C S, CARPENTER S R, et al. Resilience, Adaptability and Transformability in Social-ecological Systems[J]. Ecology and Society, 2004, 9(2): 5.

参考城市韧性与系统恢复力等相关研究，乡村社区韧性可构建经济、社会、空间3方面的理论框架以展开探讨[1]。从经济层面看，一方面，城市的经济韧性在于产业多样性[2]，而乡村地区的产业门类简单，其经济韧性主要体现在产业的本地根植性，即是否依赖本地的自然资源、历史文脉、人力资源等独特的本地资源禀赋[3]。另一方面，由于乡村社区经济体量有限，工商资本介入的规模和方式也对乡村地区的韧性构建存在重要作用。当小规模的工商资本投入本地发展时，不会对村集体和村民造成资源垄断和投资壁垒，乡村社区的多元主体共同完成进一步的产业集群发展。但是，在大规模的工商资本介入的情况下，外来资本将对本地发展主体产生挤出效应，韧性构建常有一定的局限性。

从社会层面看，社会韧性是乡村隐性社会资本的外化，嵌入在政治、经济、生态等系统中。伴随着市场化及现代化的进程，乡村社会资本正经历着由"单质同一性"的传统社会资本逐渐转向"异质多元性"的传统和现代社会资本并存，进而向现代社会资本占主导的趋势。外部驱动力应该带动本地社区自发地适应和学习，从而达到进化的效果，提高本地社区应对外界干扰的适应性和创造性转变的能力[4]。

从空间层面看，乡村社区的空间演进分为生产、生活、生态3类空间的组织与重构，是其经济与社会发展共同作用的结果，因而乡村社区的空间韧性与经济、社会韧性紧密相连[5,6,7]。因此，乡村聚落的空间韧性主要体现在生产、生活、生态3类空间是否与社区居民形成了良好的人地关系。

1　STEINER A, ATTERTON J. Exploring the Contribution of Rural Enterprises to Local Resilience[J]. Journal of Rural Studies, 2015, 40: 30-45.
2　邵亦文，徐江. 城市韧性：基于国际文献综述的概念解析 [J]. 国际城市规划，2015，30（2）：48-54.
3　颜文涛，黄欣，邹锦. 融合生态系统服务的城乡土地利用规划：概念框架与实施途径 [J]. 风景园林，2017（1）45-51.
4　颜文涛，卢江林. 乡村社区复兴的两种模式：韧性视角下的启示与思考 [J]. 国际城市规划，2017，32（4）：22-28.
5　龙花楼. 论土地整治与乡村空间重构 [J]. 地理学报，2013，68（8）：1019-1028.
6　LONG H L, WOODS M. Rural Restructuring Under Globalization Ineastern Coastal China: What Can be Learned From Wales?[J]. Journal of Rural and Community Development, 2011, 6(1): 70-94.
7　李裕瑞，刘彦随，龙花楼，等. 大城市郊区村域转型发展的资源环境效应与优化调控研究：以北京市顺义区北村为例 [J]. 地理学报，2013，68（6）：825-838.

1.4 小结

既有研究有较强的解释力和重要的政策启示，但学界对地方产业驱动乡村聚落发展的认识落后于现实情况的发展，且现行的乡村规划体系对乡村产业振兴也缺乏有效的干预手段，在理论和实践两个层面都存在一定缺憾。

一是现有研究多以单个案例研究为主，缺乏从类型学的角度对地方产业驱动的乡村聚落发展特征的规律总结。乡村发展类型是乡村地理学研究的主要内容，现有研究已经从主导产业角度的乡村聚落类型划分进行了探索[1,2,3,4]，但还缺少基于不同地方产业类别的乡村聚落发展特征的类型学总结。

二是相关研究主要关注外力干预的直接效果，对地方产业驱动乡村聚落发展的内生机理及在不同外部环境下的演进韧性认识不足。已有研究较多关注通过政策倾斜、财政投入、资本介入、人才导入等外部干预的方式提升乡村发展水平，忽视了乡村聚落发展的主体性诉求及其内生动力。尤其是在新时代乡村振兴上升为国家战略的背景下，能否善用外部资源推动并真正培育乡村聚落发展的"内生动力"，实现自我造血的可持续发展机制，可看作乡村振兴的重要标准之一。但学界对地方产业驱动乡村聚落发展的内生机理认识不足，难以指导相关实践，甚至可能造成"善意"的破坏。

三是既有学术成果相对分散，亟待系统性地整合各相关学科的理论成果，构建地方产业驱动乡村聚落发展的一般解释理论。实际上，乡村聚落发展是一个涉及经济地理学、制度经济学、社会学、城乡规划等多领域的交叉研究领域，但目前的研究成果是相对分散的，尚未进行系统的整合，难以在实践层面指导相关规划和政策制定。亟待整合各相关学科的理论概念，跨学科建构地方产业驱动乡村聚落发展的一般解释理论。

四是缺少面向"产业 - 社区"可持续发展的乡村聚落优化的规划方法。《乡村振兴战略规划（2018—2022年）》中提出将村庄划分为4种不同类型，分类推进乡村振兴。除搬迁撤并类、城郊融合类外，集聚提升类和特色保护类这2类乡村聚落的发展有一定的独立性，其可持续发展仍在于培育和发展依托地域资源禀赋的地方产业。城市地区通常拥有多元化的产业基础，地方产业的发展对城市地区的影响可能有限，但对产业门类相对单一的乡村聚落和乡村聚落体系的影响却可能很大。同时，地方产业链将城市聚落和乡村聚落联结为"城乡连续体"，对乡村

---

1 朱文孝，苏维词，李坡.贵州喀斯特山区乡村分布特征及其地域类型划分[J].贵州科学，1999（2）：120-126.
2 崔明，覃志豪，唐冲，等.我国新农村建设类型划分与模式研究[J].城市规划，2006，30（12）：27-33.
3 龙花楼，刘彦随，邹健.中国东部沿海地区乡村发展类型及其乡村性评价[J].地理学报，2009，64（4）：426-434.
4 孟欢欢，李同昇，于正松，等.安徽省乡村发展类型及乡村性空间分异研究[J].经济地理，2013（4）：144-148+185.

聚落和乡村聚落体系的发展都提出了全新的命题[1]。然而，乡村地区的现行规划体主要聚焦于物质环境和公共服务质量的提升，缺少响应"产业-社区"可持续发展的乡村聚落优化的规划对策。

由此，笔者将研究对象聚焦在"位于浙江省的具有地方产业发展基础的乡村聚落"，并以"乡镇／街道"为单元选取一系列相对完整的空间地域。在此基础上，通过不同产业门类对乡村聚落进行类型学特征规律总结；继而检验地方产业驱动乡村聚落发展的内生机理及乡村聚落在不同的外部干预下的演进韧性。据此，构建地方产业驱动乡村聚落发展的一般解释理论，归纳地方产业驱动乡村振兴的浙江模式经验，提出相应的规划调控策略、规划技术和政策工具。

---

[1] 以浙江省诸暨市山下湖镇的珍珠产业为例，完整的珍珠产业链条包括育苗、养殖、加工、物流和销售5个环节，不同产业环节对城乡空间发展载体都有特定的要求。具体来说：一是珍珠产业在养殖地的组织形式，如"农户＋公司""公司＋合作社＋农户""公司＋基地＋农户"等产业组织形式决定了农村地区的村庄规模等级结构、村庄职能结构、村庄空间结构等，可以据此讨论珍珠养殖地的村镇体系规划方法。二是珍珠加工应在城镇地区的工业厂房内进行，但又不宜离开养殖地太远，造成城乡混杂的局面。三是作为不同等级的物流运输中心，其周边的珍珠的生产组织形式可能呈现一定的规律，这可能对流通地的交通和物流系统规划产生影响，可讨论特色农产品（珍珠）流通地的交通和物流系统规划等。

参考文献

[1] BERKES F, FOLKE C. Linking Social and Ecological Systems: Management Practices and Social Mechanisms for Building Resilience [M]. Cambridge: Cambridge University Press, 1998.

[2] CHEN C, LEGATES R, FANG C H. From Coordinated to Integrated Urban and Rural Development in China's Megacity Regions[J]. Journal of Urban Affairs, 2019, 41(2): 150-169.

[3] HOLLING C S. Resilience and Stability of Ecological Systems[J]. Annual Review of Ecology, Evolution, and Systematics, 1973, 4(1), 1-23.

[4] LONG H L, WOODS M. Rural Restructuring Under Globalization Ineastern Coastal China: What Can be Learned From Wales?[J]. Journal of Rural and Community Development, 2011, 6(1): 70-94.

[5] STEINER A, ATTERTON J. Exploring the Contribution of Rural Enterprises to Local Resilience[J]. Journal of Rural Studies, 2015, 40: 30-45.

[6] Walker B, Holling C S, Carpenter S R, et al. Resilience, Adaptability and Transformability in Social-Ecological Systems[J]. Ecology and Society, 2004, 9(2): 5.

[7] 陈晨，方辰昊，陈旭．从城乡统筹到城乡发展一体化：先发地区实践探索 [M]．北京：中国建筑工业出版社，2018.

[8] 陈晨，耿佳，陈旭．民宿产业驱动的乡村聚落重构及其规划启示：对莫干山镇劳岭村的案例研究 [J]．城市规划学刊，2019（Z1）：67-75.

[9] 崔明，覃志豪，唐冲，等．我国新农村建设类型划分与模式研究 [J]．城市规划，2006，30（12）：27-33.

[10] 董越，华晨．基于经济、建设、生态平衡关系的乡村类型分类及发展策略 [J]．规划师，2017，33（1）：128-133.

[11] 费孝通，鹤见和子，等．农村振兴和小城镇问题：中日学者共同研究 [M]．南京：江苏人民出版社，1991.

[12] 费孝通．江村经济：中国农民的生活 [M]．北京：商务印书馆，2001.

[13] 费孝通．乡土中国 [M]．北京：生活·读书·新知三联书店，1985.

[14] 付晓东，蒋雅伟．基于根植性视角的我国特色小镇发展模式探讨 [J]．中国软科学，2017（8）：102-111.

[15] 高慧智，张京祥，罗震东．复兴还是异化？消费文化驱动下的大都市边缘乡村空间转型：对高淳国际慢城大山村的实证观察 [J]．国际城市规划，2014（1）：68-73.

[16] 耿佳．浙江省乡村发展和转型实践及驱动机制研究 [D]．上海：同济大学，2019.

[17] 何深静，钱俊希，徐雨璇，等．快速城市化背景下乡村绅士化的时空演变特征 [J]．地理学报，2012，67（8）：1044-1056.

[18] 蒋和平，朱晓峰，等．社会主义新农村建设的理论与实践 [M]．北京：人民出版社，2007.

[19] 李红波，张小林，吴启焰，等．发达地区乡村聚落空间重构的特征与机理研究：以苏南为例 [J]．自然资源学报，2015，30（4）：591-603.

[20] 李渊文，陈晨．资源依赖型小城镇特色化发展中的产业选择与政策干预：以江西省温汤镇为例 [J]．现代城市研究，2019，34（5）：17-24.

［21］刘晓霞.乡村地域发展模式研究：以宝鸡地区为例[J].人文地理，1999，14（S1）：52-55.

［22］龙花楼，刘彦随，邹健.中国东部沿海地区乡村发展类型及其乡村性评价[J].地理学报，2009，64（4）：426-434.

［23］龙花楼.论土地整治与乡村空间重构[J].地理学报，2013，68（8）：1019-1028.

［24］逯百慧，王红扬，冯建喜.哈维"资本三级循环"理论视角下的大都市近郊区乡村转型：以南京市江宁区为例[J].城市发展研究，2015，22（12）：43-50.

［25］孟欢欢，李同昇，于正松，等.安徽省乡村发展类型及乡村性空间分异研究[J].经济地理，2013（4）：144-148+185.

［26］乔杰，洪亮平.从"关系"到"社会资本"：论我国乡村规划的理论困境与出路[J].城市规划学刊，2017，236（4）：81-89.

［27］邵亦文，徐江.城市韧性：基于国际文献综述的概念解析[J].国际城市规划，2015，30（2）：48-54.

［28］申明锐，张京祥.新型城镇化背景下的中国乡村转型与复兴[J].城市规划，2015，39（1）：30-34.

［29］沈惠新，常江，尤海梅.徐州市村庄空间形态演化研究[J].现代城市研究，2013，28（11）：93-98.

［30］石忆邵.城乡一体化理论与实践：回眸与评析[J].城市规划汇刊，2003（1）：49-54.

［31］王恩涌，赵荣，张小林，等.人文地理学[M].北京：高等教育出版社，2000.

［32］王勇，李广斌.苏南乡村聚落功能三次转型及其空间形态重构：以苏州为例[J].城市规划，2011，35（7）：54-60.

［33］吴理财，吴孔凡.美丽乡村建设四种模式及比较：基于安吉、永嘉、高淳、江宁四地的调查[J].华中农业大学学报（社会科学版），2014（1）：15-22.

［34］吴梦肖，尹洁.乡村发展九模式：以陕西省西安市村庄发展规划为例[J].农村金融研究，2007（8）：24-28.

［35］颜文涛，黄欣，邹锦.融合生态系统服务的城乡土地利用规划：概念框架与实施途径[J].风景园林，2017（1）45-51.

［36］颜文涛，卢江林.乡村社区复兴的两种模式：韧性视角下的启示与思考[J].国际城市规划，2017，32（4）：22-28.

［37］张步艰.浙江省农村经济类型区划分[J].经济地理，1990（2）：18-22.

［38］张辉.全球价值链下地方产业集群转型和升级[M].北京：经济科学出版社，2006.

［39］张京祥，姜克芳.解析中国当前乡建热潮背后的资本逻辑[J].现代城市研究，2016，31(10)：2-8.

［40］赵民，陈晨，周晔，等.论城乡关系的历史演进及我国先发地区的政策选择：对苏州城乡一体化实践的研究[J].城市规划学刊，2016（6）：22-30.

［41］赵泉民，井世洁.转型期乡村社会资本生态：动态发展中的共存与互动[J].天府新论，2011(6)：101-107.

［42］周建华，贺正楚.法国农村改革对我国新农村建设的启示[J].求索，2007（3）：17-19.

［43］周岚，于春，何培根.小村庄大战略：推动城乡发展一体化的江苏实践[J].城市规划，2013，（11）：20-27.

［44］朱文孝，苏维词，李坡.贵州喀斯特山区乡村分布特征及其地域类型划分[J].贵州科学，1999（2）：120-126.

［45］朱晓翔，朱纪广，乔家君.国内乡村聚落研究进展与展望[J].人文地理，2016，31（1）：33-41.

第 2 章

浙江省乡村振兴的政策实践及产业基础

2.1 浙江省战略层面的乡村政策演进

实施乡村振兴战略，浙江走在全国前列。21 世纪以来，浙江省通过乡村改造、产业转型、设施配套、生态治理、文化复兴等一系列的努力，在产业兴旺、生态宜居、乡风文明、治理有效、生活富裕和城乡融合发展等方面，有了明显改善。习近平总书记 2002—2007 年在浙江工作期间，提出了"八八战略""两山理念"等许多富有前瞻性、引领性的重大论断，推动了"千村示范、万村整治"工程（以下简称"千万工程"）、"美丽乡村"等一系列意义重大影响深远的决策部署。2010 年以来，浙江省相继实施了"美丽乡村""乡村振兴""城乡风貌整治""共同富裕"等战略行动计划，全面提升了全省的城乡一体化发展水平（图 2-1）。

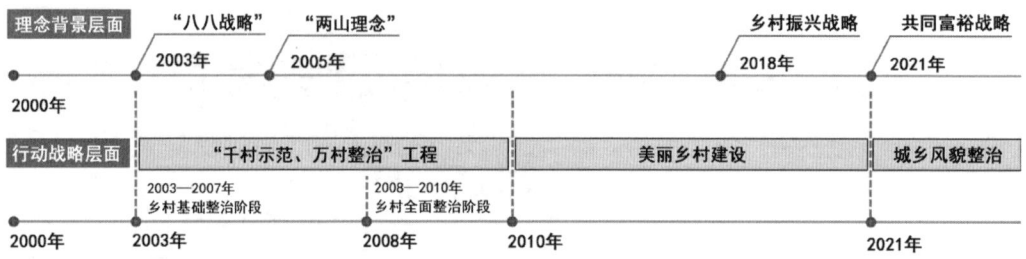

图 2-1　浙江省 21 世纪以来乡村振兴发展历程演变

2.1.1 "八八战略"——发展理念的重大转变

乡村发展是生态文明战略的重要组成部分。始于 2003 年的《浙江生态省建设规划纲要》和"八八战略"，奠定了浙江省未来发展的主基调是生态优势、环境优势和人文优势。自此也展开了基于生态文明的空间规划实践[1]，在"三农"问题上进行了积极探索和实践。从 21 世纪开始，浙江进入了快速工业化、城市化、信息化、市场化和国际化进程，全面推进社会主义现代化的新阶段。从浙江自身发展来看，改革开放以来，浙江经济社会快速发展，一直走在中国改革开放最前沿。但是先发的优势和走在前列的实践，使浙江较之全国其他地方更早地遇到发展中的矛盾和问题。党的十六大指出，有条件的地方可以发展得更快一些，在全面建设小康社会的基础上，率先基本实现现代化。习近平在浙江工作期间，经过深入调查研究，在 2003 年 7 月召开的浙江省委十一届四次全会上，代表省委完整系统地提出了"八八战略"。"八八战略"聚焦"如

1　施德浩，陈前虎，陈浩.生态文明的浙江实践：创建类规划的模式演进与治理创新 [J]. 城市规划学刊，2021（6）：53-60.

何发挥优势，如何补齐短板"的关键问题，通过"发挥八个方面的优势""推进八个方面的举措"，引领浙江省走上了一条生产发展、生活富裕、生态良好的文明发展道路（表2-1）。

表2-1 "八八战略"内容解读

八个优势	八项举措
进一步发挥浙江的体制机制优势	大力推动以公有制为主体的多种所有制经济共同发展，不断完善社会主义市场经济体制
进一步发挥浙江的区位优势	主动接轨上海、积极参与长江三角洲地区合作与交流，不断提高对内对外开放水平
进一步发挥浙江的块状特色产业优势	加快先进制造业基地建设，走新型工业化道路
进一步发挥浙江的城乡协调发展优势	加快推进城乡一体化
进一步发挥浙江的生态优势	创建生态省，打造"绿色浙江"
进一步发挥浙江的山海资源优势	大力发展海洋经济，推动欠发达地区跨越式发展，努力使海洋经济和欠发达地区的发展成为浙江经济新的增长点
进一步发挥浙江的环境优势	积极推进以"五大百亿"工程为主要内容的重点建设，切实加强法治建设、信用建设和机关效能建设
进一步发挥浙江的人文优势	积极推进科教兴省、人才强省，加快建设文化大省

资料来源：笔者根据"八八战略"相关文件整理

"八八战略"开启了浙江深化经济转型升级、统筹城乡区域协调发展、优化发展环境和生态环境的通达道路。作为纲领性的战略谋划，"八八战略"为如何高质量实施乡村振兴战略提供了指引，为中国特色社会主义理论体系贡献了丰富的浙江元素。同时，也为浙江干部群众提供了历久弥新的思想方法和工作方法。

2.1.2 "两山理念"——生态与发展互促共进

2005年8月15日，时任浙江省委书记的习近平同志在安吉县余村首次提出"绿水青山就是金山银山"的科学论断和发展理念。"两山理念"深刻揭示了发展经济与保护环境的辩证关系，标志着发展理念的重大转变，在此指导下实施的"千万工程"也迈入了新的阶段，为浙江省乡村振兴的理论实践再一次指明了发展的方向。

从基本内涵上看，"金山银山"喻指经济发展及其基础上的社会生活条件，"绿水青山"

喻指人们生产生活所依赖的优质生态环境，"两山理念"的本体内涵为"生态优先、绿色发展"。"生态优先"意味着生态保护是经济增长的前提条件，要求在环境容量可承载的范围内开展建设活动，严格控制经济活动的强度；"绿色发展"意味着，生态资源可以转化为经济要素，经济资源也可以激活生态要素。"两山理念"是生态资源经济化和经济活动绿色化的有机统一，生态安全和经济发展整体可以兼顾，即便在种种不能兼顾的情况下，也要始终坚守住生态底线，通过技术进步和制度创新来提高同等环境容量下的经济增长，而非透支生态环境。

浙江作为"两山理念"实践的示范区，贡献了各具特色的地方实践，其中代表案例如安吉样板、浦江样板、桐庐样板、海岛样板。安吉样板突出生态立县，依托生态资源发展产业，依托优质竹林资源，大力发展竹制品加工业和竹制品机械制造业，竹产业成为安吉的支柱产业，在2006年获得首个"国家生态县"称号。浦江样板的亮点是治理污水，自2012年开始环境整治和治危拆违行动，已经全面消灭劣Ⅴ类水，全县51条支流全部达到或优于Ⅲ类水，治水的实践和经验得到省委省政府的高度肯定和重视。桐庐样板突出发展民宿经济，利用好良好的生态优势和毗邻大都市杭州、上海的区位优势，依托山水风光、田园风景和古村落，发展民宿旅游项目，其中以本地农民为主体的个体户经营者占绝大多数。海岛样板突出海岛修复和开发，针对渔业资源的枯竭和交通不便导致村庄没落衰败的困局，浙江省在近5年来全方位进行渔场修复工作，通过法律和制度打击过度捕捞，延长禁渔期，大力整治海岛生态环境。

经过10余年的发展和实践，"两山理念"已经成为习近平生态文明思想的核心理念，并随着探索的深入而逐渐上升为治国理政的战略思想[1]。与此同时，浙江作为"两山理念"的发源地，已经形成大量实践：从"千万工程"到美丽乡村建设再到乡村振兴，可以说浙江省的乡村规划伴随"两山"理念的发展不断演进，构成"两山理念"的重要社会实践[2]，下一章将会具体从行动策略层面进行分析。"绿水青山就是金山银山"理念，为浙江发展换了新"活法"，也为中国未来发展指明了方向和路径，走出了一条生产发展、生活富裕、生态良好的可持续发展道路。

2.1.3 乡村振兴战略——构建起浙江乡村发展的四梁八柱

2017年，党的十九大报告指出："中国特色社会主义进入新时代，我国社会主要矛盾已经转化为人民日益增长的美好生活需要和不平衡不充分的发展之间的矛盾。"而我国发展不平衡不充分问题在农村表现更为明显和突出，"三农"工作面临的形势正发生深刻变化，农产品供求关系已由总量不足转变为结构性矛盾，农业发展已由增产导向转变为提质导向。据此，党的十九大报告提出，必须始终把解决好"三农"问题作为全党工作的重中之重，实施乡村振兴战略。

---

1 张健,王文祥.论"两山理论"浙江实践的理论缘起、基本样板和经验[J].理论观察,2018（8）：57-61.
2 张乐益,张静,吕冬敏,等.基于"两山"理念的浙江乡村规划实践[J].上海城市规划,2021,3（3）：109-114.

比照党的十九大报告擘画的乡村振兴新坐标，2018年浙江出台了《全面实施乡村振兴战略高水平推进农业农村现代化行动计划（2018—2022年）》《浙江省乡村振兴战略规划（2018—2022年）》等政策文件，构建起浙江省乡村振兴的四梁八柱，提出"产业兴旺、生态宜居、乡风文明、治理有效、生活富裕"5个方面35个指标。2018年的乡村振兴战略与2010年美丽乡村建设一脉相承，乡村振兴战略是战略层面的部署，美丽乡村建设则是措施层面的抓手；乡村振兴战略是自上而下的行政动员，美丽乡村建设则是自下而上与自上而下相结合的创造性探索[1]。从"八八战略"到"两山理念"，从"千万工程"到美丽乡村建设，浙江省的乡村实践在全面迈入乡村振兴阶段后，不仅在推进乡村生态宜居建设、城乡融合、产业高质量发展方面相较于前一阶段的内容有所延续和提升，还在系统建设数字乡村、注重人才支撑、健全共同富裕机制方面有着较大的创新。

（1）生态宜居建设方面，《浙江省乡村振兴促进条例》（以下简称《条例》）提出，在总结2003年以来实施"千万工程"经验做法的基础上，将"三大革命"、面源污染防治、农房风貌管控等举措提升为法律法规规定，同时更加突出以人为本的场景化建设、农村风貌微改造，从加强规划、保障村民宅基地与村内公共服务设施、整治村容村貌等方面作出了系列规定。《中共浙江省委、浙江省人民政府关于高质量推进乡村振兴争创农业农村现代化先行省的意见》（以下简称《意见》）提出推进片区组团式创建，提出新增新时代美丽乡村标杆县10个、示范乡镇100个、达标村5000个、特色精品村300个、美丽庭院30万户、风景线60条的目标。

（2）城乡融合方面，《条例》在推进城乡公共基础设施建设管护和基本公共服务均等化等方面作出了具体规定，如鼓励通过建立城乡教育共同体方式，促进优质教育资源城乡共享；提出加强就业服务平台建设和农民职业技能培训工作，提高农民技能水平，提升农民就业能力。对义务教育学校标准化和适度规模化、县域城乡医共体、就业统计和失业救助体系、城乡统一的基本医疗保险、大病保险、基本养老保险等作出相应规定。

（3）产业高质量发展方面，《条例》进一步细化提高农业效益和竞争力的具体举措，要求政府结合乡村优势特色资源，扶持发展现代种植业、现代养殖业、农产品加工业、乡村商贸流通业等产业，促进农村一二三产业融合发展，从而实现农业产业链的延链、强链、富链，促进小农户和现代农业发展有机衔接。

（4）数字乡村建设方面，《意见》提出，一是要加快数字技术应用，支持发展智慧农业，推广资源监测、生长感知、肥力监测等技术，建设数字农业工厂。二是推进乡村整体智治，建设"浙里办"数字"三农"专区，加快城市大脑向乡村延伸，加快实现政务服务掌上办、村里办。三是开展未来乡村建设，坚持数字化与村庄建设深度融合，聚焦人本化、生态化、数字化、融合化、共享化和未来邻里、文化、健康、低碳、生产、建筑、交通、智慧、治理、党建"五化十场景"，

---

[1] 魏玉栋.乡村振兴战略与美丽乡村建设的关系[J].中国乡村发现，2018（9）：3-5.

制定未来乡村建设指导意见。同时，通过界定不同的地域类型，选择具有代表性的一批县（市、区）开展先行试点，推动政策、资源、要素向试点地区适当倾斜，为全面推进数字乡村建设提供先行经验。

（5）人才支撑方面，《条例》提出坚持和完善驻村第一书记、农村工作指导员和驻村工作组制度，优化派驻人员工作保障机制和激励措施。加强乡村教师、医疗卫生队伍建设，提高和改善山区和海岛教师、医疗卫生人员待遇。建立引导乡贤回归、青年返乡和人才入乡激励机制，完善农创客扶持政策，支持和引导各类人才利用技术、资金、资源等优势服务乡村振兴。《浙江省乡村振兴绩效提升奖补资金管理办法（试行）》提出计划用 5 年投入 100 亿元实施乡村振兴绩效提升奖补政策，不仅激活了市场潜力，也激励了人民投入参与乡村振兴建设的积极性，为乡村地区的恒久发展储备人才力量。

（6）健全共同富裕机制方面，《意见》提出要促进农民收入持续较快增长，健全先富带动后富机制，扩大农村中等收入群体，促使低收入农户基本同步现代化行动。高起点推进巩固拓展脱贫攻坚成果同乡村振兴有效衔接，保持现有政策稳定，提出低收入农户人均可支配收入增长 10% 以上的目标。同时，进一步发展壮大村级集体经济，实施村级集体经济巩固提升 3 年行动，推广"飞地抱团"等做法，各县（市、区）每年安排不少于当年新增建设用地计划指标的 3% 用于发展集体经济，并对年经营性收入 8 万元以下行政村开展动态监测，探索实施村级集体经济发展情况与村干部绩效考核奖励挂钩制度。

2021 年 12 月浙江省人民政府公布了《浙江省乡村振兴战略规划中期评估》（以下简称《规划》），评估结果显示，乡村振兴战略规划中期目标完成良好，制度框架和政策体系进一步完善，建成了一批在全国具有影响力的乡村振兴示范县，"千万工程"获得联合国"地球卫士奖"，成为全国唯一省部共建乡村振兴示范省，《规划》提出的"产业兴旺、生态宜居、乡风文明、治理有效、生活富裕"5 个方面、35 项指标中，粮食综合生产能力、农业科技进步贡献率、城乡居民收入比等 17 项指标提前完成了 2022 年规划目标。

在乡村振兴战略全面推进时期，浙江省进一步缩小了城乡差距，为农业农村现代化建设指明了方向，推动了乡村经济的高质量发展。作为整体富裕程度和均衡度均在全国领先的省份，在探索解决发展不平衡不充分问题方面已经取得了明显成效，为进一步推动区域协调工作提供了基础条件。

2.1.4 共同富裕战略——解决发展不平衡不充分问题

2020 年春天，习近平总书记在浙江考察时强调"发展不平衡不充分问题要率先突破"，赋予浙江"努力成为新时代全面展示中国特色社会主义制度优越性的重要窗口"的新目标、新定位。2021 年 5 月 20 日，中共中央、国务院正式印发《关于支持浙江高质量发展建设共同富裕示范区的意见》，赋予浙江为全国推动共同富裕提供省域范例的重任。

浙江的面积、人口结构在全国具有代表性，经济发展状况具备建设共同富裕示范区的基础和优势；这些年，浙江在市场经济、环境改善、社会治理等方面已经形成了一些制度创新成果；未来，在优化经济结构、完善城乡融合、区域协调的体制机制等方面有较大的探索空间。通过在浙江开展示范区建设，及时形成可复制推广的经验做法，能为其他地区分梯次推进、逐步实现全体人民共同富裕作出示范。

共同富裕背景下，乡村振兴有了新的科学内核，一是从主体来看，共同富裕目标下乡村振兴的主体应是全体农民。二是从途径来看，高质量乡村振兴和合理的利益分配机制是共同富裕目标下乡村振兴的途径[1]。作为脱贫攻坚的延续和发展，乡村振兴的根本奋斗目标也是为了不断满足人民群众对美好生活的需要并最终实现全体人民共同富裕。共同富裕与乡村振兴在质的规定性和量的规定性上都存在密切联系。

《关于支持浙江高质量发展建设共同富裕示范区的意见》明确了浙江示范区建设的四个战略定位。一是高质量发展高品质生活先行区。浙江要率先探索实现高质量发展的有效路径，促进城乡居民收入增长与经济增长更加协调。二是城乡区域协调发展引领区。浙江要坚持城乡融合、陆海统筹、山海互济，形成主体功能明显、优势互补、高质量发展的国土空间开发保护新格局，健全城乡一体、区域协调发展体制机制，加快基本公共服务均等化。三是收入分配制度改革试验区。浙江要坚持按劳分配为主体、多种分配方式并存，着重保护劳动所得，完善要素参与分配政策制度，在不断提高城乡居民收入水平的同时，缩小收入分配差距。四是文明和谐美丽家园展示区。浙江要加强精神文明建设，推动生态文明建设先行示范，打造以社会主义核心价值观为引领、传承中华优秀文化、体现时代精神、具有江南特色的文化强省。

文化和旅游部、浙江省人民政府联合印发的《关于高质量打造新时代文化高地推进共同富裕示范区建设行动方案（2021—2025年）》提到要赋能乡村振兴，促进城乡一体发展，推动旅游富民增收。一是要探索旅游促进农民增收政策框架和监测办法，创新农耕文化植入乡村旅游的方式方法，支持实施促进居民收入10年倍增计划，大力推进乡村旅游提质升级。指导实施乡村旅游精品工程，加强乡村旅游专业运营团队培育，推动建设全国乡村旅游重点村镇、培育全国乡村旅游集聚区，提升乡村旅游产品质量，促进低收入人群就业增收。推进乡村文化和旅游创客创业创新试点，引导和促进农村居民和回乡人员参与乡村旅游经营。开展民宿（农家乐）助力乡村振兴改革试点，推动形成民宿升级迭代新标准和发展经验。支持浙江完善并推广"旅游公司+村集体+村民"整村运营模式，推动实现万户农家旅游致富。成立乡村文化和旅游高质量发展监测研究中心。二是传承好乡村文脉。加大乡村文物建筑保护利用力度，推进国保省保集中成片传统村落保护利用示范，推广"拯救老屋"松阳模式。开展"类博物馆培育"试点，

---

1 张琦. 全面推进乡村振兴进程中乡土文化拓展及价值提升[J]. 国家治理，2022，（21）：33-37.

指导打造一批覆盖面广、特色鲜明、示范性强、服务基层的乡村博物馆（展示馆）。推动博物馆文化扶贫。开展非遗助力乡村振兴，支持设立非遗就业工坊、建设一批非物质文化遗产特色村镇。实施艺术振兴乡村计划，指导建立驻村文化策划师制度。实施文化产业赋能乡村振兴试点，培育一批乡村特色文化产业项目和品牌。

2.2 浙江省行动层面的乡村政策演进

浙江乡村发展的行动策略层面的演进可划分为从"千万工程"到美丽乡村建设，再到城乡风貌整治三大阶段。主要任务从整治村庄环境"脏、乱、散、差"问题到环境综合整治，再到完善公服配套、发展乡村产业、创建乡风文明，从生态、社会、文化、治理机制全方位提升乡村发展水平。通过各个阶段行动的延续，使农村的面貌、经济发展、生活水平逐步发生根本的变化。

2.2.1 "千村示范，万村整治"工程

在"八八战略"和"两山理念"的指导下，浙江乡村发展率先突破传统路径依赖以实现转型与振兴发展，自2003年全面推进"千万工程"，开启了一场数以年计、延续至今的乡村环境整治行动。这场行动初期的目标是为了改善农村的基础环境，目标通过5年时间对全省1万个左右的行政村进行全面整治，将其中1000个左右中心村建成全面小康示范村。基于不同时期乡村建设的政策文件、运作方式、整治措施、实践活动和乡村建设决策者的重要观点，"千万工程"整体可划分为"乡村基础环境整治"和"乡村人居环境提升"两个阶段。

第一阶段是乡村基础环境整治阶段（2003—2007年），浙江省为了解决农村环境污染问题，采取了村庄分类、环境整治建设、部门协同、资金补助等策略措施，重点解决了农村垃圾收集和污水处理等问题。首先，在村庄分类上依据不同的整治目标和整治内容，将实施"千万工程"的村庄划分为示范村和环境整治村。前者以提升物质、精神、政治文明为目标，推动农村新社区建设；后者以治理农村"脏、乱、散、差"为重点，旨在开展乡村环境整治。伴随着"千万工程"的落实，相关环境整治建设的行动计划也依次出台，以"点穴"的方式针对性地遏制传统工业化时期农村生态环境恶化的势头。例如，2004年，针对城市工业污染治理滞后、农村水环境呈现恶化趋势的重大问题，浙江省部署实施了"'811'环境污染专项整治行动"和"百亿生态环境保护建设工程"。2006年，为优化农村生产生活污水无害化处理和资源化利用，浙江省农业厅印发了《百万农户生活污水净化沼气工程实施方案》。2006年，浙江省开始实施为期5年的"农村环境五整治一提高"工程和农村垃圾集中处理的整治建设。这些行动计划有力推进

了浙江省新农村建设的启动发展，逐步引领浙江走进生态文明时代。

第二阶段以全面改善农村人居环境为工作重点（2008—2010年）。延续了上一阶段的村庄分类原则，但在标准上进行了修改，将所涉行政村划分为待整治村与已整治村两大类，待整治村主要进行农村环境综合整治，已整治村重点实施生活污水治理，并以农村土地整理为共同目标，由此全面提升乡村人居环境。在农村环境整治建设方面，该阶段首先将"村道硬化、垃圾处理、卫生改厕和污水处理"4大项目作为新一轮农村整治建设的基本内容，又在相关决策规定指导下，将"绿化项目"加入前者"4大项目"的建设范畴，形成"4+1"建设体系。在前期环境整治的基础上，加强农村绿化建设，鼓励农户开展庭院绿化，并将发展庭院经济和村庄绿化有机结合，通过村庄绿化，省内平原、半山区、山区3种类型的村庄覆盖率分别达到25%、20%和15%，建设"一村一品"的特色绿化村。与上一阶段的"环境治污"内容相比，"千万工程"第二阶段在"综合整治"的建设内容上有了更为丰富的诠释，其着重体现在对土地、设施、服务等要素的配置上，尤其在农村土地整理复垦、农村住房改造与中心村建设等方面开展了一系列计划。例如，2009年浙江省针对农村住房改造建设开展了"强塘固房"工程，增加农村综合防灾减灾能力。2010年，浙江省全面启动实施耕地保护制度和节约用地制度，以保证粮食安全和提高土地利用率。此外，针对浙江省农村人口集聚水平低、农村基础与公共服务设施配套不足等问题，全面启动培育建设中心村试点工作，提升村庄综合服务能力。

经过连续不断的努力，"千万工程"对全省10 303个建制村进行初步整治，并把其中的1181个建制村建设成"全面小康建设示范村"，取得了良好成效。其开创了村庄分类治理、规划的先例，这种实施对象的遴选意味着"千万工程"区别于传统规划的全面覆盖，其底层逻辑是为特定乡村实现有限目标的一种创建式指引[1]。这种村庄分类遴选且逐年推进的方式，形成了有特色的乡村整治样板工程，并聚焦在乡村建设的"点"状布局，极大地提高了建设效率。在"千万工程"的推动下，在村庄人居环境持续提升的同时，农村土地整理、中心村培育建设等政策措施也加快推进了城乡基础设施和公共服务均等化，乡村基础设施建设得到了完善，以此突破传统城乡二元结构，为后续的美丽乡村建设提供了重要物质环境基础。"千万工程"开启了以改善农村生态环境、提高农民生活质量为核心的村庄整治建设行动，为实施乡村振兴、建设美丽中国提供了丰富的经验启示。

2.2.2 美丽乡村建设

基于"千万工程"所取得的巨大建设成效，浙江省安吉县在2008年率先提出《安吉县建设"中国美丽乡村"行动纲要》，文件提出在10年左右，把安吉县打造成为中国最美县域，将乡

---

1 施德浩，陈前虎，陈浩. 生态文明的浙江实践：创建类规划的模式演进与治理创新[J]. 城市规划学刊，2021（6）：53-60.

村创建的内容延伸至乡村基础设施、城乡公共服务均等化和土地综合整治等内容[1]。2010年，浙江省委颁布的《浙江省美丽乡村建设行动计划（2011—2015年）》，在全省范围内正式拉开了美丽乡村建设的序幕。2013年，中央一号文件提出"加强农村生态建设、环境保护和综合整治，努力建设美丽乡村"，依据美丽中国的理念首次提出要建设"美丽乡村"的奋斗目标，新农村建设以美丽乡村建设的提法首次在国家层面提出。"美丽乡村"相较于"千万工程"阶段，浙江省乡村建设不再止于基础性的物质空间改善，而是在村庄类型细分、制度资金供给、乡村产业基础培育、乡村基础设施配套、乡村文化发掘等方面有了很大的推进，内涵从物质环境的优化逐步转向乡村地区经济、社会、文化、治理的全方位提升。

（1）村庄分类方面，美丽乡村建设阶段将村庄细分为提升人居环境的"整治村"、面向综合服务的"中心村"以及专项保护的"历史文化村"。其中前2种类型村庄建设是基于"千万工程"这一阶段的继续深化[2]。而针对浙江省历史文化村落的自然毁损严重、盲目拆建、过度开发、景观风貌退化严重、优秀传统文化和民间风俗日趋殆尽等问题，历史文化村落保护与利用工程也在美丽乡村建设阶段得到了较大的重视。2012年，中共浙江省委办公厅、浙江省人民政府办公厅发布了《关于加强历史文化村落保护利用的若干意见》，其中将历史文化村落分为古建筑村落、自然生态村落和民俗风情村落3种类型，旨在根据不同特点类型的村庄采取不同的保护利用方式，以充分展现其村庄个性。在历史文化村落保护开发利用行动中，一大部分旧祠堂古建筑得到修复重新被利用，建成1000余个农村文化礼堂，成为村级文化综合体和主阵地。

（2）制度与资金供给方面，该阶段浙江省着重创建标准体系，制定了一系列规范性文件，使美丽乡村建设有章可循。一是制定实施了《浙江省美丽乡村建设行动计划（2011—2015年）》，指导全省的美丽乡村创建活动，着力打造科学规划布局美、村容整洁环境美、创业增收生活美、乡风文明身心美，宜居、宜业、宜游"四美三宜"的美丽乡村。二是发布了《美丽乡村建设规范》，这是全国第一个美丽乡村建设的省级地方标准，对推动浙江美丽乡村建设标准化和制定《美丽乡村建设指南》（GB/T 32000—2015），都起到了重要的促进作用。三是修订完善了《浙江省村庄设计导则》《浙江省村庄规划编制导则》等文件，形成了比较完整的美丽乡村建设标准化指标体系，基本涵盖美丽乡村创建的各个方面，使美丽乡村建设的规划有方向、操作有依据、实施有方法。四是引导先建县市根据行动计划和建设规范细化建设的指标体系，制定了《美丽乡村建设指南》《浙江省新时代美丽乡村建设规范》等文件。浙江省还加大了资金直接扶持力度，在原有村庄整治建设资金保持不变的基础上，各县（市、区）都安排了美丽乡村建设专项资金，其中，每年欠发达县（市、区）的美丽乡村建设财政专项资金达到2000万元以上，发达地区则在5000万元以上。这些激励性政策措施的深入贯彻实施，不仅有力地改善了乡村建设的物质生

---

1 施德浩，陈前虎，陈浩.生态文明的浙江实践：创建类规划的模式演进与治理创新[J].城市规划学刊，2021（6）：53-60.
2 武前波，俞霞颖，陈前虎.新时期浙江省乡村建设的发展历程及其政策供给[J].城市规划学刊，2017（6）：76-86.

活环境，也极大地刺激了农民参与乡村建设的积极性。

（3）乡村产业基础培育方面，美丽乡村建设阶段把壮大农村集体经济、夯实农村产业基础放在突出位置。一是大力发展特色经济，围绕优势产业和特色产业，加大土地使用权流转力度，推进规模经营。二是积极培育农民专业经济合作组织，引导农户自愿组织起来，将个体优势转化为集体优势。三是大力发展乡村旅游业，充分利用浙江农村"天生丽质"和文化底蕴深厚的优势，大力发展"农家乐"休闲游、山水游和民俗游。四是实施浙商"回归工程"。利用乡情、亲情引导和动员在外浙商回乡投资兴业，带动更多农民实现就地就近创业就业。

（4）乡村基础设施配套方面，为了适应农民群众全面发展的要求，该阶段城市化的公共服务已逐步向农村地区延伸。全省实现等级公路、电话、宽带等全覆盖，村镇客运班车覆盖率达到95%，安全饮用水覆盖率达到97%。同时，以中心村为核心圈，推动优质教育资源、医疗卫生资源、文化娱乐资源向周边建制村辐射，形成半径约10千米的农村公共服务圈。通过政府购买服务的形式，每年送戏下村约1.5万场、电影约16万场、书籍100万余册。

（5）乡村文化发掘方面，美丽乡村建设阶段以推进乡风文明建设为重要目标，具体措施包括重视文化礼堂的建设、实施乡村文化展示工程、文艺人才队伍培养等文化项目，深入挖掘和搜集整理村落的名士乡贤、民俗风情、历史文化等，乡村建设的重心由物质环境改善转向精神内涵的提升。

整体来看，美丽乡村建设阶段浙江省农村居住环境得到根本性改善，生态环境不断美化。截至2015年已建成代表美丽乡村建设最高水平的美丽乡村示范县12个，而这个数字在2021年已经到达了56个，一大批特色鲜明、生态宜居的3A、4A级的景区化村庄在浙江省范围内出现，2023年6月21日，易炼红同志在全省深化新时代"千万工程"全面打造乡村振兴浙江样板推进会上提到，现阶段浙江全省90%以上村庄达到了新时代美丽乡村标准。同时，在坚持延续针对整治村的村庄进行环境综合整治的基础之上，美丽乡村建设阶段的乡村内在品质的提升与历史文化的传承得到了较大的推进。在乡村产业的培育下，该阶段的农村的集体经济也进一步壮大[1]。通过美丽乡村建设，依托优良的生态资源发展乡村休闲旅游，全省已累计发展农家乐特色旅游点3600多个，农家乐从业人员约有36.5万人。此外，该阶段乡村地区的公共服务设施配套也得到了进一步完善，实现基本公共设施全域覆盖，初步形成城乡公共服务均等化的格局。与"美丽乡村"创建前相比，农民在生活质量、生产条件、收入水平上均得到了显著提升。

2.2.3 城乡风貌整治提升

从"千万工程"到美丽乡村、美丽城镇、美丽县城建设，城乡治理内涵与广度不断提升，城乡面貌显著改善。但浙江省一定程度上还存在重节点打造、轻整体协调，以及空间、文化、

---

[1] 吴晓琳. 美丽乡村的建设模式与路径研究：以浙江省为例 [J]. 农村经济与科技，2022，33（1）：51-53.

生态环境系统融合不足的问题，这也导致浙江省城乡风貌存在不同程度的整体协调性不够、特色不显、支撑不足等现象。随着新型城镇化和乡村振兴战略深入实施，浙江省打造整体协调富有地方特色的全省城乡风貌提出了新的要求，浙江省美丽浙江建设领导小组城乡风貌整治提升（未来社区建设）工作专班于2021年提出了《浙江省市、县（市、区）城乡风貌整治提升行动方案编制导则（试行）》（以下简称《行动方案》），正式启动城乡风貌整治提升工作。

城乡风貌整治提升是以未来社区理念为引领，坚持风貌提升与功能完善、产业升级、生态提升、治理优化一体推进，深度融合国土空间治理、城市与乡村有机更新、美丽城镇与乡村建设等的一项系统集成工作。《行动方案》通过加强县域乡村风貌整体提升工作，深入实施"百镇样板、千镇美丽"工程，加快乡村有机更新。同时在设施安排上，要求城乡设施联动发展，补齐基础设施和公共服务设施短板，并串联贯通古驿道、游步道、骑行道等各类绿道，建设城乡万里绿道网。统筹推进城乡自然人文整体格局保护和塑造工作，同时提出保护城乡的自然山水格局，优化生产、生活、生态空间布局，指导各地在乡村全域土地综合整治及生态修复工程中落实好风貌整治提升的要求，加强自然生态修复，落实重要的城市景观轴线、景观廊道和县域特色风貌大走廊、生态廊道，营造更具魅力的城乡风貌空间。此外，《行动方案》也注重蓝绿空间的生态价值保护和利用，按相关规范标准做好功能及业态的导入，让绿地与开敞空间用地真正成为兼具魅力和活力的空间。从内涵上来看，城乡风貌整治行动是"千万工程"和美丽乡村建设行动在更丰富尺度上、更统筹规划上的实践框架的大综合，不再以单一的眼光对城和乡各自规划，而是以一套协调、均衡、统一的标准对城乡要素进行合理安排。

总之，21世纪以来，浙江省始终走在全国乡村振兴工作的前列，在有效夯实乡村发展基础和显著缩小城乡差距上等多个方面都取得了显著成果。浙江省乡村振兴的政策演进是自上而下的政策指导和自下而上的行动计划相辅相成的动态发展过程，政策指导从"八八战略"到"两山理念"，再到乡村振兴战略，以及共同富裕示范区，切实体现了浙江省20年多年来对城乡一体化发展的重视程度和不断求索，以逐步减小城乡差距；而行动计划从"千万工程"到美丽乡村建设，再到城乡风貌整治提升行动，不仅针对性地解决了乡村地区的环境污染、风貌脏乱的问题，也在产业兴旺、环境宜人、乡风文明等美好需求上作出了进一步努力，有效提高了乡村的发展水平，进一步打造城乡融合的浙江模式，其超前的理念与先进的实践也为全国其他省市县积极推动乡村振兴工作提供了重要的借鉴。

2.3 浙江省乡村发展的产业基础

除政策优势以外，浙江乡村产业振兴的成功之处在很大程度上与经济、文化、政治环境息息相关，尤其是发达地区活跃开放的市场经济、强民营经济营造出开放自由的文化环境和坐落于山海水田的自然生态本底资源。

2.3.1 强民营经济的发展环境

改革开放以来，浙江省各级政府解放思想、实事求是，一直对民营企业的发展进行各种政策鼓励，做到"不限发展比例，不限发展速度，不限经营方式，不限经营规模"，推动从计划经济向市场经济转轨。从此，民营企业迅速成长为浙江省经济发展的主力军，走出了一条富有浙江特色的发展道路，全国第一家专业市场、全国第一个合法个体工商户、全国第一家股份合作制企业……这个先行地上，一度诞生了民营经济众多的"第一"、众多的创新成就，出现了著名的"温州模式""义乌经验"，在推动发展创新、增加就业税收、改善民生水平、扩大贸易开放等方面发挥了不可替代的作用，营造出自由包容、自主创新的发展氛围。

从历史上来看，浙江民营经济发展史是一部市场体制构建史、空间开拓史、活力激发史、主体成长史。可以说，浙江省的民营企业发展初期完全是"无中生有"，是在没有传统优势资源的条件下发展起来的，浙江的企业发展与市场发展交替进行，围绕专业市场带动周边一批小企业，众多小企业聚集又反过来推动了专业市场的成熟和完善，作为乡村振兴的见证者和受益者，浙江乡镇企业也在"万企兴万村"的口号下成为乡村振兴的参与者和推动者，从而在浙江形成颇具先锋性与多样性的乡村发展实践，不断激发出块状经济、民宿经济、淘宝村（镇）等自下而上、欣欣向荣的新乡村发展景象。

1. 块状经济：缩小城乡差距的关键基础

作为富有浙江特色的区域产业组织形态，"块状经济"是在特定的经济社会发展阶段，主要依靠地方的内生力量，形成并发展起来的。块状经济的发展极大地缩小了浙江省的城乡收入差距，截至2024年年初，浙江省农村居民人均可支配收入已连续多年位居全国首位，全省城乡居民收入倍差缩小到1.86，地区居民收入最高最低倍差缩小到1.53，浙江省成为全国城乡居民人均收入差距最小的省份。在过去的20多年时间里，数以万计的中小企业在浙江形成了近500个工业产值在5亿元以上的"产业集群"，块状经济的崛起可说是近年浙江经济中最为突出的一个亮点，无论是义乌的小商品、嘉善的木材、海宁的皮革、绍兴的轻纺这些县域性的块状经济,还是濮院的羊毛衫、大唐的袜子、织里的童装这些镇域性的块状经济,它们的发展所带来的人口聚集都是浙江城镇化进程中的生力军。近年来,浙江深化改革,通过强化"一镇一品""一镇一主业""一镇一特色"和"一地一特色",形成"特色产业+专业市场"的运营模式和产业集聚模式,大力发展特色小镇,一大批脱胎于块状经济抢占优势产业中高端的制造业小镇快速涌现,特色小镇成为浙江创新发展的新平台和促进转型升级的新载体。

2. 民宿经济和"淘宝村":乡村造血机能的两大创新

我国广大的乡村地区蕴藏着巨大的消费潜力、投资潜力和产业潜力,基于旅游服务业、电子商务和制造业发展起来的民宿经济和"淘宝村"为浙江省乡村实践贡献了完美的诠释。

浙江的乡镇依托着靠近大城市的优越区位和优质自然风景资源吸引了大量游客,在全国率先孕育出真正意义上的民宿经济,并出现了莫干山、乌镇等一批知名的民宿品牌聚集地。2015年浙江省人大常委会通过《浙江省旅游条例》,"民宿"一词被首次写进地方性法规,在这份文件中,浙江明确鼓励城乡居民利用自有住宅或其他条件,兴办民宿和"农家乐",为民宿发展提供了有力支撑。民宿经济发展带来的收入增加对本地居民主动发展旅游业起到了带动作用,许多居民纷纷自下而上主动参与民宿经营,农村闲置房屋利用率逐年提升,伴随着民宿管理制度的进一步规范化和城乡二元体制的逐步解构,城市的资本、技术、人口持续流入乡村地区,使民宿经济不仅对乡村物质空间有了显著提升,还增加了人口回流,提升了村民收入,盘活了乡村独特的山水田林湖草资源,为乡村地区的高质量发展提供了源源不断的动力。

同时,伴随着电子商务在中国大地的迅猛发展,广袤的中国农村更是经历了一番深刻的商业模式重塑,其中最具代表性的就是"淘宝村"的横空出世。自2009年出现首批三个"淘宝村"开始,"淘宝村"的发展经历了萌芽期(2009—2013年)、扩散期(2014—2018年)、爆发期(2019年至今)。浙江省凭借着活跃的电子商务发展环境创造和培育了一大批"淘宝村",自2014年起,浙江省"淘宝村"的数量持续位居全国第一,并在空间分布上呈现明显的以浙江省为中心向周围省份扩散的特征。农村电商的爆发式增长吸引了各类知识人才纷纷返乡创业,人口的回流与聚集倒逼农村生活服务水平的提升和改善,最终推动农民的就地城镇化。

综上所述,浙江省的强民营经济发展环境为乡村产业发展打下了坚实的基础,一定程度上打破了城乡二元结构,不仅促进了城乡之间人口和生产要素的流动和重组,还将城乡核心生产要素——人和空间,以多元化的手段妥善安排,为加快工业化和城市化进程提供了强大推力和产业基础。

2.3.2 产业形成的基础条件:山水格局与路径依赖

浙江的产业发展是一篇"山"与"海"的故事——位于东海之滨,长江三角洲南翼,陆地面积约10万平方千米,内海面积约3万平方千米,拥有优越的自然生态环境条件,浙江北部、东北部的长江三角洲地区，水网密布，农林牧渔业发展自然条件较好，这里历史上被称为"江南"地区，曾是中国农业最发达的地区之一。但总体来看，浙江省在自然资源禀赋上并不算突出，山多地少，土地资源拮据问题较全国其他省份更为典型，加之刚性成本高，山地地区农业发展十分受限，尤其在能源矿产资源方面尤其匮乏，所以在计划经济时期，国家的重工业布局对浙江并无特殊青睐。这样的基础条件使浙江在改革开放初期的起点于全国范围内并无领先优势，虽然浙江北部的城市凭借其海滨城市的优越位置率先发展起来，逐步形成了"杭甬温三强鼎立"的格局并延续至今，但浙西、浙南山区则面临快速发展及被省内经济强市拉开差距的双重压力，山水格局的限制条件导致贫富差距一再拉大。

浙江省乡村地区产业发展具有路径依赖和路径突破交互作用的典型特征。中华人民共和国成立前，由于落后的生产关系制约，浙江省农业生产极度低下，农民生活困顿窘迫。中华人民共和国成立以后，历经"土地改革"和人民公社体制，浙江农业生产力获得一定解放，农村经济得到一定恢复和发展，但也走过一段曲折的道路。尽管困难重重，但浙江通过一系列政策实施，稳住了粮食产量。在农业上，浙江于2002年率先停征农业特产税，同时废除村提留、乡统筹等税费。2005年，全面免征农业税。同时，大力推进农业结构战略性调整，推广农业标准化建设，发展设施农业、循环农业、精准农业、休闲农业、有机农业等高效生态现代农业模式。虽然通过生产技术的革新可以一定程度上解放农业生产力，但浙江地形复杂，平坦地占比只有20.30%，耕地面积仅208.17万公顷，现状人均耕地只有0.34亩，约为全国人均耕地的24%，进入发展新阶段后，"以地谋发展"的方式已经不再适用，单纯的农业和手工业已经难以实现土地供应与配置的创新，浙江乡村地区产业发展面临两大难题。

一是产业结构落后导致农民的生活水平难以提升。历史上，江苏南部和浙江北部是中国的粮食高产区，水稻的单位面积产量在20世纪70年代就达到了亩产400～500公斤的中国最高水平。但农业生产率的迅速提高在很大程度上是由于农业技术的进步，农业机械化水平的提高，化学肥料和农药的普及等。这同时也使农业生产的成本迅速上升，在许多场合反而导致增产不增收和增产歉收情况产生。农业增产减收的情况促使农民和政府反思单一农业结构发展的局限性，转向发展工业或其他产业。

二是农村产业结构落后导致吸纳人口能力有限，乡村地区面临严峻的人口压力以及由此产生的农村过剩劳动力的利用问题。浙江省从面积上是"小省"，但人口上却是"大省"，由于单一农业对劳动力的吸纳程度较低，大量农村剩余劳动力在城乡二元体制固化的当时要向城市流动也十分艰难，为解决这一"隐性失业"的社会矛盾，发展乡村地区的第二产业或第三产业刻不容缓。

从两大难题的破解路径来看，浙江摸索出了一条有效的产业振兴道路——将资源禀赋优势与外部发展要素相结合，突破传统乡村发展的路径依赖。一方面，其位于市场化程度更高的地区，更容易吸引新产业进入或衍生出新产业。伴随着浙江省逐步建立起较为活跃的市场机制，"以工补农"推动农村大量剩余劳动力向非农产业进行二次转移，着力推进农村工业化的步伐——乡镇企业异军突起，成为引领工业经济发展的生力军，浙江省农村乡镇企业和小城镇蓬勃兴起，成为农村人口和经济的聚集地、农村城镇化的主要载体和经济社会协调发展的重要纽带。

1978年以来，在改革开放中崛起的以乡镇企业为主体的中国乡镇企业，成为中国经济发展中的最活跃的部分。浙江乡镇企业通过产业聚集，形成了众多的专业市场和块状经济，随着专业市场商品交易规模的不断扩大，又带动了农村人口的集中和第三产业的发展，从而推动农村小城镇的建设，形成了"建一个市场，带一批产品，活一地经济，富一方百姓，兴一个城镇"的良性发展格局。浙江乡村地区的企业专业化程度不断提高，产生以"块状经济"为代表的集聚经济，呈现出报酬递增效益，使富有竞争力的地方越来越具有竞争力——乡镇企业成为历史发展过程中企业家和地方政府决策者手下的"星星之火"，沿着经典的历史路径依赖趋势势如破竹地点满了浙江全省。遵循这一发展规律，随着市场经济体制的逐步确立，资本和劳动力在中国得以更加自由的流动，产业间联系的不断增强和企业家精神的不断发展，推动了企业间知识溢出以及新产业产生，进一步为产业结构升级创造了条件。

另一方面，针对浙江省省内市场化水平较低的山地地区的产业发展，政府也积极参与干预和调控，以外部手段平衡区域发展天平。21世纪初，浙江开始坚定践行"山海协作"战略，具体形式从最初的加强基建、结对帮扶、产业支持，到后来的"飞地经济"等，其核心要义都在于促进经济发达地区与省内山区的协作共富。20多年来，"山海协作"取得了突出成绩，浙江最高最低地市居民收入倍差为1.67，是全国唯一一个所有设区的市居民收入都超过全国平均水平的省份，宏观政策调控这种典型的路径突破手段对于浙江省的高质量发展起到了关键性作用。

除了上述的农业生产和乡镇企业，浙江乡村经济系统中另一重要成分为第三产业。当农民不再从事农业生产后，需要转移遇到其他收入更高的产业中。乡镇企业选择性地扎根在交通和资源的区位优越的乡村地区，但同时也存在大量村庄并不具备形成聚集经济的条件，"块状经济"的"春风不度"使其工业化程度较之其他乡村区域更低。而在区域经济发展的研究中，普遍认同工业化与现代化是密切联系的，没有工业化的地区，其现代化也备受桎梏，但浙江的乡村却率先走出了一条以旅游业促进农业农村现代化的道路。乡村旅游依托城市周边的自然景观、田园风光和农业资源，根植于农业，创造于农民，作用于农村。

2.3.3 类型学特征：特色农业型、工业型和旅游型并重

在工业化、城镇化快速发展的初期，一般意义上的乡村转型发展大多呈现为农业型乡村向工业型乡村的单一转型路径。从浙江经验来看，在新时代迈向"乡村振兴"的征程中，乡村发展不论主导产业与发展阶段如何，均有可能将各自资源禀赋优势与外部发展要素相结合，进而突破传统乡村发展的路径依赖，形成高质量、高效益的新乡村经济；伴随着农村产权制度改革，

农民资产股权化推动生产要素加快流动重组，劳动型的农民向组织型、业主型的农民身份进阶。随着乡村产业的延伸与拓展逐渐走向多次产业的融合发展，浙江地区的乡村也与城市更为紧密地联系在一起，成为全国城乡统筹发展的典范。

从类型学的视角出发，依托乡村内部的生态资源、土地资源、水资源、特色产业、闲置农房、民俗文化、社会环境、交通等各种要素，乡村产业发展模式会在不同资源要素的带动下呈现差异化。根据产业资源要素本底的类型进行村庄分类，可以将浙江的村庄分为基于农业资源、工业基础和风景资源的乡村。21世纪初，浙江省充分结合当地特色资源，以"宜农则农、宜工则工、宜商则商、宜游则游"为原则，培养各个村庄的龙头企业，突出特色化和差异化发展，三类村庄优势互补，集约共建，从而激发各类资源要素的价值转化，为乡村的经济发展和转型提供多元路径的选择可能性，促进一二三产业融合的链式联动产业经济。

第一类是基于农业资源的乡村，其乡村经济发展路径可概括为"传统农业生产基地—特色农业生产基地—特色农贸集散中心—综合服务中心"。农业主导型村庄适用于村内农业资源、山林资源丰富且养殖条件良好的村庄，面向村民及周边市场提供绿色农副产品，可采取村民合作社或企业承包的方式来扩大农业规模、提高村民收入，尤其在这一类村庄，乡村转型与振兴发展的受益主体是农民，他们也在农业和非农业生产经营等方面表现出一定的比较优势。虽然农业被认为是村庄产业经济演化的伊始阶段，但浙江地区的乡村受工业建设和城镇扩张辐射带动，形成了利益密集的特征，产生远较一般农业型村庄更多的经济机会，从而带动这些村庄的集体经济发展壮大。这类乡村的社会经济发展最具乡土性，保持着本土化的特质，但随着产业经济的发展，传统乡村社会的自发演进亦会发生，表现为与镇区日益紧密的互动联系。尽管如此，村民始终以乡村地区为根基，尤其在乡村从事各种经营能力的"中坚农民"，比如种田能手、养殖大户等，他们在村庄建设和基层治理中发挥巨大作用，成为扎根本地维系农村基层社会稳定和传承乡土文化的基本主体。

第二类是基于工业基础的乡村，针对有特色传统手艺的村庄提出，其产业面向的客户、运作模式和发展目标与农业主导型相似，但输出产品主要为手工艺品、农产品加工和文创产品等。其基于工业基础的乡村产业经济发展路径可大致概括为"作坊主导—工厂主导—企业主导—企业与小微电商并行"四大进阶，具有由"工业型"向"工贸型"继而转型为"智造型"乡村的发展和转型趋势。这类乡村产业不仅纵向延伸产业链，也开始注重横向拓展创新服务体系，乡村产业空间发展逐步从早期的分散和粗放，走向了相对集中和集约化。

改革开放以来，工业化进程促进了农村劳动力在全国范围内的流动，浙江的民营经济快速增长，在沿海地区出现了城乡一体的融合地区，乡村地区的社会由原先的高密度农业生产区转为农业活动和非农业活动高度混合的区域，被国内学者称之为"半城市化地区"[1]。起初，家庭

---

1 朱旭辉. 珠江三角洲村镇混杂区空间治理的政策思考[J]. 城市规划学刊，2015（2）：77-82.

作坊始终是产业发展的基础力量，本地村民仍在乡村经济社会系统中占据绝对主导地位，不仅支撑大中型工厂企业的生产，还结合新经济要素推动乡村经济结构的发展转型，当工业化程度不断上升，伴随着本地人外出经商务工，外来人口的大量涌入，使村庄转化为土客杂居的工业性村庄[1]，不同于城市的"生人社会"，在新的社会形态中外来人口逐渐融入并参与重构了本地乡村社会，形成了乡土情感与契约精神并存的新乡村社会。

第三类是基于风景资源的乡村，该类乡村一般拥有良好的景观资源、历史文化资源和交通条件，面向周边城镇游客、企业等提供度假观光、餐饮民宿、会晤场所等服务，运作方式多样，包括村民自主、集体合作、企业开发、政府主导、混合经营等。其乡村产业经济转型路径大致可概括为"传统工农业—传统景区旅游与农家乐—新兴中高端民宿业—综合旅游服务业"。在产业融合的背景下，浙江乡村地区的旅游业往往是在前2类村庄发展模式上衍生出来的。一方面将乡村旅游业与农业相结合，依托产业经济发展，通过开发农副加工产品和农业观光旅游，形成一整套完整而连贯的产业联动发展链条。另一方面，基于风景资源发展起来的乡村旅游也从传统的"景区-客栈"模式转向综合旅游服务模式，如从围绕景区目的地形成附属服务的农家乐片区到以中高消费层次的民宿产品为核心的"民宿经济"。在浙江乡村地区，民宿经济的蓬勃发展伴随着鲜明的绅士化特征，外来人口进入村庄与本地村民编织在一张新的社会网络中，重构当地的社会、经济、文化、人际关系系统，但也对本地的乡村振兴起到了重要作用。

2.4　小结

本章通过对浙江省乡村地区产业经济的演化过程进行梳理，从政策演化到空间变革，从产业演化到社会重构，以历史观、类型学的视角总结了浙江省乡村地区产业经济发展的内在逻辑——基于本底资源要素和政策指引发展起来的乡村发挥着各自的优势，形成了特色农业型、工业型和旅游型并重的类型学特征。为进一步探究不同类型地方产业驱动的乡村振兴之路，本书选取具有典型性的村庄案例进行了深入的田野调查和机制研究。

1　刘景琦. 类熟人社会：工业型村庄社会结构新形态 [J]. 华南农业大学学报（社会科学版），2020，19（2）：119-128.

参考文献

[1] 郭占恒."两山"思想引领中国迈向生态文明新时代[J].中共浙江省委党报,2017,33(3):20-25.

[2] 黄宇.浙江省美丽乡村政策实施状况研究[D].西安:西北大学,2018.

[3] 刘景琦.类熟人社会:工业型村庄社会结构新形态[J].华南农业大学学报(社会科学版),2020,19(2):119-128.

[4] 倪沪平.从浙江模式看演化经济的思想内涵[D].上海:上海社会科学院,2011.

[5] 农业农村部.农业农村部关于落实中共中央国务院关于学习运用"千村示范、万村整治"工程经验有力有效推进乡村全面振兴工作部署的实施意见[EB/OL].(2024-01-10)[2024-02-21].https://www.chinanews.com.cn/gn/2024/02-19/10165909.shtml.

[6] 农业农村部发展规划司.浙江省人民政府关于印发《高质量创建乡村振兴示范省推进共同富裕示范区建设行动方案(2021—2025年)》的通知[EB/OL].(2021-08-26)[2024-02-21].http://www.ghs.moa.gov.cn/tzgg/202108/t20210826_6374988.htm.

[7] 施德浩,陈前虎,陈浩.生态文明的浙江实践:创建类规划的模式演进与治理创新[J].城市规划学刊,2021(6):53-60.

[8] 王国灿.浙江省美丽乡村建设的经验与启示[J].人文天下,2018(22):2-9.

[9] 魏玉栋.乡村振兴战略与美丽乡村建设的关系[J].中国乡村发现,2018(9):3-5.

[10] 吴红霞."八八战略"科学发展观在浙江的生动实践[J].今日浙江,2006(13):14-19.

[11] 吴晓琳.美丽乡村的建设模式与路径研究:以浙江省为例[J].农村经济与科技,2022,33(1):51-53.

[12] 武前波,俞霞颖,陈前虎.新时期浙江省乡村建设的发展历程及其政策供给[J].城市规划学刊,2017(6):76-86.

[13] 张健,王文祥.论"两山理论"浙江实践的理论缘起、基本样板和经验[J].理论观察,2018(8):57-61.

[14] 张乐益,张静,吕冬敏,等.基于"两山"理念的浙江乡村规划实践[J].上海城市规划,2021,3(3):109-114.

[15] 张琦.全面推进乡村振兴进程中乡土文化拓展及价值提升[J].国家治理,2022,(21):33-37.

[16] 浙江省人民政府.全面实施乡村振兴战略高水平推进农业农村现代化行动计划(2018—2022)[EB/OL].(2018-04-23)[2024-02-21].https://www.gov.cn/xinwen/2018-04/23/content_5285071.htm.

[17] 浙江省人民政府.浙江省人民政府关于印发《浙江生态省建设规划纲要》的通知[EB/OL].(2003-08-19)[2024-02-21].http://sthjt.zj.gov.cn/art/2004/6/1/art_1229123477_13472851.html.

[18] 浙江省省委十一届四次全体(扩大)会议.浙江省第十四次党代会报告[EB/OL].(2003-07-12)[2024-02-21].https://cpc.people.com.cn/n1/2017/0613/c64387-29336281.html.

[19] 浙江省住房和城乡建设厅.浙江省住房和城乡建设厅关于深入推进城乡风貌整治提升 加快推

动和美城乡建设的指导意见 [EB/OL]. (2023-11-08)[2024-02-21]. https://www.zj.gov.cn/art/2023/11/8/art_1229514424_2497320.html.

［20］朱旭辉. 珠江三角洲村镇混杂区空间治理的政策思考 [J]. 城市规划学刊，2015（2）：77-82.

第 3 章

探索地方产业驱动乡村振兴的浙江模式

3.1 理论建构

通过浙江省的实证研究，探索和归纳基于不同产业门类的乡村聚落发展的类型学特征；深入研究地方产业驱动乡村聚落演变的内生机理及其在不同外部干预下的演进韧性特征，提炼地方产业驱动乡村聚落发展的一般解释理论，归纳地方产业驱动乡村振兴的浙江模式。进一步地，顺应不同地方产业驱动的乡村聚落发展规律和演变趋势，提出面向乡村聚落"产业-社区"可持续发展的规划策略和政策建议，如图3-1所示。

3.1.1 归纳不同地方产业驱动的乡村聚落发展的类型学特征

以"乡镇/街道"为研究单元，选定一系列依托地方产业的独立乡村地域（包括村庄、乡村集镇和镇区在内的完整地域）。根据地方产业差异（例如，初级农产品类、深加工农产品类、风景旅游类、历史文化类等）对乡村聚落进行类型学划分，进而从产业发展阶段性视角研究乡村聚落的经济、社会、空间、人口等多维度的发展特征。在研究单个乡村聚落的空间特征及组织模式的基础上，还将研究不同地方产业驱动下乡村聚落体系的发展特征，包括规模、等级与职能结构，乡村聚落空间分布结构，以及乡村聚落土地使用模式等。

3.1.2 揭示不同类别地方产业驱动乡村聚落发展的内生机理

根据地方产业发展可能对乡村聚落带来的影响，从产业经济、社会网络、空间系统等方面，重点检验地方产业驱动乡村聚落发展的"内生机理"的3个假设。

假设一：在激烈的市场竞争环境下，地方产业具有升级发展和沿着产业链向高价值区段攀升的内在诉求，从而推动乡村聚落的生产、生活和生态要素深刻重组。地方产业链在城镇聚落和乡村聚落之间延展，单个乡村聚落的演变规律可能"内嵌"于整个乡村聚落体系的演变过程中。

假设二：产业发展推动乡村社会系统从血缘向业缘转型，逐渐突破"内卷化"的小农经济模式，推动乡村聚落的现代化发展。在此过程中，乡村发展的主体从村民、支书、能人、乡贤转移到企业家、行业组织、外来打工者、城市消费者，从而形成新型社会网络，为乡村聚落发展积累了全新的社会资本。在乡村地区，这种血缘与业缘相融合的发展和治理结构，可能是乡村聚落演变的关键内生动力之一。

假设三：乡村地域的生产、生活、生态功能及其空间具有自然耦合性，而地方产业的产生和发展必然带来产业空间的扩张，对乡村人居空间和生态本底造成压力，但生态本底约束也将

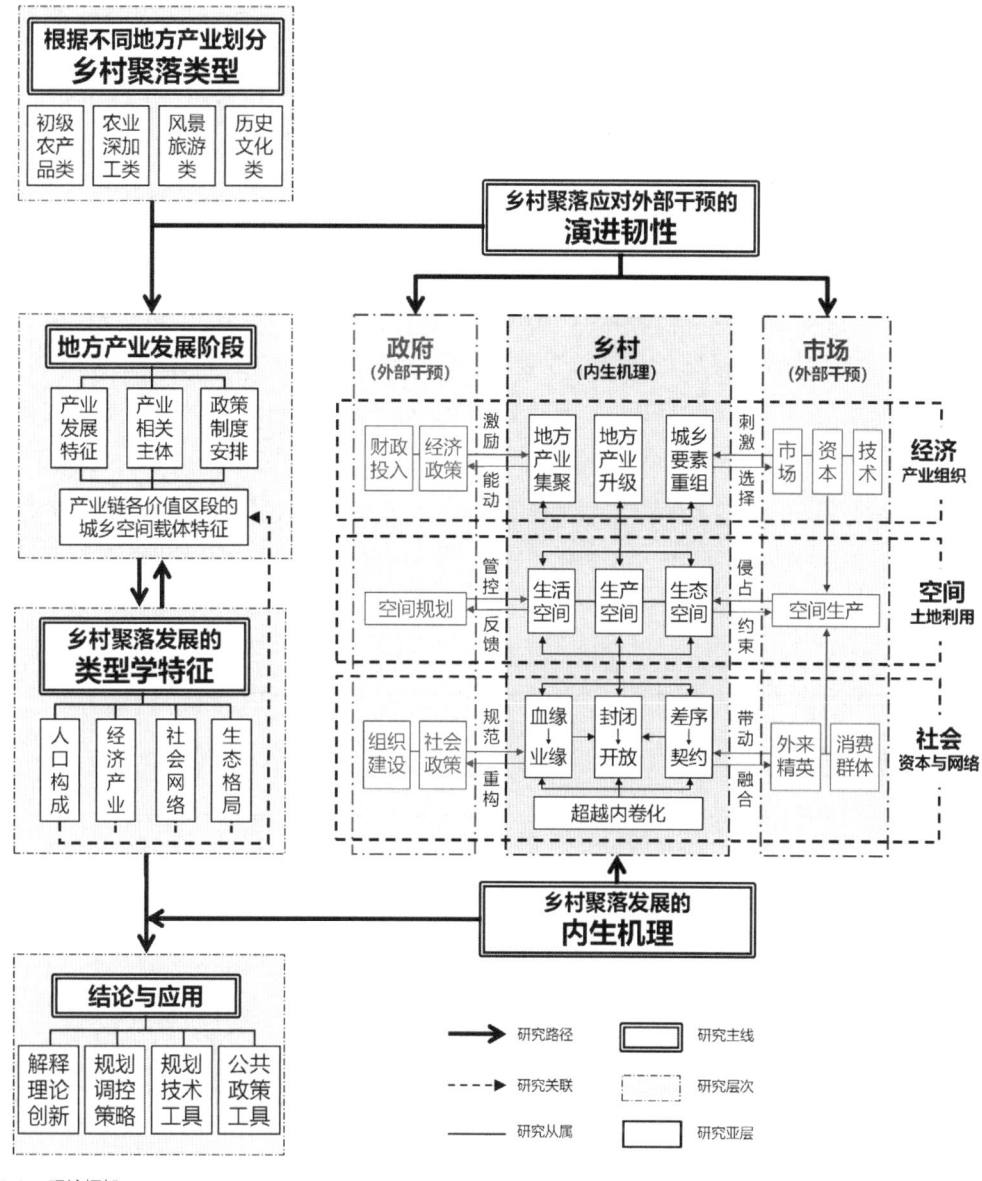

图 3-1 理论框架

对产业发展产生制衡。因此，乡村地区的三生空间协调共生的内在诉求，可能构成了乡村聚落的土地利用和空间组织模式演变的内生动力。

3.1.3 考察地方产业驱动的乡村聚落发展在不同外部干预下的演进韧性

作为美丽乡村建设的发源地和实践地，浙江省的乡村振兴实践起步早、基础好，具有先锋性和代表性，尤其是在乡村产业振兴方面有较为丰富的实践成果。研究上述产业经济、社会网络、空间协同等乡村聚落发展的内生机理，以及乡村聚落在不同的管治、政策、资金、技术等外部干预下的演进韧性，有助于解释什么样的外部干预可以有效促进乡村产业振兴，从而系统性地研究和构建地方产业驱动乡村聚落发展的一般解释理论。

3.1.4 面向乡村聚落可持续发展的规划策略和相关政策研究

乡村地区的现行规划体系主要是为了提升物质环境和公共服务的质量，而面向乡村聚落"产业-社区"的可持续发展就要求对现行乡村规划体系进行调整，使之适应产业系统和聚落体系的多元发展需求。在产业方面，将地方产业的不同价值区段对空间载体的要求，纳入所在地域乡村聚落体系和单个乡村聚落的规划干预范畴，创新规划调控策略和技术工具，进一步助推地方产业的可持续发展。在社区方面，主要是提前防范产业发展带来的生态负面效应和市场失灵带来的人居环境品质下降等问题，提出优化乡村聚落空间规划的方法和促进乡村聚落发展的政策建议。

3.2 研究设计

研究设计包括研究对象确定、研究方法、研究案例选择与数据来源4个方面。

3.2.1 研究对象

本书选取浙江省的乡村作为研究对象，通过类型学和多学科的视角，解读地方产业驱动乡村振兴的浙江模式。

1. 地方产业驱动乡村振兴的浙江模式：解密乡村振兴之路 3.0 版

浙江省是中国美丽乡村的发源地。2003年，时任浙江省委书记的习近平同志提出"八八战略"，前瞻性地提出生态省建设。2005年，习近平同志在浙江省湖州市安吉县余村考察时，提出"绿水青山就是金山银山"的重要理念。2019年3月，中共中央办公厅、国务院办公厅转发了《中央农办、农业农村部、国家发展改革委关于深入学习浙江"千村示范、万村整治"工程经验扎实推进农村人居环境整治工作的报告》，号召全国各地深入学习推广浙江经验。

然而，随着乡村振兴战略的实施，各地的乡村建设出现了值得警惕的问题。例如，一些地区对浙江经验的内涵解读尚有局限，只看到"村庄净化、绿化、亮化、美化"的表象。实际上，浙江省的乡村发展经历了一定的演进历程：乡村振兴1.0版主攻农村环境风貌整治，但比较忽视乡村发展的内生动力，形成了"有颜值、没产值"的模式特征；乡村振兴2.0版聚焦乡村工业化，通过农村廉价的土地、人力要素资源吸引产业集聚，其基本特征是"有产值、没颜值"；在此基础上，我们发现浙江省还有许多乡村地区能够形成"产村融合化"的发展模式，其基本特征是"既有颜值，又有产值"。浙江省的这些乡村进入了乡村振兴3.0版，完美诠释"两山理念"的发展理念，具有很高的借鉴价值，是本研究的聚焦对象。

浙江省乡村振兴3.0版在1.0版乡村风貌改善的基础上提升了内生动力，在2.0版形成了村庄支柱产业的基础上存续了乡村性。具体来说，乡村振兴3.0版，即地方产业驱动乡村振兴的浙江模式有如下特点：①产业发展具有较强的地域根植性；②产业的发展具有包容性，准入门槛较低，过程惠农，需要借助农村家庭的独有资源，这些要素都可能成为农民参与产业发展、实现创业致富的重要基础；③保留乡村原有的景观风貌和村民生活方式；④在地方产业驱动的乡村发展模式下，乡村地区的三生空间实现协调共生。由此，笔者对乡村地区典型主导产业的选择机制及其产村互动发展模式进行深入剖析，希望可以为其他发展转型中的村庄提供经验借鉴（图3-2）。

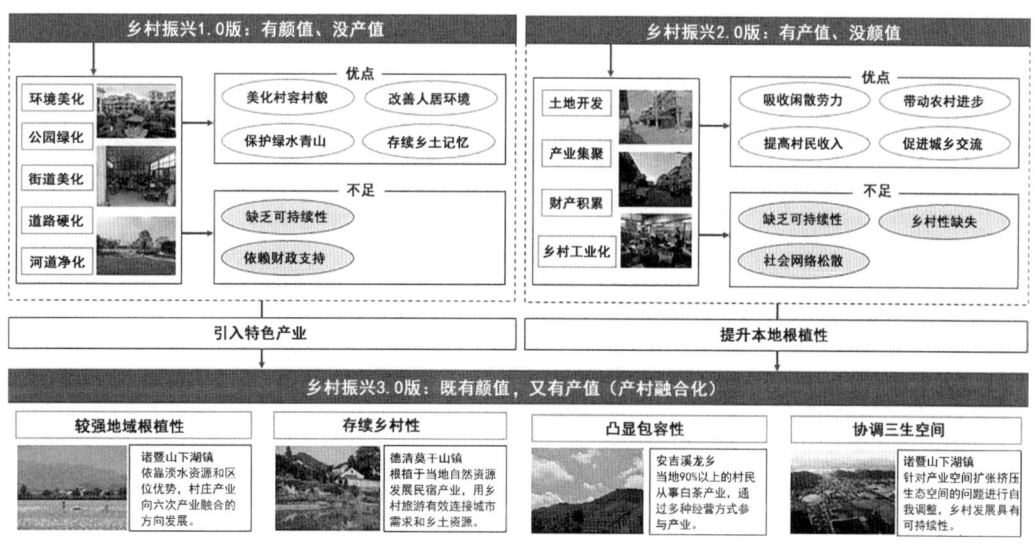

图3-2　21世纪浙江省乡村振兴之路的代际图谱

2. 类型学视角：按照不同主导产业门类研究乡村发展规律

在乡村地区，产业发展必须依托于一定的地域资源禀赋，如农业、工业资源等，生产、生活行为中的物质和非物质元素之间也在发生各种交互作用，由此形成了不同的乡村发展类型。

其中，以主导产业进行乡村发展分类已有成熟方法[1,2,3]。

研究借鉴类型学研究方法，根据产业类别对乡村地区进行分类，研究乡村地区不同主导产业的产业选择机制。进一步地，从中归纳总结了三种不同主导产业型乡村的产村互动发展模式。每一种模式既代表了该种主导产业自身发展各阶段所需的特殊要素和优缺点，也反映了受其影响村庄的空间变化与诉求。

3. 多学科视角：产业经济学与城乡规划学双重视角

在乡村地区，产业发展与人居环境在空间上是地域共存的实体，但是二者在发展主体、运作机制、发展目标、福利效率等方面均具有明显的不同之处，是产业经济学和城乡规划学交叉研究的重要领域。

产业与村庄在空间上是地域共存的实体，但是二者在发展主体、运作机制、发展目标、福利效率等方面具有明显不同，是产业经济学和城乡规划学的领域。研究借鉴杜宁、赵民提出的乡镇产业集群与小城镇的互动发展框架，依据乡村地区的产业发展与人居环境发展的匹配程度，构筑"产村互动"发展的"对称"与"不对称"两种状态的假说（图3-3）[4]。

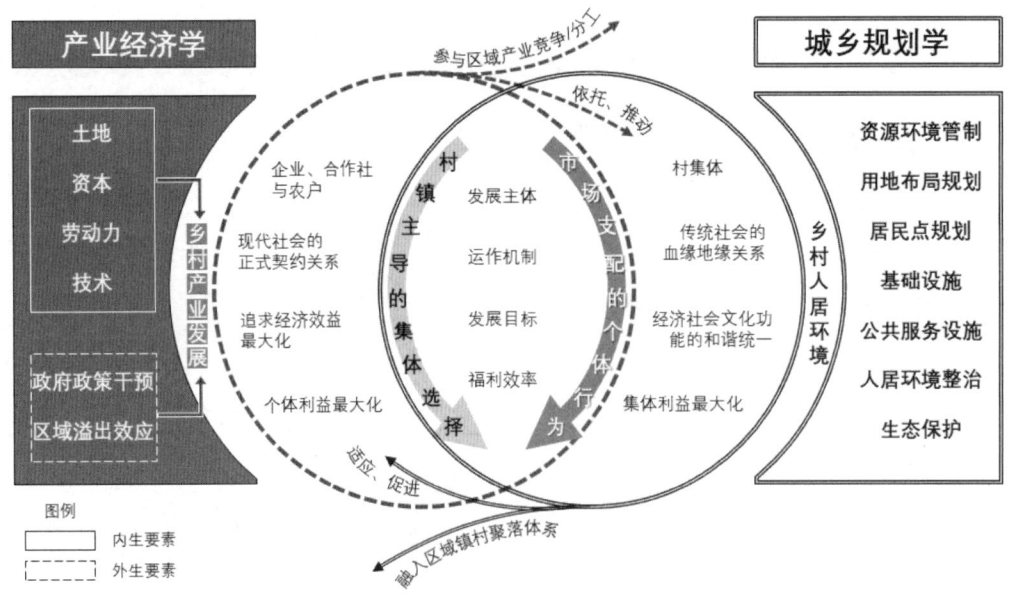

图3-3 地方产业驱动乡村振兴的"产村互动"理论模型

---

1 李孝坤,李忠峰,翁才银,等.县域乡村发展类型划分与乡村性评价:以重庆三峡库区生态经济区为例[J].重庆师范大学学报(自然科学版),2013,30(1):42-47+133.
2 孟欢欢,李同昇,于正松,等.安徽省乡村发展类型及乡村性空间分异研究[J].经济地理,2013(4):144-148+185.
3 龙花楼,刘彦随,邹健.中国东部沿海地区乡村发展类型及其乡村性评价[J].地理学报,2009,64(4):426-434.
4 杜宁,赵民.发达地区乡镇产业集群与小城镇互动发展研究[J].国际城市规划,2011,26(1):28-36.

(1)"不对称"的产村互动模式的特点是:由于地方产业发展追求经济效益最大化和个体利益最大化,容易造成"市场失灵",尤其是造成生态环境、建筑风貌等空间层面的困境,导致人居环境品质下降,产业与乡村发展逐渐形成对立和制约。

(2)"对称"的产村互动模式的特点是:一方面,产业发展不断融入区域产业竞争和分工的同时,还能依托和推动传统乡村的发展。另一方面,乡村发展融入区域镇村聚落体系,并能适应和促进乡村主导产业的发展。

为了应对产业无序发展造成的"不对称"的产村互动模式,使地方产业驱动的乡村发展进入"对称"的产村互动模式,需要通过公共行动进行有效控制和及时干预,增强环境、交通等要素供给的正向反馈机制。因此,在笔者构建的产村互动发展解释模型中,产业政策重点关注提升乡村地区的产业发展效率,而城乡规划重点关注乡村地区的人居环境品质提升,并与乡村产业发展的空间要求相适应,由此推动产业发展与乡村人居环境发展的产村"对称互动"发展。

3.2.2 研究方法

研究采用扎根研究方法和半结构式访谈方法,直接从大量田野调研的实际观察入手,从原始经验资料中归纳经验,通过系统性的分析方法建立理论。该方法适合于当前尚未有系统的理论体系的乡村振兴模式探究。通过模式归纳,研究将从中提取不同模式的规律性,从而为相似地区提供借鉴。在上述3类乡村的类型学特征归纳的基础上,选择典型的乡村地区,深入检验产村"对称互动"发展假说,为乡村产业振兴的规划干预提供重要支撑。

3.2.3 案例选择及数据来源

笔者根据不同的主导产业类型对同济大学课题组在浙江省的多地乡村调研展开类型学研究。

1. 案例选择

笔者将其划分为基于农业资源、基于工业基础、基于风景资源的3类乡村,从中选取浙江省9镇36村作为典型案例(表3-1)。

2. 数据来源

为取得原始资料,笔者依托上海同济城市规划设计研究院有限公司的规划实践项目与同济大学数字化城乡融合发展分实验中心、同济大学乡村振兴研习社的暑期社会调研工作,采用现场踏勘、特征人群访谈及产业发展要素的综合评价打分、抽样问卷调查等方法,广泛获取真实的一手资料和翔实的数据,运用文献和相关资料研究法不断丰富原始资料并完善理论。调研的具体方法包括以下4类。

表 3-1　研究涉及的浙江省案例乡村

乡村地区类型	案例乡村
基于农业资源的乡村地区	湖州市安吉县溪龙乡下辖乡村（白茶产业）； 湖州市长兴县洪桥镇下辖乡村（河蟹产业）； 绍兴市诸暨市山下湖镇下辖乡村（珍珠产业）
基于工业基础的乡村地区	台州市温岭市泽国镇下辖乡村（电商潮鞋产业）； 嘉兴市桐乡市濮院镇下辖乡村（羊毛衫产业）； 湖州市吴兴区织里镇下辖乡村（童装产业）
基于风景资源的乡村地区	湖州市德清县莫干山镇下辖乡村（民宿产业）； 湖州市安吉县天荒坪镇下辖乡村（乡村旅游产业）； 湖州市长兴县水口乡下辖乡村（老年康养产业）

（1）现场踏勘。实地走访 36 个村庄，踏勘土地使用，感受村庄风貌。借助无人机等设备收集各类影像资料。除分析现有图纸外，还进行了部分村庄重要图纸的绘制，直观表示动态发展。

（2）特征人群的半结构式访谈及产业发展要素的综合评价打分。对参与村庄产业发展的特征人群开展一对一的深入半结构式访谈，主要包括乡镇政府部门领导、历任村书记、大企业负责人、合作社负责人、农业承包户、工厂负责人、小型企业老板、工厂工人、普通村民、游客等。总计开展超过 40 场政府座谈会，访谈超过 120 家不同规模、不同类型的企业，如天使之泪、颂珍珠等大小珍珠企业，宝利特、琳峰等鞋业公司，溪龙仙子、千道湾等白茶企业，夏紫红杨梅合作社、春望果蔬等农企，发现不同资本下创造性的转型路线。在上述人群访谈中，对村庄产业发展要素进行综合评价打分。

（3）居民、游客、企业家或主要从业人员的问卷调查。发放问卷 2000 余份，平均每村有效问卷约 60 份。分层抽样调查不同收入、职业等背景的受访者，通过微观个体的经济、社会、空间和环境感知认识产业驱动下的乡村演变。

（4）文献和相关资料研究。查阅中共中央、国务院印发的《乡村振兴战略规划（2018—2022 年）》、2000 年以来的中央一号文件等乡村振兴相关政策资料，通过政府网站、官方媒体公众号等多方渠道了解全国各地乡村振兴实施情况及措施，从历史视角更好地理解浙江省"产业振兴"驱动乡村发展的背景和机制。

参考文献

[1] MARTIN R, SUNLEY P. Path Dependence and Regional Economic Evolution[J]. Journal Of Economic Geography, 2006, 6(4): 395-437.

[2] 陈晨,耿佳,陈旭.民宿产业驱动的乡村聚落重构及规划启示:对莫干山镇劳岭村的案例研究[J].城市规划学刊,2019(S1):67-75.

[3] 陈晨,杨贵庆,徐浩文,等.地方产业驱动乡村发展的机制解析及规划策略:以浙江省三个典型乡村地区为例[J].规划师,2021,37(2):21-27.

[4] 杜宁,赵民.发达地区乡镇产业集群与小城镇互动发展研究[J].国际城市规划,2011,26(1):28-36.

[5] 李孝坤,李忠峰,翁才银,等.县域乡村发展类型划分与乡村性评价:以重庆三峡库区生态经济区为例[J].重庆师范大学学报(自然科学版),2013,30(1):42-47+133.

[6] 龙花楼,刘彦随,邹健.中国东部沿海地区乡村发展类型及其乡村性评价[J].地理学报,2009,64(4):426-434.

[7] 孟欢欢,李同昇,于正松,等.安徽省乡村发展类型及乡村性空间分异研究[J].经济地理,2013(4):144-148+185.

[8] 许一磊,陈晨,耿佳.产业资本介入下我国乡村空间转型的研究述评及规划启示[J].南方建筑,2018(5):22-26.

[9] 颜思敏,陈晨.白茶产业驱动的乡村重构及规划启示:基于浙江省溪龙乡的实证研究[J].现代城市研究,2019,34(7):26-33

第 4 章

基于农业资源的乡村振兴实践及驱动机制

4.1 白茶产业驱动的安吉县溪龙乡模式

白茶产业驱动的安吉县溪龙乡是典型的基于农业资源的种植业乡镇,是具有代表性和复制性的乡村发展类型之一。

4.1.1 基本情况

安吉县位于浙江省北部,隶属浙江省湖州市,县域面积1886万平方千米。由于地处山区,安吉县一度因为交通区位的劣势而位于区域发展的边缘地带,发展相对滞后于周边县市;然而,得天独厚的生态旅游资源成为了安吉参与区域竞争的"王牌"。随着当地交通条件不断改善,安吉逐渐凭借其生态环境优势成为中国首个"生态县",被誉为"绿水青山就是金山银山"理念和"美丽乡村"政策的发源地。与此同时,安吉县域工业产业和旅游产业亦得到了均衡发展,获得了"国家新型工业化产业示范基地""国家全域旅游示范区"等荣誉称号,以"中国第一竹乡""中国白茶之乡"等品牌享誉全国(图4-1)。

溪龙乡位于安吉县东北部,乡域面积32.25平方千米,是一个半平原半山区的乡镇。平原以粮食和水产为主,山区盛产白茶。溪龙乡的经济发展走在全县前列,现有安吉白茶园区、水产特色产业主导区、粮食功能区3个农业园区。近年来,溪龙乡的招商引资也较为成功,工业企业沿省道分布,以大型企业为主;特色旅游业正在快速发展(图4-2)。

溪龙乡户籍人口8840人,常住人口9063人,下辖5个行政村,分别为溪龙、黄杜、徐村湾、后河和新丰。其中,乡政府、白茶特色小镇所在地溪龙村,毗邻白茶风情街、干茶青茶交易市场、乡镇主要工业园区和交通干道,村民多从事白茶销售等经营类活动,工商兼业现象普遍。其他村庄因其地理特征差异可大致分为2类:一类是山地型乡村,例如,位于南部山区白茶核心产区的黄杜村。那里几乎每家每户都从事茶叶种植、生产或销售等活动,也被誉为"中国白茶第一村"。另一类是平原型乡村,例如,沿西苕溪分布的后河村、新丰村和徐村湾村。早年村民除种田养殖水产外,也兼以河砂开采谋生。后来,因此类生产活动易对河流生态环境产生负面影响,受到了严格的限制,沿岸多

图4-1 溪龙乡白茶特色小镇风貌航拍图
资料来源:课题组拍摄

(a) 山地型　　　　　　　　　　　　　　(b) 平原型

图 4-2　溪龙乡乡村风貌航拍图
资料来源：课题组拍摄

数村集体也进行了整体的安置搬迁；部分村民转而从事白茶种植及相关生产类活动，工农兼业现象普遍。

4.1.2　发展历程：从农业乡村到白茶产业专业乡

"安吉白茶"是指以安吉县区域生产的"白叶 1 号"茶树品种的春季白化鲜叶为原料，通过杀青、理条、烘干等工艺制成的一种自然形绿茶。每年 3～4 月采摘（仅一次），全年维护投入小，农民兼业难度低，是名副其实的高品质、高效益农业。溪龙乡是安吉白茶的核心保护区之一，有"中国白茶第一乡"美誉，并被农业部授予"一村一品"的强乡强镇。习近平总书记曾用"一片叶子，富了一方百姓"概括白茶产业对当地乡村发展的贡献，溪龙乡也由此成为产业发展驱动乡村振兴的典型案例。

作为由高效专业化产业——白茶农业驱动乡村转型的乡镇，溪龙乡的发展历程与根植性产业培育、地方政府推动、龙头企业引领和品牌效应等驱动因素息息相关。根据白茶产业促进地方发展的关键性事件和驱动主体的变化，以下将溪龙乡的产业发展历程分为 4 个阶段，各阶段乡村聚落演变如表 4-1 所示。

1. 阶段一：根植性产业驱动下的产业萌芽阶段（1981—1997 年）

白茶产业最初的发端源于本地资源的稀缺性。20 世纪 80 年代以前，溪龙乡是一个以种植农业为主，乡镇零星工业为辅的传统乡镇。溪龙因地处多山地区，相比周边其他区位靠近大都市圈的平原城市，城镇化和现代化进程较缓；但这里山林生态资源保存完好，为后续特色农业发展保存了实力。1980—1987 年，县林科所科技人员主持设立"浙北地区当地茶树品种选育研究

表 4-1　溪龙乡各阶段白茶产业驱动乡村转型的驱动主体及其作用

阶段	驱动主体	驱动作用
阶段一：产业萌芽阶段（1981—1997 年）	根植性产业	挖掘山林资源禀赋；利用区域客群基础；激发劳动力、技术潜力
阶段二：产业形成阶段（1998—2001 年）	当地政府	建设基础设施；实施政策倾斜；制定财政补助计划
阶段三：产业成长阶段（2002—2010 年）	龙头企业	树立行业标准；精准定位产品；致力品牌推广
阶段四：产业升级阶段（2011 年至今）	品牌效应	进一步积累社会资本；多方共同参与；培育地方产业集群；融合发展一二三产业

资料来源：笔者根据调研资料整理

课题"，将在安吉天荒坪镇的大溪山上的一株"白茶"树（即现在的白茶祖）进行扦插、种植，培育出了"白叶 1 号"（图 4-3）。随后，由溪龙乡黄杜村老书记带头，在村内小面积引种了该种白茶（仅有 0.1 亩），培育茶苗。此后，小部分"第一批吃螃蟹"的农户尝试性地将自家的竹林地改种白茶，种植面积逐年缓慢地增加。直到 1997 年春，白茶虽未在全乡范围内大面积种植（仅有 412 亩），却给予了当地发展具有地方根植性的高效农业的契机。

图 4-3　浙江省安吉县境内的千年珍稀白茶母树——白茶祖
资料来源：阿斌. 安吉白茶是属于什么茶类（安吉白茶的特点及来历）[EB/OL].（2022-11-14）. https://www.ksrmyy.com/ask/168633.html.

此外，溪龙乡成为试种"白叶1号"的第一乡，还与其本地劳动力积累和地理区位条件密不可分。一方面，受东南沿海乡镇工业化影响，溪龙乡镇区原就有一定工业基础，村镇劳动力流失较少。而溪龙乡所在地区的农户也是勤劳且有经商意识的浙江农民，具有较强的市场意识和冒险精神。另一方面，白茶的消费客群集中在江浙经济发达地区，市场消费能力强，销售难度不高。这些既为白茶产业的"萌芽期"积蓄了原动力，又为后续开展茶叶加工和产业化经营、构建较为完善的市场购销体系打下了基础。

2. 阶段二：当地政府助推下的产业形成阶段（1998—2001年）

当地政府在产业的"形成期"发挥了决定性作用。这一阶段得益于县、乡各级地方政府较强的市场意识、服务意识和精明干预的能力，白茶产业得到了土地规划上的大力支持。首先，溪龙乡人民政府将白茶列为效益农业的重点扶持对象，并将建设农业园区作为推动白茶产业的重要途径。在1998—1999年，溪龙乡人民政府先后制定了千亩安吉白茶商品基地建设和6000亩的名优茶基地规划，为白茶扩大生产打下了基础（图4-4）。与此同时，安吉县人民政府也将白茶列为该县农业发展的主要对象之一，县农业局还提出了万亩白茶基地规划，将白茶生产扩张到安吉县内的多个山区乡镇，这极大地鼓舞了本地村民的投入信心和种植热情。

此后，随着市场的扩大和消费者对食品安全要求的提高，2000年，溪龙乡人民政府又提出了开发有机白茶，建设安吉溪龙千亩无公害白茶示范园区，即安吉白茶园区一期工程。同年，安吉获得"中国白茶之乡"称号，并荣获"国际名茶金奖"。2001年，安吉白茶获得茶叶类全国第一个原产地保护证明商标，这一系列举措带动了更多溪龙农户参与白茶产业，溪龙农户"白叶1号"种植面积接近万亩。既推动了溪龙白茶的规模化量产，树立了地域性品牌意识，也增强了"溪龙产"白茶在同类型茶市场的竞争能力。

图4-4　安吉县溪龙乡万亩茶园景观
资料来源：（左）安吉新闻网. 全市唯一！"安吉白茶"入选全国商标品牌建设优秀案例[EB/OL].（2023-01-06）. https://app.meilianji.cn/ajnews/news.html?news_id=104641.（右）东方网. 一片叶子里的致富梦想[EB/OL].（2020-08-13）. https://j.eastday.com/p/1597307369024253.

3. 阶段三：龙头企业引领下的产业成长阶段（2002—2010年）

在前序积累的基础上，得益于"安吉白茶"的知名度提升、市场拓宽以及当地政府的精明干预，溪龙乡的白茶产业进入了快速成长期。到2010年，溪龙白茶种植总面积达到1.6万亩，销售收入1.6亿元，"安吉白茶"的整体竞争力大大增强。这一阶段特征包括5个方面。

（1）《安吉白茶》县地方标准陆续升级为省级地方标准、全国标准，白茶生产逐步规范化发展。

（2）举办白茶开采节，资助本地茶企到全国各地参加名茶展示、销售和评比，有力地提高了安吉白茶的知名度。

（3）为加强品牌保护，安吉县人民政府、溪龙乡人民政府联合多家本地企业代表，创新性提出"子母品牌"的销售模式，大大提升了"安吉白茶"这一母品牌的影响力（图4-5）。

（4）溪龙乡本土茶企的壮大也带动了"子品牌"的迅速崛起，涌现出一批龙头企业。

（5）溪龙乡人民政府推动建设的白茶街项目为大量闲散家庭作坊提供了销售门店，干茶、青叶交易市场的建设与"代加工式"茶企的出现，基本结束了溪龙小、散茶户外出推销和青叶积压的局面，使白茶产业在本地实现了生产、加工、销售的完整产业链。

图4-5　安吉白茶"子母品牌"创新销售模式
资料来源：笔者根据网络图片整理绘制

其中，龙头企业成为这一阶段的关键，起到了主导性作用。例如，以溪龙乡黄杜村一代茶农经营的"大山坞"为代表，出于自身企业品牌的严格要求，使其成为当地白茶行业的标杆，代表了原产地溪龙白茶的品质，同时影响了溪龙产白茶的定价，使当地形成以之为首的梯队式白茶价格和本土产业集群（溪龙茶企访谈，2018年）。

4. 阶段四：地域品牌影响下的产业升级阶段（2011年至今）

随着溪龙乡白茶种植面积接近饱和，本地成本上升，环境水土流失等问题的出现，本地茶农开始在临近乡镇、临近县（德清县、长兴县等）承包山林，后期更进一步扩大到全国适种区（江西、福建、贵州等地）。受企业原料基地向外扩张的影响，溪龙白茶产业出现了2个方面的挑战：一方面是大量外地产白茶流入溪龙交易市场，质量参差不齐且价格挤压严重，致使原产地品牌受到冲击。2015年前后，当地散户不同程度地出现青叶积压，价格缩水近半的现象。另一方面是存在山林过度开垦、茶树根系浅、农药的不当使用等现象，溪龙乡白茶种植面积接近饱和，还出现了水土流失、水质污染等环境问题，危及了乡村的生态功能。受此影响，溪龙乡人民政府开始引导白茶产业从"量产"向"提质"转变。主要措施包括：一是严格监管溪龙白茶交易市场。二是限制盲目开垦茶园，推广"套种"等生态修复技术。三是着眼茶旅游和茶文化，引导白茶产业从一产向三产延伸。在此期间，溪龙本地企业也通过规范生产、绿色食品认证、全程追溯等手段进一步保护自身品牌；由当地茶企与茶农组成的女子茶叶专业合作社、新青年创业联盟、茶产业商会等行业联盟，也逐步成为了技术培训、生态意识、风险教育等的组织者和推广者。

2018年，溪龙全乡"白叶1号"面积约2.2万亩，如果包括到外地承包种植"白叶1号"茶园，溪龙乡农户掌握的茶园面积约可达到7万亩。茶苗基地更是累计达到了800~1200亩，其中通过食品生产许可认证（SC）43家，拥有省标准化茶场6个，全程可追溯9家，绿色食品认证12家，共计4299亩，均位于同类型白茶生产乡镇的前列。这一阶段，溪龙乡乡域范围内白茶种植面积基本扩到可能范围内的最大面积，市场拓展到全国，形成了完善的安吉白茶生产、加工、销售体系及产业配套，"安吉白茶"也从地方品牌发展成全国品牌。近年来，以白茶为核心的，一二三产业联动的乡村产业生态正逐步构建。溪龙乡不仅通过建设茶博园将茶文化与影视文化结合，打造茶影视基地；还充分利用当地独特的生态景观，与外地资本合作打造了茶园中的五星级度假酒店、创意性民宿酒店等。据统计，安吉白茶全产业链已带动了超过20万的从业人员。2018年，为践行国家"先富带后富"的号召，安吉县溪龙乡黄杜村20名农民党员捐赠1500万株"白叶1号"茶苗，为贫困地区群众脱贫攻坚助力。到2022年，安吉县累计向贵州省普安县、沿河县、雷山县，湖南省古丈县和四川省青川县捐赠茶苗2240万株。可见，这种从政府到农户的品牌意识和"共富理念"，使"安吉白茶"焕发出源源不断的影响力。

当前溪龙乡白茶产业持续发展，如果将品牌效应看作是至关重要的驱动力，那么，各级政府则提供了不可或缺的辅动能。一方面，2003年，习近平同志肯定了溪龙乡黄杜村"一片叶子富了一方百姓"的绿色发展理念，为其白茶产业赋予了示范效应。另一方面，由于白茶市场无序扩张，当地政府通过出台相关法规、宣传和教育，平衡市场竞争、生态环境和社会公平等方面的潜在问题。在实地访谈中，当地政府、龙头茶企和茶农良好的品牌意识和持久的经营维护也得到了验证："我们村产的白茶卖得都比别人的卖得贵，卖得好，为什么？因为我们都知道不能把自己的牌子砸了，所以打农药、采摘都很规范，不会乱来（黄杜村入户访谈，2018年）。"

4.1.3 产村互动的机制解析

为了进一步解析乡村发展转型背后的产村互动机制，课题组分别对白茶产业驱动溪龙乡经济、社会及空间3个层面进行了实证分析。通过特征人群半结构式访谈、问卷调查及现场踏勘相结合的方法，课题组于2018年8月，对当地政府部门、白茶企业、农户、本地居民等特征人群等展开深度的半结构式访谈（图4-6）；在此基础上，对溪龙乡及其下辖的三个乡村（溪龙村、黄杜村和后河村）的本地居民发放了调查问卷，共收回有效问卷137份。上述现场调查获得的资料和数据是下述观点形成的基础。

图4-6　安吉县溪龙乡项目调研实录（2018年8月）
资料来源：课题组拍摄

1. 经济层面：白茶产业促进家庭生计优化及乡村经济发展多元化

1）农民收入大幅提升

根据调研数据整理，2017年，溪龙乡农民人均年收入为29 645元，其中黄杜村人均年收入达到36 102元，高于安吉县人均水平（28 932元）。数据显示，在安吉白茶产业成长和提升阶段（2002—2017年），安吉白茶"白叶1号"的种植面积从2003年的10 044亩增长到了2017年的22 000亩，亩产值（2.9万元）是2003年（0.4万元）的7倍多，农民人均收入从6390元上升至29 645元，增长幅度约4.6倍。此外，本地居民问卷调查也表明，白茶产业使居民家庭收入显著增加，并成为农户家庭收入的主要来源。如今，溪龙乡已形成家家户户种茶叶的局面，其中，黄杜村作为"中国白茶第一村"，村内约九成村民从事与白茶产业相关的职业。一亩白茶茶园的收益在7000～10 000元，黄杜村的白茶定价最高，基本每市斤都在600元以上（黄杜村村委会访谈，2018年）。问卷数据显示，约63.5%的受访村民从事与白茶产业相关的行业。从家庭收入结构来看，近四成的受访村民家中"从事白茶产业相关工作的家庭成员收入的比重"超过75%。近七成的受访村民认为白茶产业提高了其家庭收入，36%的受访村民表示家庭收入增长2倍及以上（表4-2、图4-7）。

表4-2 2003年与2017年安吉县、溪龙乡、黄杜村人口与白茶产业数据对比

地区	户籍人口（人）		白叶1号面积（亩）		安吉白茶产值（万元）		农民人均收入（元）	
	2003年	2017年	2003年	2017年	2003年	2017年	2003年	2017年
安吉县	379 614	360 930	25 000	170 000	15 000	247 400	5078	28 932
溪龙乡	8604	9063	10 044	22 000	3950	62 000	6390	29 645
黄杜村	1437	1524	5739	12 215	2257	35 000	7120	36 102

资料来源：笔者根据调研数据整理

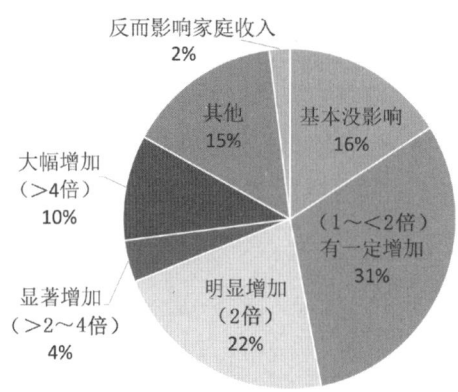

图4-7 白茶产业对受访者家庭收入的影响
资料来源：笔者根据调研数据绘制

2）"工农商兼业"与家庭生计的多元化发展

由于白茶产业具有投入时间成本低、劳动力约束小、利润高等特性，促进了工农兼业及家庭再分工的现象。溪龙乡具有较好的工业基础，乡镇企业实力较强，因此当地村民工农兼业现象一直存在。根据访谈得知，白茶产业兴起后，在采茶叶和销售茶叶最旺的3月下旬到4月上旬的20天左右，茶户的所有家庭成员几乎都会参与，一些茶山面积较大的农户还需要雇佣一定规模的临时工人。而一年中的其他时间里，一般由老年人承担茶园的养护工作，青年人则在附近的工厂上班，本地的工业企业也都能理解和包容这种季节性的用工特点，并在采茶季予以积极配合（溪龙乡黄杜村村委会访谈，2018年）。近年来，随着乡村旅游和电商平台的兴起，当地农民开始积极尝试线上销售、"社区团购"、民宿、农家乐等新兴产业，乡村经济逐渐实现以农产品为主的一二三产业互动的多元化发展之路。

3）白茶产业集群逐步形成

在当地政府的积极引导下，不断有外来企业和本地农户加入白茶产业体系中，以"本土企业"与"家庭作坊"为主体的乡村产业集群逐步形成。集群中的大中型企业、个体户、大型（龙头）企业发挥着行业标准引领的作用，形成了梯队式定价的本地品牌，进而丰富了白茶市场的产品

供给（表4-3）。根据调研，溪龙乡的白茶价格和销量均高于外地白茶，这在很大程度上得益于当地产业集群内各企业间的协作与信任（溪龙乡人民政府访谈，2018年）。

表4-3 溪龙乡"安吉白茶"的地方"子品牌"定价梯队

企业梯队	溪龙子品牌名称	均价（元/斤）	特征描述
第一梯队	大山坞	>2000	龙头茶企，行业标杆型品牌，自有工厂、茶园，老字号品牌，供不应求，面向中高端消费客群
第二梯队	千道湾、溪龙仙子、玉青山、雅思茶厂等	>1000~2000	大型茶企，子品牌具有一定的影响力，自有工厂，自有茶园一般超过500亩，部分企业为"收购+加工+销售"的经营模式，有一定销售渠道
第三梯队	溪龙白茶街个体户	>500~1000	依托"安吉白茶"母品牌，子品牌影响力小，自有茶园一般超过30亩，为"家庭作坊+门店"的个体户经营模式，主要零售
本地农户散茶	无自有品牌	200~500	自有茶园大多面积低于10亩，无自有品牌，自行初加工或直接售卖青茶，销售给当地茶企或交易市场

注：2018年溪龙乡白茶参考均价为750元/斤，外地散茶价格为100~300元/斤，这里的"斤"均为"市斤"。
资料来源：笔者根据溪龙乡人民政府、白茶企业主及散户访谈资料整理

2. 社会层面：白茶产业驱动乡土社会网络从血缘向业缘转变

从社会感知来看，多数村民对于白茶产业对"本地居民之间的社会交往"影响评价较为积极。超过六成的受访村民认为邻里间的社会交往变化不大，而近三成受访者认为交往变得更加频繁。与此同时，白茶产业的兴起还吸引了各地的白茶购买者、经销商和外来务工人员进入溪龙乡，改变了"本地居民的社会交际圈"。例如，超过四成的受访村民表示与外来商人和外省或海外商人的交往增加。在白茶采摘的旺季，溪龙乡的外来临时采茶工超过10万人，茶叶采摘的过程中易发生危险，过去茶户与外来务工人员间的纠纷常有发生。但随着规范化管理，如购买保险、民工宿舍安全检查等，整个采茶产业的发展更加专业化。这也意味着，溪龙乡的乡村社会网络的核心正在从血缘向业缘转变，乡土社会规则也从"熟人社会"的礼制逐步向"理性社会"的法制发展，推动着溪龙乡本土社会的现代化进程（图4-8）。

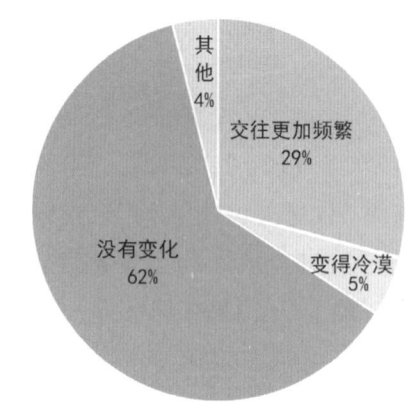

图4-8 白茶产业兴起后对本地居民的社会交往的影响
资料来源：笔者根据调研数据绘制

3. 空间层面：产业驱动乡村生产—生活—生态空间重构

在过去的40余年间，溪龙乡从产业萌芽阶段——少量零星的白茶生产空间和分散的传统村落模式，到产业形成和成长阶段——规模化的白茶种植空间及快速建设的道路、园区、交易市场等配套设施，再到当前产业提升阶段——接近饱和的种植区及完善的、品质化、功能分区的镇村聚落分布。白茶产业深刻地影响着溪龙的空间布局，不断驱动着乡村生产—生活—生态空间的重构（表4-4）。

乡村生产空间专业化、规模化。白茶产业发展是基于农业资源的，尤其是在产业发展初期和成长期阶段，白茶对种植空间扩张的需求是主要特征。实际上，随着白茶种植面积扩张的迫切需求，溪龙乡通过土地整理和分红的形式，从散户手中吸收闲散的土地，并以建立合作社、农业园区、树立品牌龙头企业等方式，推动白茶种植的规模化和专业化。2000年前后，安吉溪龙先后推动的千亩安吉白茶商品基地建设、6000亩的名优茶基地规划千亩无公害白茶示范园区等项目，以及获得的全国第一个原产地保护证明商标，成为当地白茶种植产业化的重要标志。白茶产业的迅速成长又对生产交易空间提出了进一步要求。这一时期，溪龙乡的白茶产业链不断延伸，乡域范围内，形成了集白茶种植、生产、加工、销售甚至是分包配送等全流程的产业空间聚落。"安吉白茶"也从地方品牌跃升为全国品牌，在每年4月的茶叶交易旺季吸引超过10万名茶业相关从业者在此集聚，这对乡村的生活和生态空间都造成了很大程度的挤压。因此，溪龙乡人民政府为进一步推动白茶的交易和展示而建设了白茶街，鼓励"个体户茶场"在此购买商铺以接近市场。这一规划干预很好地避免了产业集聚带来的乡村建成环境失控的问题。

表4-4 白茶产业驱动下溪龙乡空间演化的阶段特征

阶段	产业萌芽阶段 （1981—1997年）	产业形成阶段 （1998—2001年）	产业成长阶段 （2002—2010年）	产业提升阶段 （2011年至今）
空间演变	1997年	2001年	2010年	2019年
阶段特征	（1）基础设施薄弱； （2）镇区集聚性弱； （3）白茶种植规模小、仅出现在少数村落	（1）修建主要道路； （2）出现镇区集聚空间（小型市场）； （3）白茶种植规模提升，范围扩大到其他镇、村	（1）规划道路系统、产业配套设施等； （2）工业生产沿道路分布，建设干茶、青叶交易市场； （3）白茶种植全域化、规模化，范围扩大到全省	（1）完善镇、村的基础设施、公服设施等； （2）进行较明确的功能分区； （3）溪龙乡白茶适种区几乎饱和，种植推广至全国适种区

资料来源：笔者根据谷歌地图、安吉县乡镇统计数据、实地调研踏勘等资料绘制

乡村生活空间与生产空间逐步分离，乡村生活环境及基础设施不断优化。起初，白茶加工大多以"低、小、散"的形式存在，村民利用自家房前院落作为炒茶空间，生活与生产功能高度混合，生产空间在采茶季对居住空间挤压严重，居住品质较差；但由于白茶的采摘季节短、加工工艺简单，且生产过程基本无污染，因此未对乡村居住空间产生长期的负面影响。随着生产规模扩大、加工工艺提升，为了进一步适应不同规模的白茶生产和销售，溪龙乡建成区已逐步形成了三类集聚空间，即家庭作坊集聚区、大型茶企集聚区、白茶交易展示区。第一类是大、中型茶企，一般靠近茶叶种植区或重要交通道路，拥有独立的生产厂房，与村庄聚落较远，靠近道路、出入口等。第二类是个体经营的茶场，它们需要靠近市场，所以大多选址在溪龙乡镇区的"白茶街"设立商铺，集聚形成白茶产业的交易和展示区，与白茶种植空间分离；此类商铺底层为商业销售空间，楼上是临时居住空间，采茶季亦可作为家用或客房使用，房屋条件良好。第三类是小型家庭作坊，一般利用自家房前院落作为炒茶空间，集生活、加工空间为一体；经济实力较强的茶农选择在自建房旁加盖茶叶加工厂房，或在茶叶种植区、主要道路旁建设独立的生产厂房，与种植空间联系紧密，逐步实现居住和生产空间的分离。随着家庭财富逐步积累，越来越多的村民也有能力新建或改扩建自家的住房条件，居住空间随之优化（图4-9）。

此外，得益于当地经济的发展，溪龙乡的商业服务设施（白茶街）、村庄基础设施（道路、小广场等）和公共服务设施（中小学、敬老院等）的建设水平较高。近年来，溪龙乡人民政府也以小城镇环境综合整治为抓手和契机，不断完善小镇功能，在镇村的物质环境建设、文化品质提升等方面卓有成效。先后完成集镇中心滨水景观改造，溪龙村委办公楼、文化礼堂、博物馆立面提升，道路改造等10项工程。2017年年底前，集镇区块实行了物业精细化管理，已完成了环境卫生和城镇秩序的全面整治；黄杜村获得中国美丽乡村精品示范村（2015年）；溪龙村、新丰村进入了创建精品示范村的加速期（2017年）；后河村、新丰村的3个安置区也全面完成建设，镇貌村容得到了全面提升。溪龙乡的问卷数据显示，超过半数的受访居民认为白茶产业的兴起改善了乡村建成环境，主要体现在基础设施（图4-10）。

乡村生产空间与生态空间的联系重塑，乡村生态环境重要性显现。根植于农业资源的特色产业，重塑了乡村生产与山林、土地的关系，再次将村庄经济发展的命运与其生态环境紧密联系起来。在产业

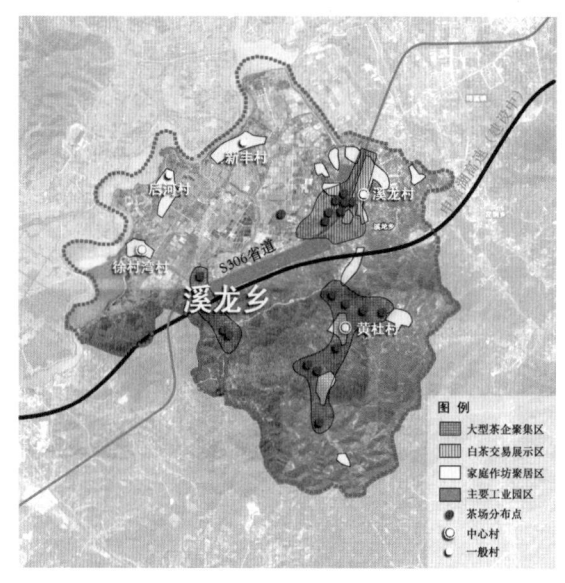

图4-9 溪龙乡生产空间分布示意图
资料来源：笔者根据谷歌地图、百度地图和实地踏勘资料绘制

(a)溪龙乡白茶街

(b)溪龙乡黄杜村聚落空间

(d)黄杜村某村民自建房

(c)溪龙乡后河村聚落空间

(e)村民活动广场

图4-10 溪龙乡镇村生活空间影像

成长阶段（2002—2010年），溪龙乡白茶产业的快速拓展使当地的可用种植区域基本达到饱和。由于白茶根系很短，茶叶种植面积过大以后，会造成水土流失；高强度的茶叶种植和农药化肥的使用，对当地水质也产生了负面影响，一些百姓已经开始停止饮用本地的自来水（溪龙乡农户访谈，2018年）。溪龙乡有30.7%的受访者认为白茶产业对周围水环境有一定的负面影响。为改善生态环境，自2006年起，溪龙乡已全面禁止开垦茶山，并每年对茶叶的农药残留进行一定样本量的抽检，推广保持水土的"种草""套种"技术，提高茶农的生态保护意识。当前，安吉县全境内，也已明令禁止了毁林种茶的行为（溪龙乡农业技术部门访谈，2018年）。当被问及"茶产业兴起以后，您是否感受到周围自然环境有明显变差？"溪龙乡有84%的受访者认为"影响不大"或持否定意见。这意味着，白茶产业发展对溪龙乡的生态功能的影响目前已经被控制在一个可接受的范围内，但政府仍需要持续关注乡村环境功能维护问题，加大管控和执法力度，保证产业与生态环境的可持续发展（图4-11）。

产业发展要求高品质人居环境和景观风貌是提质期的重要特征[1]。白茶产业进入提质期后，也逐渐衍生出农旅融合的新兴业态。一方面，白茶种植使溪龙乡原有的竹林风貌变成了特色的茶园风貌。另一方面，在当地政府的生态环境保护政策下，当地茶农的生态意识逐步提升，溪龙乡茶园风景资源的生态价值也不断显现。2014年，溪龙乡第一家农旅结合项目——"帐篷客度假酒店"入驻黄杜村。随后，当地影视基地的建设，依托茶园景观的旅游观光产业等，也为当地村民带来了稳定的集体收入和新的就业机会（图4-12）。在课题组的现场调研中，不少当地茶农和企业主表达了未来开设民宿或农家乐、建设茶博物馆或文化馆的意愿；溪龙乡人民政府也表示将充分保护和利用茶园景观和白茶文化，推进一二三产业融合发展。在这一阶段，无论是农旅融合对村庄的人居环境品质和景观风貌特色提出的要求，还是安吉白茶自身品牌品质的保障，都要求溪龙乡的茶园开发模式从粗放式的规模扩张向精细化的绿色集约转变，并推动"产村互动"进入可持续发展的良性轨道。

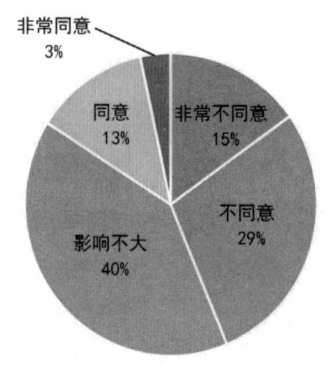

图4-11 白茶产业兴起后对自然环境的影响
资料来源：笔者根据调研数据绘制

图4-12 溪龙乡黄杜村茶园生态景观与帐篷客度假酒店

---

1 陈晨，杨贵庆，徐浩文，等.地方产业驱动乡村发展的机制解析及规划策略：以浙江省三个典型乡村地区为例[J].规划师，2021，37（2）：21-27.

4.1.4 溪龙乡模式的经验与启示

外力干预是当前"乡村振兴"实践中的主要手段，但是过分依赖工业化、资本化等外援动力对于乡村发展的负面影响逐渐显现。前者因生态破坏备受诟病，后者则出现诸如乡村风格主题乐园化、乡村农业过度商业化、乡村空间绅士化以及村民价值取向的逐利化等异化现象[1]，这些都不利于"乡村性"的延续，也难以起到真正的示范和推广作用。乡村发展的可持续性在于内生动力的挖掘，浙江省安吉县溪龙乡在近40年时间里从无到有培育了白茶产业，并成为驱动本地乡村重构的重要驱动力，是地方产业驱动乡村振兴的典型案例，为基于农业资源的乡村可持续发展及其规划引导提供了重要启示。

1. 培育根植于本地资源的特色产业

溪龙乡案例证明了选择具有本地根植性的乡村产业是关键，决定了乡村发展内生动力的可持续性，而乡村产业的本地根植性与当地的自然环境、资源禀赋、地理优势、社会资本以及市场条件紧密相连。要培育这种特色产业大约需要3个条件。

一是找到独有的特色资源，它可以是生态资源，例如，适宜某种经济作物的土壤、气候，或是得天独厚的自然景观；也可以是社会、人文资本，例如，熟悉信任的乡土人情，或是独一无二的风俗文化等。从溪龙乡的实践经验看来，黄杜村通过技术引进的白茶，是适宜于当地土壤、气候的经济作物，其种植与加工技术较为简单，是真正的富民作物。

二是将这种独有的资源转化为根植于本地的特色产业，充分号召农户、企业等加入该产业，走向规模化经营、弹性专精的乡村产业集群。对乡村地区而言，根植于本地资源的产业与当地的社会网络通常是高度融合的，这种自然资源优势转化为社会资本优势的方式，将进一步强化本地的竞争优势。溪龙乡案例表明，政府在产业形成期注重激发当地农民的参与积极性，引导白茶产业形成以"本土企业"与"家庭作坊"为主体的乡村产业集群。调研发现，这样的产业集群是根植于彼此信任的熟人社会中的，协作在溪龙的白茶产业集群主体间频频发生，信息交换涉及采茶、加工和销售等各个环节，雅思茶场的企业主表示当接到一笔大单子的时候，需要到邻户茶农家购买青茶或者收购加工好的干茶，还补充道，"都是记在账上，采茶期过了再给钱，大家都讲信用没人会占别人便宜的！"溪龙女子合作社的负责人也表示如果社里哪家茶企遇到茶叶滞销或资金周转的问题，"左右搭把手"基本都能解决（溪龙乡企业家访谈，2018年）。

三是政府要在公共平台、政策支持等方面进行全面的积极干预。溪龙乡人民政府采取的资助白茶的推广、子母品牌的建立和原产地的认证等措施，使当地茶农大大受益，也带动了本土企业的迅速崛起和壮大，在地域品牌打造、农产品品牌保护、保护乡村环境和提升人居空间环

---

1 张京祥，姜克芳. 解析中国当前乡建热潮背后的资本逻辑[J]. 现代城市研究，2016，31（10）：7.

境品质等方面起到积极的作用。因此，地方政府在政策引导和产业环境营造的过程中，应建立起属于本土的农业产业链，通过特色产业品牌推广、小微企业扶持和地方产业集群培育等措施，提升地方产业的发展水平。

2. 乡村产业发展应兼顾效率与公平

溪龙乡的白茶产业属于农业，税收极少，对本地财政贡献较小，但确实富裕了一方百姓，这与其本身的特性有关。首先，白茶的种植高度分散，并且消费者一般对白茶的外观有要求（一茶一叶），因而难以机械化采集，自动化水平很低。这也造成白茶企业通常难以做出很大规模，企业产能的集中度很低，难以形成特大型龙头企业。调研数据显示，安吉县白茶茶企规模极小，前十位的白茶茶企的产量仅为安吉茶叶总产量的1/30（1亿元/30亿元）。首先，这种特征与许多工业企业中前十位的企业产量占总量的95%～98%的比例大不相同，致使白茶企业大多扎根当地，注重品质而不是量产，也对生态环境影响较为温和。其次，白茶一年仅一季，上市期在3月，既错开了用工成本高的夏秋农忙时间，也为其余时间的非农兼业、家庭合理分工提供了空间。最后，白茶的加工工艺简单、成品率低且污染小，适合小资本的家庭作坊。因此，白茶产业能够兼顾经济发展和社会公平。

这对乡村发展的启示在于，乡村产业的发展目标具有双重性——兼顾经济效率与社会公平，使更多乡村居民参与和获益。从产业效率的角度，大资本、大企业的入驻虽然能更快、更好地实现农业现代化发展，但可能使个体农户和小微企业受到挤压，甚至淘汰出局，从而抑制乡镇本土发展的内生动力，拉大贫富差距，不利于乡村地区的可持续发展。从社会公平的角度，要实现本地村民的共同致富应当鼓励更多经济形式出现，给予民间资本、本地企业和个体农户发展的空间，使产业效益端倾斜于农民，培育真正的富民产业。在这一过程中，政府应该通过法律和制度保障、财政支持或者政策引导和产业环境营造，真正促成乡村地区经济社会的可持续发展。

3. 乡村特色产业应与人居环境和谐共生

乡村地区是生产生活生态的复合体，产业发展通常会带来生产空间膨胀、环境污染等问题，这就要特别注意产业发展与人居环境的协调发展问题。通过浙江地区的多地乡镇调研，许多产业基础较好的乡镇均不同程度地面临着生态危机，无论是高附加值的农业还是基于生态旅游发展的民宿产业，产业发展中过度饱和对自然资源的过度利用都是环境恶化的主要原因。

政府或成为协调市场与生态之间的重要环节。环境政策出台有助于推动产业向生态良性的方向发展，而非重复以牺牲环境为代价发展经济的工业化道路。安吉县自2003年以来连续出台的环境政策，驱动了县域经济从工业经济向生态经济转型，成为我国第一个生态县。这种环境政策的升级也对基层乡镇的产业选择、民间意识和空间利用方式产生了深远影响。2015年，以安吉为样板的《美丽乡村建设指南》出版，意味着安吉经验被推广到全国范围的乡村进行学习和效仿，对相似地区的乡村发展有较高的借鉴价值。

与上述"自上而下"的政策压力相辅相成的，则是"自下而上"的基层环保力量和意识的崛起。由于乡村产业通常具有很强的根植性，能够激发产业集群内外利益相关体产生相似的乡土观和生态观，使彼此间更加易于理解。溪龙乡在面临白茶种植区水土流失等生态问题时，大部分茶户能够与当地政府形成一致的生态保护共识，并遵从相应的环境规则。因此，当地政府在产业选择和培育的过程中，应该充分考虑产业可能造成的生态影响，注重环境政策的制定和环境保护的教育，使当地村民充分理解其重要性，并且加强环保运动与政策制定中的基层参与和民主决策，促进乡村特色产业与人居环境的和谐共生。

4.2 河蟹产业驱动的长兴县洪桥镇模式

河蟹产业驱动的长兴县洪桥镇是典型的基于农业资源的养殖业乡镇，也是最具有代表性和复制性的乡村发展类型之一。

4.2.1 基本情况

2000年以来，长兴县洪桥镇将河蟹养殖产业作为主导产业进行大力扶持，进而发展成为浙北地区最大的河蟹养殖基地，被评为"中国河蟹之乡"，2019年蟹养殖产量位居全县首位，2020年入选浙江省农业特色强镇。根据网络统计资料，截至2021年，全镇拥有蟹塘1.4万亩，河蟹养殖户82户，河蟹产量达到1600吨，年产值逾1.9亿元，占水产产值85%，该镇河蟹养殖规模占全县67%。洪桥"漾荡"河蟹先后获得国家地理标志产品、国家地理商标、浙江省名牌产品和著名商标等荣誉称号，2021年成为全省首家淡水渔业"品字标浙江农产"。如今，"漾荡"牌河蟹已成为洪桥镇壮大村集体经济的重要产业、农民致富的重要渠道，并带动周边乡镇220名养殖户发展河蟹养殖2.3万亩。

1. 县域基本情况

长兴县位于浙江省北部，隶属湖州市，处于长三角中心位置的杭嘉湖平原，县域面积1430平方千米。长兴属太湖流域，平原水系发达，河港交织，荡漾密布，拥有34千米太湖岸线，享有"太湖望县，锦绣长兴"的美誉。发达的水陆交通网交叉汇聚于此，使长兴与周边大中城市通达便捷、联系紧密，为物流畅通和经济发展提供了便利条件。

2. 镇域基本情况

洪桥镇地处长兴县东部,太湖南岸,镇域面积73平方千米,区位交通便利,有长湖申黄金水道北线、杭宁高速、苏申浙皖高速、杭宁高铁穿境而过,西侧有新长铁路长兴中转站,是华东地区的重要交通枢纽;自驾3小时可达上海市区,2小时内可达苏锡常等周边大中城市。洪桥镇历史上曾称"鸿桥",因境内河港交叉纵横,湖泊星罗棋布,以水产风味浓、桥梁众多而取名。传统农业发达,以稻、麦、油菜种植为主,兼有蚕桑、畜牧、水产养殖等产业,在此基础上依托本地资源优势,通过农业结构优化调整,推动了特种水产养殖、生态休闲渔业、无公害蔬菜等现代农业的迅速崛起。利用太湖之滨水域资源丰富、水产养殖得天独厚的条件,孕育出漾荡牌河蟹、太湖白虾等知名物产。

3. 村庄基本情况

根据村庄统计资料,洪桥镇下辖2个社区居委会,22个行政村,户籍人口4.3万人,流动人员0.7万人左右。根据地理区位的不同,各村产业发展各有侧重。围绕浙江省特色农业强镇建设,太湖沿岸各村结合产业基础和自然地理条件优势,逐步形成以河蟹养殖业、蔬菜种植业为龙头,以家庭工业为特色的农村特色产业格局,代表村庄如橡树下村、中道村、金星村、南阳村、古龙村等;内陆中心地带以集镇为核心重点发展建材、轻纺、化工、运输等产业,代表村庄如陈家埭村、排田漾村等;位于弁山自然风景区和图影旅游度假区内的村庄以生态涵养、文化挖潜为核心,重点发展休闲农文旅产业,为景区提供旅游配套服务,代表村庄如弁山、太湖、图影、小沉渎等(图4-13、图4-14)。

图 4-13 长兴县洪桥镇河蟹养殖基地
资料来源:新民晚报.亲戚在太湖边养河蟹,教了我这选蟹六字诀[EB/OL].(2022-11-01). https://www.163.com/dy/article/HL3TFPN40512DU6N.html.

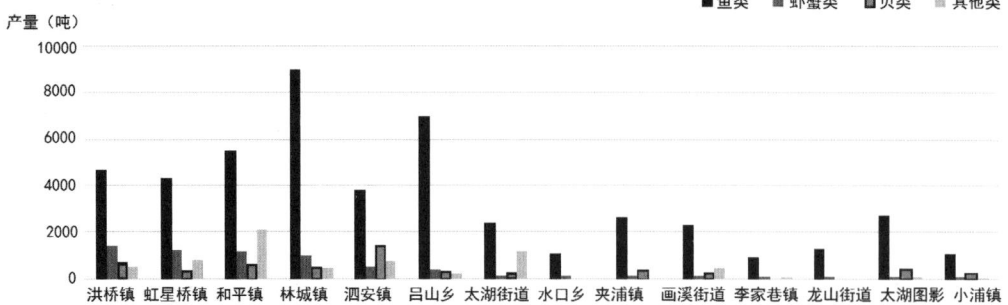

图 4-14 2019年长兴县分乡镇淡水产品生产情况
资料来源:长兴县统计局. 2019长兴县统计年鉴[EB/OL].(2020-11-19). http://custom.huzhou.gov.cn/DFS//file/2020/11/19/20201119164656102b158ji.pdf.

4.2.2 传统农业的现代化之路——河蟹产业形成的历史进程

作为由具有地方根植性的特色农业——河蟹产业驱动乡村发展的乡镇，洪桥镇的发展历程与本地乡贤能人的示范带动、地方政府的积极推动、社会工商资本的有序进入、科研院校的技术支持等驱动因素密切相关。根据地方产业发展中的重要节点性事件、经营模式和驱动因素的变化，笔者将洪桥镇的产业发展历程分为3个阶段（表4-5）。

表4-5 洪桥镇河蟹产业发展阶段及驱动因素

发展阶段	重要事件	经营模式	驱动因素
阶段一：从零散养殖到组织化生产的产业萌芽阶段（2003年以前）	2003年长兴洪桥漾荡牌河蟹专业合作社成立	农户+合作社	濒临太湖的自然资源优势
			乡贤能人示范带动
阶段二：规模集聚、公司化运营的产业扩张阶段（2004—2013年）	2009年七圩漾河蟹示范基地成立	农户+基地+合作社	地方政府政策扶持
	2011年镇政府成立长兴长洪农业开发有限公司		工商资本引进
阶段三：生态化、数字化和农旅融合发展的产业提质阶段（2014年至今）	2018年开展美丽渔场和绿色渔业示范创建行动	农户+基地+合作社+高校+电商	政府推动引导
	2019年启动数字化养殖改革		乡贤能人示范带动
	2020年完成浙江省特色农业强镇创建		高校合作与技术支持

资料来源：笔者根据调研资料整理

1. 从零散养殖到组织化生产的产业萌芽阶段（2003年以前）

濒临太湖的洪桥镇，历来有湖鲜养殖传统，蟹也是其中之一。早在20世纪80年代初，洪桥太湖蟹就名声在外。但一直以来，由于观念、资金、技术等各方面因素制约，当地河蟹基本处于各家各户散养状态，养殖面积不大，品质也参差不齐。2000年以来，长兴县鼓励河蟹养殖，通过普及科学养殖方法，洪桥镇的河蟹养殖规模、产量与品质均得到扩大与提升。刚开始，整个镇只有不超过10户人家养殖，但因为蟹的价格卖得不错，第一批村民基本都靠着养蟹发家致富了。尝到甜头的村民开始相互取经，越来越多的人加入了养蟹的队伍。随着产业规模和从业人数的不断增长，网箱养殖、漾荡散养等多种养殖模式日益普及，对于生产技术、宣传销售、组织管理等方面的要求进一步提高，河蟹养殖专业合作社在此背景下应运而生（图4-15）。

图 4-15　网箱养殖（左）与漾荡散养（右）
资料来源：新蓝网. 长兴太湖大闸蟹今天正式上市 整体产量提升近 10%[EB/OL].（2018-09-20）. http://www.cztv.com/news2014/13000739.html.

　　2003 年，在洪桥镇人民政府的支持下，本镇养殖大户钱金元集结了七名农技人员共同成立了"长兴洪桥漾荡牌河蟹专业合作社"，采用合作入股的形式，同时组建了品牌创建工作小组，注册了"漾荡牌"商标，并向技术监督部门申报制定了河蟹养殖的地方标准。合作社实行统一养殖、统一包装销售，就此打响了长兴"漾荡"河蟹品牌，成为当地河蟹养殖走向产业化发展的重要标志。漾荡牌太湖大闸蟹的特点是壳薄，背青色油亮，隐有黄色纹路，肚呈象牙白，金爪黄毛，活动能力强。熟制后，外壳脆，背橘红透黄，肉质细腻，味鲜带甜，"漾荡河蟹有点甜"的广告词也深入食客心间。由于河蟹产业的效益稳定，且亩产净利润比其他水产高，此后几年，蟹塘养殖面积以每年 1000 余亩的速度递增（图 4-16）。

　　这一阶段，资源优势与能人带动是河蟹产业形成的重要基础。首先，紧邻太湖的优越地理条件为河蟹养殖奠定了良好的生态环境基础。其次，合作社的成立成为洪桥镇河蟹产业发展的重要转折点。繁育优良种蟹、邀请专家技术培训、现场解难指导、走访城市探寻信息找销路、组织无公害生产等，合作社牵手蟹农从单打独斗转向了组织化生产的规模养殖蟹之路。正如当地蟹农谢有才所说："合作社一成立，我们养殖河蟹真的不一样了。"在合作社社长钱金元的带领下，土专家和农技专家一起探讨如何生态养殖更高品质的河蟹，他们将蟹塘种植的水草由单一品种改为四种水草混种，使蟹塘生态得到了彻底改善，河蟹的品质也有了保障。

图 4-16　合作社社员河塘内捕捞河蟹与讲解养殖技术
资料来源：（左）新华网. 浙江长兴县生态河蟹铺就乡村致富路 [EB/OL].（2018-11-23）. http://rmfp.people.com.cn/BIG5/n1/2018/1123/c406725-30417381.html.（中、右）浙江新闻. 漾荡河蟹有点"甜"长兴加快推动河蟹养殖产业健康发展 [EB/OL].（2020-09-29）. https://zj.zjol.com.cn/news.html?id=1533930.

2. 规模集聚、公司化运营的产业扩张阶段（2004—2013年）

为做大做强河蟹产业，2006年，长兴县人民政府出台了老鱼塘改造扶持政策；2009年，长兴将洪桥镇定位为以水产养殖为特色产业的特色乡镇，加大对标准化鱼塘和河蟹、生态鳖规模化养殖的补助，推动了河蟹养殖产业的飞速发展。根据乡镇政府资料统计，其中，2003—2005年是河蟹产业增长最快的时期，河蟹产量年均增长接近50%，产值年均增长超过60%。2005年，包括南美白对虾、青虾、白鱼、鳜鱼、甲鱼等特种水产养殖面积达到5000多亩，其中河蟹养殖面积占一半以上，标准化养殖面积达到1000多亩，年产量400余吨，年产值2855万元，从事河蟹等特种水产养殖的农民已达1000多人。

镇政府于2011年成立长兴长洪农业开发有限公司，引入公司化运营方式，以该公司为投资实体，将全镇河蟹产业进行项目包装，打造标准化的现代农业园区（图4-17）。一方面对原有基地的配套设施进行改造提升，同时开展新基地建设，共建成七圩漾、古龙两个河蟹主导产业示范区和太湖、严家坝、窦家坝三个河蟹养殖精品园。公司化的运作模式使发展现代农业的资金供给得到充足保障，有利于充分发挥产业园区的示范带动作用。位于橡树下村的七圩漾河蟹示范基地以专业合作社为基础，采用"合作社+基地+农户"的经营管理模式，并按照"品牌统一、收购价统一、包装统一、售价统一"的"四个统一"模式，形成了以河蟹养殖为主，结合青虾、鳜鱼混养的生态养殖基地，亩效益达到7000元左右。除了基地内部的养殖户，基地还带动周边太湖、古龙、严家坝、大圩坝等村万余亩散户养殖。

此外，通过在外地开设专卖店以及举办河蟹节等方式（图4-18），洪桥漾荡河蟹的品牌价值和知名度得到大幅提升，不仅吸引了杭州、上海等地的大批游客组团或自驾前来开展抓蟹、品蟹活动，也大大拓宽了河蟹的销售渠道，远销至广州、深圳、香港等地。

图4-17 七圩漾河蟹主导产业示范区
资料来源：浙江发布. 在"浙"里 探寻共同富裕密码[EB/OL].（2021-11-10）. https://www.163.com/dy/article/GOFG01770514CMDQ.html.

图4-18 洪桥镇举办一年一度的河蟹节
资料来源：蒋璐. 乡村振兴｜湖州长兴：小河蟹"横行"打造乡村振兴"洪桥模式"[EB/OL].（2021-01-13）. https://article.xuexi.cn/articles/index.html?art_id=7314952997178680682&item_id=7314952997178680682&study_style_id=feeds_default&source=share&share_to=weibo.

这一时期,规模化养殖与公司化运营是河蟹产业发展的主要特征,这离不开地方政府的大力扶持以及引入工商资本进行公司化产业运营。一方面,洪桥镇将以河蟹养殖为主的特种水产养殖作为全镇农业主导产业进行扶持,通过产业园区建设进一步扩大养殖规模,形成了池塘、低洼田改塘、外漾荡等多种类型的专业养殖区域。另一方面,通过创新营销模式进一步打开市场,使河蟹产业迎来快速发展时期,在养殖面积、从业人员数量、河蟹产量和产值等方面都实现了大幅提升(图4-19)。

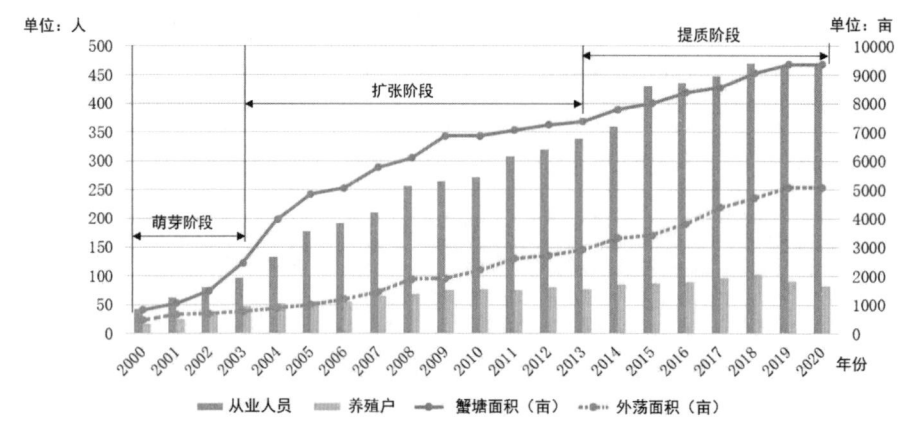

图4-19　2000—2020年洪桥镇河蟹产业养殖面积及从业人员数量变化
资料来源:笔者根据洪桥镇人民政府提供数据绘制

3. 生态化、数字化和农旅融合发展的产业提质阶段(2014年至今)

2014年以来,洪桥镇河蟹产业开始转向产业发展和生态保护并重,开展美丽渔场和绿色渔业示范创建行动,从源头改善河蟹生长环境,实现生态效益和经济效益的双重提升。一是完善基础设施建设,全面整治家庭渔场环境,改造建立标准化蟹塘,使河蟹存活率同比提高近30%。二是推广河蟹生态养殖技术,淘汰太湖沿岸3千米限养区范围内的高密度养殖模式,取缔冰鲜鱼投喂模式,对养殖尾水进行治理,完善循环水养殖体系,使蟹塘生态明显改善,河蟹品质有效提升。规格以上礼品蟹占比提升至42%,价格70元/斤上涨至220元/斤。三是探索科学套养模式,借鉴高等院校养殖技术,引进河蟹新品种,推广种草养蟹、微生物制剂改良水质和稻渔共生等养殖技术,探索形成"河蟹套养青虾""河蟹套养罗氏沼虾""河蟹套养澳洲小青龙"等分层生态混养模式。

2019年,洪桥镇启动试点数字化养殖改革,确立了"数字化培训、数字化生产、数字化销售、数字化监管"的发展思路(图4-20)。一是开展数字化培训,依托博士专家站、技术指导站、产业合作站和院校工作站"四大工作站"的有力载体,定期邀请农技专家教授,通过在线授课解答等方式,为广大河蟹养殖户讲解现代渔业数字化发展思路,传授河蟹养殖技术。二是普及数字化生产,打造"数字化渔业智慧平台",依托该平台的蟹塘水质监测系统,可实现智能化实时监控蟹塘水温、pH、溶解氧和氨氮含量等主要数据，进行动态预警。通过手机端远程操作，就能全程智能化调控水质，告别了"靠天吃饭"的传统养殖模式，使养殖户从"凭经验养蟹"向"凭技术养蟹"转型。2020年，使用数字化渔业智慧平台的核心区亩均产量达110公斤，较2019年亩均增产30公斤，亩均效益上升至10 000元。三是开展数字化销售，通过漾荡河蟹专业合作社与长兴鲜、盒马鲜生等建立合作伙伴关系，共同研发"农场+互联网"销售系统，借助天猫、微商等线上商城拓宽河蟹销售渠道；开设"农产品直播"平台，带动河蟹走出产地、流向全国。2020年全镇约有50%的河蟹走线上销售路线，销量相比2017年提升30%。四是实施数字化监管，推出农产品质量安全追溯体系二维码，通过"一物一码"追溯，清晰获取河蟹的生长环境和养殖情况。

2020年，洪桥镇通过浙江省特色农业强镇验收，通过河蟹养殖示范基地建设、蟹苗培育基地建设、休闲农业综合开发等项目的实施，实现了产业链的拓展延伸和品牌附加值的提升，同时以河蟹产业带动生态旅游业发展。一是逐步形成蟹苗培育、河蟹养殖、河蟹产品深加工的闭环产业链。引进浙江澳凌水产种业科技有限公司，主要进行河蟹苗种的生产、研发、销售及服务；通过开展洪桥工业园区腾笼换业工程建设，规划2300多平方米的河蟹加工车间，并与浙江澳凌水产种业科技有限公司合作，针对规格以下的河蟹进行深加工，用于蟹黄酱、呛蟹等食品加工，提高河蟹附加产值，帮助蟹农解决销售难题，实现提档增收（图4-21）。二是从单一产业走向农文旅产业融合发展。围绕特色农业强镇创建，以景区化标准建设河蟹产业园区，加强产村融合，荣美浩翔渔耕园、圣良府观光农业园区等一批农文旅融合项目相继落地；实施"两漾一港"农文旅产业融合发展规划，依托国家4A级旅游景区图影旅游度假区和"太湖龙之梦"旅游综合体的经济辐射效应，吸引了一批农业企业、田园综合体等项目先后入驻，形成了一条农文旅融合的"经济水路"，为周边村庄壮大村级集体经济200余万元。

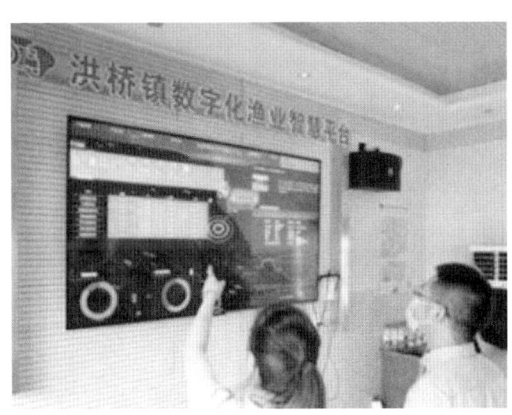

图4-20 数字化渔业智慧平台
资料来源：浙江省纪委省监委网站."河蟹之乡"的共富梦[EB/OL].（2021-10-11）. https://www.zjsjw.gov.cn/zhuantizhuanlan/jingtoushouji/jingtou/202110/t20211008_4844910.shtml.

图4-21 洪桥镇中道村田版里田园综合体
资料来源：长兴旅游.追梦田版里，邀您共筑花样旅程[EB/OL].（2017-06-13）. https://mt.sohu.com/20170613/n496859165.shtml.

这一时期洪桥镇河蟹养殖户达到百余户，包括外漾荡和内塘在内的河蟹养殖面积达到1.4万亩，其中标准化生态养殖面积占50%以上，河蟹年产量超过1500吨，年产值超过1.5亿元，形成了高标准、规模化的河蟹养殖产业园区（图4–22）。

生态化、数字化和农旅融合是提质期河蟹产业发展的主要特征，形成了"农户＋基地＋合作社＋高校＋电商"的生产经营模式，其中政府的合理规划引导、能人乡贤的示范带动以及来自高等院校的技术支持服务对产业转型升级发挥了不可或缺的重要作用。首先，洪桥镇人民政府通过制定产业发展规划和行动计划、推动数字化养殖改革和农文旅项目落地，为河蟹产业发展指明了方向。其次，在河蟹产业多年的发展过程中也涌现出一批养殖大户，其中不乏具有实干精神的乡贤能人，他们在技术推广与传播、管理方法创新、宣传营销等方面也形成了良好的示范带动作用，如带头试点数字化渔业智慧平台建设与推广、通过网络直播售货打通大闸蟹"产供销寄"一条龙服务，持续扩大漾荡河蟹的品牌影响力。最后，洪桥镇河蟹产业能够顺利实现转型升级有赖于与高校技术团队形成的良好协作关系，帮助河蟹产业升级实现技术突破。如依托中国科学院、上海海洋大学等技术团队的支持探索澳洲淡水龙虾、沙塘鳢、青虾、罗氏沼虾等生态化套养模式，作为"漾荡"牌农产品全面推广，每亩可增加1000元纯收入；与湖州师范学院等高校签订产学研合作协议，合作开发应用底部增氧系统、自动投饵施药装备、水质在线监测和视频监控等智能生产设备，使河蟹产业的生态化、数字化发展具备技术支撑。

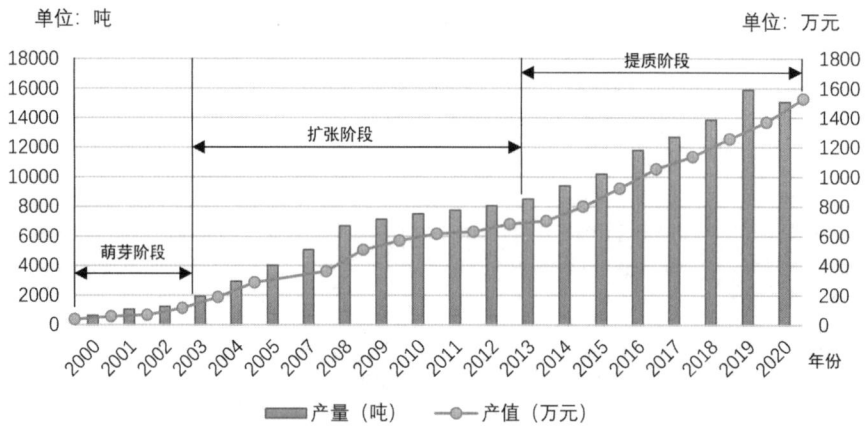

图4-22　2000—2020年洪桥镇河蟹产量及总产值变化
资料来源：笔者根据洪桥镇人民政府提供数据绘制

4.2.3　产村互动的机制解析

乡村地区产业经济的可持续发展在于乡村产业的本地根植性，对洪桥镇河蟹产业而言，即对于太湖和漾荡自然资源、河蟹养殖的历史传统以及养殖农户的人力资源等本地独特资源禀赋的依赖。在产业发展的不同阶段，产业在区域市场竞争中具有转型升级的内在诉求，具体表现为生产技术的提升、产业链条的不断延伸和完善，并在地方内外建立起更广泛的网络关联，推动乡村地区在经济、社会和空间层面进行生产、生活和生态要素的重组。

1. 经济层面：产业链延伸推动乡村内外部资源整合，形成地方与超地方关联

乡土资源的开发与利用是乡村产业发展中面临的首要问题，如何最大化地方资源的价值的同时对乡村内部和外部资源进行有效整合利用，以产业链为核心构建地方与超地方关联，是形成具有地方优势和竞争力的地方产业的关键所在。洪桥镇河蟹产业发展中的地方与超地方关联以产业链和城乡供销关系为基础，依托蟹苗培育、河蟹养殖到河蟹产品深加工、产品推广与营销的闭环产业链，实现乡村本地资源与外部市场，即城市消费需求的对接，在乡村内部则通过土地流转和空间腾挪形成了蟹苗基地、河蟹养殖基地、加工工厂、农贸市场等服务，以及河蟹产业的生产交易空间（图4-23）。

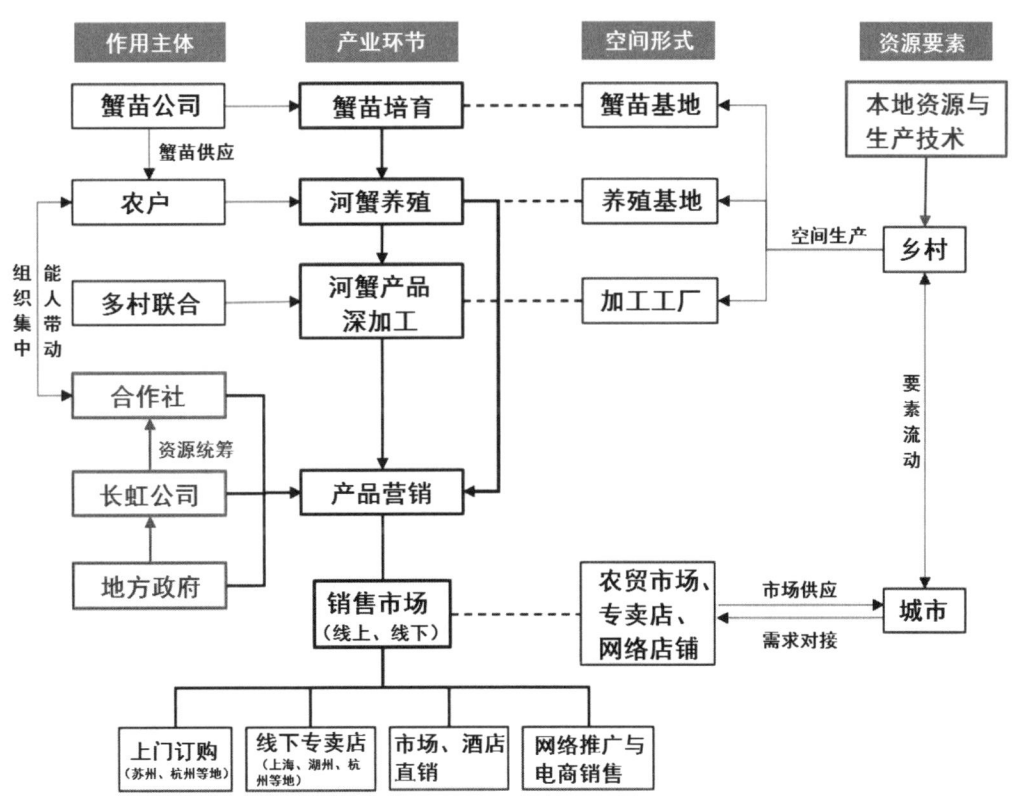

图 4-23　河蟹产业集群中的地方与超地方关联

在洪桥镇河蟹产业集群中，蟹苗基地承担了全镇的蟹苗供应，一方面，从根本上保障了河蟹品质。另一方面，养殖户不需要再去江苏、安徽、上海等地采购和运输蟹苗，大大降低了生产经营成本，使产品附加值回归到本地。通过合作社进行河蟹统一定价、统一收购，按顾客需求分为高、中、低三个档次通过直销处进行销售或由外地蟹商提前预订，形成了公司培育蟹苗—农民养殖河蟹—合作社服务营销的初级产业链模式，还吸引了不少外地养殖大户挂靠合作社进行集中营销。长兴长洪农业开发有限公司成立后，对合作社资源进行整合与打包，由公司专门负责河蟹产品营销，通过在上海、杭州、湖州等地设立专卖店，以及在上海、杭州的知名酒店、大型农贸市场召开产品推介会等形式作为营销窗口，直接与大都市的消费需求进行对接，助力洪桥河蟹进一步打开市场，形成了稳定的供应关系。

2. 社会层面：产业集聚为乡村发展积累了全新的社会资本，驱动乡村社会网络重构

在社会层面，乡村产业发展必然推动乡村社会系统从以血缘为中心的传统社会向以业缘为中心的现代社会转型，形成新的乡村社会网络和社会资本，从而推动乡村聚落的现代化发展。在洪桥镇河蟹产业发展过程中，乡村社会层面也在发生动态变化。

一是本地社会关系网络得到加强。洪桥镇通过推行"村贤结对""村企结对"模式，依托地方专业能人和乡贤企业家的产业、资金、技术、人脉、市场等优势，带动结对村庄产业发展、集体经济壮大和村民就业增收。合作社还建立了大闸蟹产业扶贫基地，开展对基地中小养殖户和贫困户的"传帮带"，在信心引领、资金扶持、技术指导、销售帮助等方面提升帮扶对象的生产经营能力。2020年，户均增收4.93万元、人均增收1.45万元。在此过程中，养殖户之间形成了紧密联结，在加强技术指导与交流的同时，也增进了村民之间的社会交往。此外，河蟹产业的集聚效应还吸引了不少外地养殖大户和青年创业者来此生产经营，与本地发生社会交流与融合，为乡村发展积累了新的社会资本。

二是基于养殖户与客户之间的供销信任关系形成了新的社会关系网络。一方面农户通过微信群、朋友圈等形式发布当季产品信息，使老客户第一时间获取到最新信息。另一方面，基于良好的产品口碑通过老客户的推荐介绍进一步发展壮大了客户群体，使本地养殖农户与外地客户间形成了相对稳定的客户圈，同时也扩大了本地居民的社会交际圈，重构了乡村地区的社会网络。

3. 空间层面：产业发展与乡村生产、生活、生态空间协同演进

乡村作为地域性的、完整的、人地关系联系紧密的生产、生活和生态集合体，地方产业的形成和发展与乡村地区的生产、生活、生态空间相互促进、相互制衡[1]。对洪桥镇而言，河蟹产

---

[1] 陈晨，杨贵庆，徐浩文，等. 地方产业驱动乡村发展的机制解析及规划策略：以浙江省三个典型乡村地区为例[J]. 规划师，2021，37（2）：21-27.

业发展对养殖空间扩张的要求是其萌芽阶段的主要特征。在河蟹养殖面积扩张的迫切要求下，以橡树下村、太湖村等村庄为代表，由村集体牵头先后进行了大规模的土地流转与承包，为河蟹的规模化养殖与产业园区建设奠定了基础。随着河蟹产业的快速增长，养殖空间的急剧扩张给乡村地区的生态环境带来一定压力，这一时期乡村发展的关键在于如何在满足产业空间需求的同时避免产业集聚带来的乡村建成环境失控问题。因此，亟须通过积极主动的规划干预，引导乡村各类空间资源协调发展。对此，洪桥镇一方面结合土地综合整治，统筹养殖区块布局与配套基础设施建设，引导河蟹养殖向产业园区集聚，形成专业化、规模化养殖格局。另一方面，各村先后启动美丽乡村建设，加强乡村环境综合整治，重点推进农民生活污水治理、农房改造等工程，打造"太湖风情实验示范带"。与此同时，也出现了以太湖会度假村为代表的乡村旅游休闲项目，体现出农旅融合发展的新趋势。

随着河蟹产业发展进入提质期，对人居环境和景观风貌提出了更高的要求，全域生态环境的全面改善与提升是该时期乡村发展的重要特征。针对长年水产养殖带来的河网水体污染、河段淤积严重、渔网密布、水体交换能力弱等问题，洪桥镇出台"一河（湖）一策""一河（湖）一档"，源头治污投资约1200万元，通过杂草清理、增设生态浮岛，对河道实施生态修复，打造"美丽河道"，同时对太湖村、中道村、橡树下村等沿线村庄开展环境综合整治（图4-24、图4-25）。同时，太湖周边各村也立足滨湖休闲旅游区位优势，积极承接图影旅游度假区和太湖龙之梦项目溢出效应，将村民闲置房屋进行盘活，发展点状式民宿业态，打造太湖特色渔村、休闲渔业基地和太湖风情美食一条街等农旅融合示范点，为游客提供餐饮、果蔬采摘、垂钓、购物等旅游休闲活动。

图4-24　太湖村太湖会度假村
资料来源：搜狐.家长：一封小小河长入职邀请，请查收[EB/OL].（2023-06-28）.https://travel.sohu.com/a/692169322_121123827.

图4-25　七圩漾美丽河道
资料来源：新蓝网.长兴县洪桥镇：河湖生态修复 打造美丽城镇生态"农文旅"[EB/OL].（2020-09-04）.http://zjjs.cztv.com/7693924.html.

4.2.4 洪桥镇模式的经验与启示

洪桥镇模式的经验与启示主要体现在其创新的经济层面、社会层面和空间层面。以下是对洪桥镇模式的具体分析和总结。

1. 经济层面：深挖产业特色，推动产业链延伸和多元融合发展

在特色农业驱动的乡村发展模式中，由于产业的根植性较强且产业进入门槛低，其产业发展的各个阶段都能够使附加值回归本地关联产业，有利于乡村地区的包容性发展[1]。从拓展延伸城乡纵向网络关联的视角出发，应通过上下游产业链延伸以及在生产技术、管理方式等方面的转型升级，提高农业产业附加值，促进单一产业向多元产业融合发展。

首先，应发挥本地资源优势，寻找适合本地的农业品种，结合周边市场需求进行农产品定位，在此基础上增强与高校、科研单位及社会组织机构的产学研一体化，鼓励"信息农业""健康农业""创意农业"等创新型业态发展[2]。其次，围绕农业价值链的创新，培育前中后环节的配套产业，重点整合产业的研发培育、推广销售、精深加工，建立完善的关联产业体系，在此过程中实现价值增值[3,4]。最后，加强与外部市场的对接，通过商品化消费过程吸引外部要素流入[5]，将农业项目建设成为企业化服务型的产业平台，促成农产品公益性与市场化有机结合[6]。

以洪桥镇为例，其乡村发展的关键在于充分发挥本地资源禀赋的有利条件，围绕河蟹养殖这一特色优势产业，不断扩大生产规模，形成了河蟹育种—养殖—加工—营销的完整产业链条，进一步通过"漾荡牌"河蟹的品牌塑造、宣传与推广，与上海等大都市的消费市场形成了积极的产业对接，构成了驱动乡村发展的纵向网络关联。未来，洪桥镇可进一步开发乡村地区农业教育的功能价值，基于现有产业培育和发展观光农业与农事体验项目，规划农业教育、休闲旅游兴趣点，形成有吸引力的农业观光游线，不仅让本地产品"走出去"，也将乡村外部的消费需求"引进来"，使产业附加值回归本地；同时积极推进河蟹深加工项目，统筹布局产业空间，通过产业资本介入的方式，整合全镇乡村要素资源，形成多村联动协同发展格局。

---

1 陈晨，杨贵庆，徐浩文，等.地方产业驱动乡村发展的机制解析及规划策略：以浙江省三个典型乡村地区为例[J].规划师，2021，37（2）：21-27.
2 徐小东，刘梓昂，徐宁，等.多元价值导向下的产业型乡村规划设计策略：以东三棚特色田园乡村为例[J].小城镇建设，2019，37（5）：40-48.
3 王京海，张京祥.资本驱动下乡村复兴的反思与模式建构：基于济南市唐王镇两个典型村庄的比较[J].国际城市规划，2016，31（5）：121-127.
4 左光之，赵粒栋.互联网时代以旅游业为助推的乡村就地城镇化发展模式探索——以临沧市凤庆县诗礼乡古墨村为例[J].智能城市，2016，2（4）：226.
5 闾海，顾萌，葛大永.要素流动视角下的苏南地区乡村振兴策略探讨[J].规划师，2018，34（12）：140-146.
6 戴梦缘，仲昭成，杜诚，等.基于产业导向的乡村规划策略研究：以黄山市仙源镇龙山村规划为例[C]// 中国城市规划学会.活力城乡 美好人居：2019中国城市规划年会论文集.北京：中国建筑工业出版社，2019：11.

2. 社会层面：以"能人带动"与"乡村合作组织"提升农民组织化程度

乡村专业能人以及在其带领下的合作经济组织（如产业合作社、协会等）作为联系农村社区内部封闭网络和外部开放网络的关键纽带，一方面通过与乡村内部成员（村民）和外界的沟通联络使自身的社会关系网络不断得到巩固；另一方面也使乡村本地组织的社会资本存量更加丰富[1]。对于农业主导型乡村而言，这种以乡村能人、乡贤为凝结点的内外部组织关系网络是城乡横向网络关联的主要形式，从这一角度来说，应充分发挥能人带动与乡村经济社会组织作用，探索"农户＋合作社＋企业＋政府"合作模式，促进乡村地区农民、合作社、企业、政府等多元主体协调与合作共赢，提高农民的组织化程度。

此外，农民专业合作社等乡村经济组织需要同消费者之间建立起紧密的联系以保证产品销路的畅通和产业发展的良性循环。以往合作社实践的经验表明，"农村专业市场＋农民专业合作社＋农户""市场＋龙头企业＋农民专业合作社＋农户"等组织模式对于节约交易成本、填补组织"断层"等方面均起到良好作用[2]。从这一角度出发，这一合作组织对接模式还可进一步拓展，例如，以大学、都市大型社区的消费需求为基础培育大学消费合作社、社区消费合作社等组织，农民专业合作社与之直接进行对接，从而获得稳定的市场需求和持久的合作收益。

洪桥镇以河蟹产业为核心，在专业能人的带动下如今已形成了较为成熟的乡村经济合作组织（即长兴洪桥漾荡牌河蟹专业合作社）以及政府—公司—合作社—农户多元联动的城乡横向网络关联，农民生产的组织化程度较高，未来可进一步加强农业科技研发力度，加强与地方高校、研究机构的合作，构建产学研一体化平台，促进科学技术成果的在地转化。此外，地方政府还需要对农村教育培训资源进行整合，引导开展多种形式的农技与文化知识培训等活动，调动各类农业经营主体的积极性，使农民素质得到全面提升，从体力劳动型向职业技能型转变，同时也对专业合作社人力资本的持续供给予以保障。

3. 空间层面：适应特色农业发展的空间规划策略

对特色农业主导的乡村发展而言，一方面依托于农业的产业发展，乡村生产空间与生态空间、生活空间尤其密不可分。另一方面，乡村地区的产业发展缺乏土地供给，农宅、旧学校、旧厂房等作临时使用的情况较为普遍。因此，在空间规划层面主要面临两个挑战，一是随着产业集聚和升级，生产、生活、生态空间之间的矛盾会快速上升，对乡村发展的可持续性造成威胁。二是从产业用地保障角度而言，集体土地入市或者直接在乡村地区供给国有土地可能成为未来发展方向，在规划层面应有相应的政策和技术创新。基于上述挑战，在国土空间规划改革背景下，

---

1 李君，陈长瑶.农村合作经济组织发展中的农村能人带动效应[J].资源开发与市场，2013（5）：486-490.
2 王勇.产业扩张、组织创新与农民专业合作社成长：基于山东省5个典型个案的研究[J].中国农村观察，2010（2）：63-70.

特色农业主导的乡村地区规划应重点关注以下3个方面。

（1）在国土空间总体规划层面，三区三线的划定工作要关注到包容乡村产业发展的要求，通过土地整治优化基本农田布局，识别优势农业空间，可对基本农田与一般农业空间进行适当调整，满足特色农业发展需求[1]；同时，因地制宜细化管制规则，对农业种植、养殖等空间进行分类管控，兼顾设施农业、农业旅游等业态需求，在政策允许范围内适当放宽新增建设用地指标，对农村土地复合利用及新产业新业态发展予以支持，实现从农业效益到综合效益的提升[2]。

（2）在村庄布局规划层面，梳理区域村庄现状产业发展的优势和特色，对具有特色农业作为优势主导产业的村庄可将其划定为保留或提升村庄，并提出相应的发展策略及用地布局导向，例如，设施农用地规划等。

（3）在产业用地供给方面，将集体经营性建设用地入市实施方案纳入专项规划编制，对入市规模、用地来源和空间布局进行明确规范；同时，完善集体经营性建设用地详细规划编制，以片区为单元，对用地性质、建筑密度、建筑高度、容积率、绿地率、公共设施配置等指标提出控制要求，为地块上市出具规划条件做好准备[3]。

以洪桥镇为例，该地区的乡村规划应在严守生态空间底线的同时，优化农业种养空间与生产服务设施配套，规划建设与生活空间相对分离的生产交易空间。在空间设计上，结合乡村资源环境禀赋，考虑田园风光与乡村生活的融合，综合统筹农田、水域、村庄、道路等要素与乡村生产、生活、生态空间，识别与把握乡村发展的特质性要素，可结合河蟹产业特色打造乡村专属IP，为农产品赋能创收的同时，塑造具有鲜明地域特色的乡村公共活动空间、文化空间与产业空间，为乡村的生产生活创建"客厅"式的空间载体。

4.3 珍珠产业驱动的诸暨市山下湖镇模式

山下湖镇从1970年开始兴起珍珠养殖，后来珍珠产业逐渐成为支柱产业，至今已成为全球淡水珍珠最重要的粗加工及批零中心、中国最大的淡水珍珠加工与贸易中心，形成以养殖基地为基础、特色工业园区为依托、专业市场为纽带、重点企业为骨干、社会化服务体系为支撑的产业结构。到2021年年底，山下湖镇生产总值（GDP）实现46亿元，居民人均可支配收入达

---

1 贾铠阳，乔伟峰，王亚华，等．乡村振兴背景下村域尺度国土空间规划：认知、职能与构建[J]．中国土地科学，2019，33（8）：16-23．
2 耿慧志，李开明．国土空间规划体系下乡村地区全域空间管控策略：基于上海市的经验分析[J]．城市规划学刊，2020（4）：58-66．
3 王明田．集体经营性建设用地入市对乡镇国土空间规划的影响[J]．小城镇建设，2020，38（2）：5-9+24．

6.6万元,超全省全市水平。工商注册市场主体达6801家,珍珠产销达360亿元,同比2016年增长260%。首届世界珍珠大会顺利举办,永久会址成功落户,淡水珍珠区域品牌价值达560亿元,胡润全球珍珠企业创新品牌榜50强企业占据1/3。

4.3.1 基本情况

山下湖镇隶属于浙江省绍兴市诸暨市,位于长三角地区中南部,地处"经济金三角"的中心地带,北通杭州、嘉兴、上海,东靠绍兴、宁波,南临义乌,地理区位及交通条件比较优越。山下湖镇位于诸暨市北部,诸永高速贯穿全境,高铁1小时或自驾3小时可达上海及江浙大多数城市,高铁0.5小时或自驾1.5小时可达周边机场。由于交通条件便利,来自上海及江浙皖城市的游客逐年增加。

1. 县域基本情况

诸暨地区具有典型的"块状经济"发展特征,发源并根植于乡村地区,至今仍保持着紧密的城乡发展联系。20世纪80年代开始,该地区发展纺织业等乡镇集体工业,以"苏南模式"的经济发展方式迅速走上了乡村工业化道路。1992年后,国家经济体制发生根本性转轨,思想解放不断深化,该地区以集体工业为主导的经济格局被打破,自下而上的民营经济不断崛起,逐渐形成了规模集中、术业专攻、特色鲜明的地区经济产业组织形式,后来被称为"块状经济",如知名的大唐袜业、山下湖珍珠产业等。诸暨市的整体经济发展处于较高水平,与宁波慈溪、金华义乌并称为浙江省三大千亿级县市,这在很大程度上归功于其"一镇一业"的块状经济发展和乡镇专业化产业集群的崛起。

2. 镇域基本情况

山下湖镇是国务院命名的"珍珠之乡",其珍珠产业从无到有的发展历程具有显著的生态资源依赖性——淡水湖资源。该镇地处平原水乡,湖面、水塘密布,有可养殖的水面7000余亩,水深1.5~4.0米,是极佳的珍珠养殖水域(图4-26)。

此外,该镇相继创成全国珍珠知名品牌示范区、国家卫生镇、浙江省首批美丽城镇样板镇、旅游风情小镇、4A级旅游景区镇、美丽乡村示范镇、污水零直排示范区等,珍珠小镇以优异成绩入围省级特色小镇创建名单,并入选全省首批现代服务业创新发展区、低(零)碳乡镇、数字生活新服务特色镇等试点。

3. 村庄基本情况

图 4-26　山下湖镇现状淡水湖资源分布情况
资料来源：笔者根据《山下湖镇特色小镇概念规划（2018）》绘制

山下湖镇是由原山下湖镇与西江乡合并而成，镇域面积 42.56 平方千米。2005 年以前，该镇共有 1 个居委会、31 个行政村，后于 2006 年迁并为 1 个居委会和 11 个行政村，延续至今。老镇区即为现山下湖村所在地；镇政府出于珍珠交易市场的选址与镇域空间结构布局的考量，建设了现在的新镇区，镇区面积 11.65 平方千米。

虽然山下湖镇的产业经济发展经历了从农业向工业、服务业的转移，从乡村向镇区的转移；但是，总体上看，珍珠产业发家于乡村且依然扎根于乡村，该镇仍以农业人口为主体、以乡村地区为根基，表现出村—镇产业发展与生活往来的紧密互动。该镇总人口在 10 余年间基本停滞增长，保持在 3 万人左右。该镇农业户籍人口比重高达 90%，而实际务农劳动力占比从 2003 年便开始下降，目前保持在 20% 左右。由于镇区的珍珠市场及工业园区发展规模随产业发展及配套的需求不断扩大，吸引了大量乡村劳动力到镇上工作，呈潮汐式村—镇通勤，也有部分村民已经在镇区固定生活；村镇产业及就业发展的关联性比较紧密。

4.3.2　山下湖镇的珍珠产业发展之路

山下湖镇位于浙江省诸暨市，是国务院命名的"珍珠之乡"。该镇经营珍珠产业近 50 年，从 1970 年开始兴起珍珠养殖，逐渐由特色农产品生产基地升级发展为交易集散与综合服务中心，至今已成为全球淡水珍珠最重要的粗加工及批零中心、中国最大的淡水珍珠加工与贸易中心，具有由数量型增长逐渐向质量型增长转型升级的发展过程，大致经历了 4 个发展阶段。

1. 资源禀赋适配下的特色养殖探索阶段

山下湖镇的长乐村享有"珍珠第一村"的美誉，是全镇最早开始珍珠养殖的村庄。在 20 世纪 70 年代，长乐村萌生了第一次产业经济转型的种子，逐渐从以传统农业为主转型为以高附加值的特色珍珠养殖业为主，重塑了对乡村空间资源的组织利用方式。

山下湖镇属于水乡农耕地带，历来是省市的重点产粮区之一，长期以传统农业为生计。除耕地以外，水塘河道是该镇重要的农业资源，自春秋时期便开始鱼类养殖和荸荠、茭白等水生经济作物种植。20 世纪 60 年代末,萧山客商来到山下湖镇长乐村旁的白塔湖批量收购河蚌,因此村民开始增加养蚌规模,但还不知其具体有何用。后来,村民何木根、何柏荣和客商逐渐熟络起来,了解到蚌可产出珍珠,因而蚌的价格可达数百元每斤。于是,他们从 20 世纪 70 年代初开始学习与摸索养殖之道,并成为了山下湖镇最早尝试养殖并掌握技术的人。1972 年年底,何木根成功养殖产出第一批淡水珍珠,产量为 1 斤 4 两,交易收入达 497 元,在当时可谓大数字。改革开放后,何木根联合村内三家农户养珠,次年收益达 2.8 万元,再次引发轰动。村内及周边村庄的村民们看到了蚌与珍珠的经济价值,便争相追随。

2. 资源禀赋依赖下的规模养殖和交易市场培育阶段

20 世纪 80 年代初,山下湖镇村庄几乎家家户户都在养殖珍珠,尤其长乐、尚山、广山等白塔湖一带,90% 以上的村民都从传统水产养殖的"湖农"转变为珍珠蚌与传统水产复合养殖的"珠农"。当时,仅长乐村珍珠年产量已在 3 吨以上,农村收入逐年递增。

1985 年起,山下湖镇逐渐从养殖基地延伸出一个珍珠交易流通的市场。初期,村民时兴跑广州等地进行珍珠交易,再带回香烟等商品,实现两端的商品交易,也建立起早期山下湖镇与广深、港澳等地的经济关系往来。但当时赴广州的交易风险较大,易因被判定为走私而没收珍珠。1985 年,受江苏省渭塘镇珍珠交易市场的启发,广山村珠农詹仲华联合村民在家门口自发组织简易的珍珠交易场所,创办"第一代珍珠市场"。该市场共设约 60 个摊位,按当时交易额 1% 收取管理费,第一天共收 50 多元,第二天便达 250 元,之后交易额持续增长。当时的乡政府从第二代市场开始介入,建造名为农副产品买卖而实质以珍珠交易为主的"西江农贸市场"。1989 年,浙江省人民政府发文表明在省内允许珍珠经销并归入农副产品,次年 1 月诸暨市工商局携手山下湖镇人民政府顺势而上,易址扩建了第三代珍珠市场(表 4-6)。

3. 资源禀赋约束下的生产溢出和集散优势强化阶段

由于珍珠的市场需求与经济价值高,该镇村民对珍珠养殖的空间需求持续膨胀,推动了本地的生产溢出。实际上,本地的环境容量从 20 世纪 90 年代起就已经难以满足养殖需求。1994 年,山下湖镇的珠农开始承包周边乡镇的水塘来规模化养珠,再运回镇上交易;1999 年后则扩散到了湖北、湖南、江苏、江西以及安徽等省外地区。由此,"千亩户""万亩户"层出不穷,通过异地养殖实现了珍珠产业的进一步规模增长。

这也推动第四代的山下湖珍珠市场从自产自销的交易中心转型为专业化的区域集散中心,逐渐取代江苏渭塘珍珠市场成为全国最大的淡水珍珠交易与集散中心。虽然生产空间格局不断拓展,但是山下湖人始终将养珠技术、交易信息等掌握在自己手中,占据着垄断珍珠市场的主导话语权,不断强化以山下湖镇为中心进行交易集散的优势。

表 4-6　山下湖镇珍珠市场发展和转型历程

阶段	第一代	第二代	第三代	第四代	第五代	第六代
时间	1985年6月—1987年2月	1987年3月—1989年12月	1990年1月—1992年7月	1992年8月—2000年11月	2000年12月—2008年2月	2008年4月至今
市场名称	广山珍珠市场	西江农贸市场	西江农贸市场	诸暨珍珠市场	诸暨珍珠市场	华东国际珠宝城
市场地点	广山村	山下湖村	老集镇	/	/	新集镇
市场性质	农民自发	乡政村联办，政府介入管制	乡政府、市工商	市场服务中心/镇政府	市场服务中心/镇政府	外商投资
经营方式	自发经营	统一归口经营	统一归口经营	开放经营	开放经营	多元化经营
经营业态	珍珠	珍珠	珍珠、饰品（出现加工饰品）	珍珠、饰品	珍珠、配件、饰品、护肤品（出现医药产品）	珍珠、配件、饰品、护肤品（出现电商直播）
建筑面积（平方米）	300	1200	2700	11 391	15 336	166 000
摊位数（个）	60	350	686	921	1000	2380
年成交量（吨）	100	150	360	500	650	1000以上

资料来源：笔者根据调研资料整理

4. 资源禀赋修复下的生产收缩和全面转型升级阶段

在 2010 年以后，由于传统的珍珠养殖方式会对水体造成长期污染，生态环境每况愈下，因此山下湖镇人民政府从 2016 年起出台并实施了"禁养退养"政策。以新长乐村为例，该村退养近 1000 亩珍珠养殖塘面，现仅尚存 800 亩，由 7~8 户规模养殖，每户仅有百亩。由此，养殖规模的收缩，进一步倒逼了该镇集散与服务的发展取向。

在新的发展阶段，珍珠产业正经历着转型期，不仅仅提升集散交易的比较优势，还促进一二三产业融合发展，基于有限的农业资源创造提升无限经济附加值的可能性，将珍珠产业的发展推向了一个新的高度。今天的华东国际珠宝城的淡水珍珠供量占世界总量的 75%、全国总量的 90%，与此同时，珠宝城周边地区也发展成为集珍珠交易、生产加工、精品展示、研发设计、商情发布、质量检测、集散物流、旅游购物、电子商务等功能于一体的综合型产业集群。为适应国际市场需求与本地发展诉求,天使之泪、阮氏、长生鸟、千足等本土龙头企业在饰品加工、药妆护肤等领域深耕,开始着重发展较高附加值的深加工、研发设计以及品牌营造等板块,引领全镇珍珠产业在传统养殖、粗加工与批零的基础上进一步寻求创新转型和高质量发展。随着珍珠产业链条的延伸和对珍珠附加值的挖掘提升,大部分山下湖人已将非农收入作为总收入的主要构成(图4-27)。

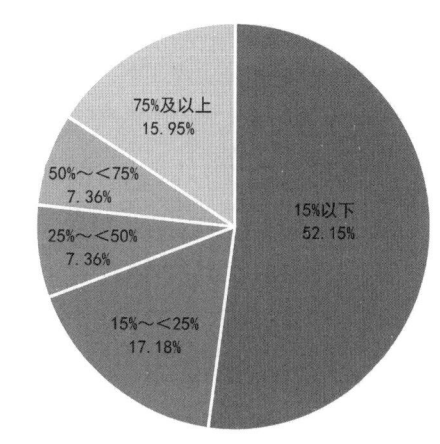

图4-27 山下湖镇村民的非农收入占总收入的比重情况
资料来源:笔者根据调研数据绘制

值得一提的是,珍珠产业的发展和转型不断引入新的要素流动与组合,近几年来在山下湖镇掀起了"网络直播"的风潮,也形成了其乡村地区中接地气的"新经济"。最早是镇区的"珍珠哥"开始尝试在网上直播开蚌,日收入竟高达几千甚至上万元(图4-28)。新生代的珠商从中看到了电商市场的前景,纷纷效仿而初步形成了镇区的电商集群。这股风潮也逐渐蔓延到了一些村庄,2016年新长乐村就有农户率先开始自家经营网店,次年开始兴起了网络直播,一定程度上提高了珠农收入。亦即交易空间发生了从实体店面到"线上线下"相结合的转型(图4-29)。

4.3.3 产村互动的机制解析

山下湖镇模式的经验与启示主要体现在其创新的经济层面、社会层面和空间层面。以下为山下湖镇产村互动机制的解析。

图4-28 山下湖镇乡村地区开蚌直播

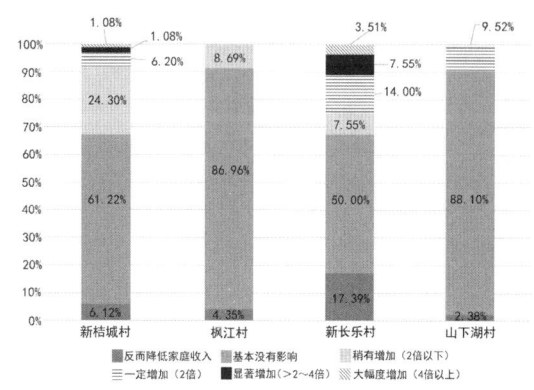

图4-29 在农村电商兴起后本地村民收入增长情况
资料来源:笔者根据调研数据绘制

1. 空间层面：环境约束的倒逼机制

山下湖案例显示，自然环境对乡村产业发展提出"生态底线"的约束，会形成一种倒逼机制。出于环境治理的考虑，山下湖镇人民政府于2016年出台的水质管理与禁养限养政策造成短期的经济损失。实际上，由于珍珠养殖严重污染水体，湖北、安徽等早已在2007年左右就先后下达了"逐客令"。这便削减了本地集散的珍珠总量，以低附加值前端处理为主的企业也因珍珠供应量减少而降低了收入。虽然该政策造成短期的负效应，但这也是一个倒逼珍珠产业减量提质和实现转型发展的契机。珠农在访谈中也纷纷表示，长期的环境污染破坏了水体及其他生态资源的恢复力，由于山下湖镇水体质量下降，本地产出的珍珠质量不如以往，反而是在外省市养殖产出的珍珠质量较佳。可见，无论从生态涵养还是商业利益的角度来看，绿色养殖与高质量发展成为该镇珍珠产业可持续发展的必由之路。

由此，这促进能人、能企从产业链的两端进行实践探索，逐渐重新建立生态文明建设背景下乡村产业和生态环境共生共荣的关系（图4-30）。一方面，"精明收缩"与绿色养殖是从根本上解决保护和生产的矛盾，是生态文明建设的重要基础。清水养殖、科技治水等技术正在引入和试验阶段，日后的普及将全面重构可持续发展的生产模式，带动与彻底改变当代珠农的生产生活方式和整体珍珠养殖资源的组织分配模式。另一方面，乡村经济社会发展亦具有转型发展的内源诉求，减量提质将减轻规模生产的环境负荷，促使产业链重心后移，对珍珠产业发展来说是挑战、更是机遇。

图4-30 富营养化造成水环境破坏与环境规制后的水环境

2. 经济层面：产业集群的自我强化

基于农业资源的地方产业集群是乡村发展自我强化的重要推动力，既充分发挥产业发展的规模效应，还激发乡村学习与创新的能力。

一方面，乡村产业发展具有规模化的内生要求。这在相对落后的传统农业型乡村发展中尤为凸显，"抱团发展"可以使乡村经济一起跨越市场"规模门槛"等鸿沟，实现规模效应。当乡村地区专业化产业集群在相应领域占据一定主导或者特色地位时，外源刺激和内源动力可能会推动产业集群进一步发展，比如塑造出产业空间的发散性与产业垄断的中心性。

另一方面，产业集群是以某一个或几个产业为核心、拓展产业链条与配套服务体系的集合体，不仅因地理接近性提升物质资源的组织及共享效率，更重要的是促进信息、技术等的学习交流与创新能力的提升。山下湖镇的产业发展探索始终保持创新性，从早期的巧用资源禀赋、探索特色农业养殖技术，到后来的集散交易以及如今的品牌营造、研发创新、创造更高附加值等，都走在时代的前沿，这种智慧让山下湖镇在面对市场风险、政策约束时更具韧性。实际上，山下湖镇的珍珠产业发展也曾经历漫长的瓶颈期，通过一步步的摸索才逐渐走向研发设计的创新转型阶段。市场经济初级阶段的农民创新意识不足，山下湖镇大量珠农及企业在很长一段时间内步入的是"走量"的传统之路，以批发原珠或粗加工的散珠为主，导致产业链前端的同质化现象严重。天使之泪、阮氏等几家龙头企业率先崛起，从珍珠饰品的设计和深加工入手，同时挖掘珍珠文化，将研发设计和文化展示相融合，探索"高精尖"路线。他们的产品开始在首脑会晤、G20峰会等重大场合中作为外交礼物，成为讲好中国故事的一个代表和缩影，充分展现中国文化制品的精美和优雅。

近几年，珍珠护肤产品的研发创新也展现出突飞猛进的发展，将研发设计引领产业发展推向了新高度。颂珍珠是由龙头企业家族的90后子女针对护肤药妆板块创业建立的二代珍珠企业，突破本土美白珍珠粉的散卖或品牌提供代加工的传统路径，向更高附加值、更多元化的系列护肤品进军。在初创阶段，他们走访了日本11家工厂，发现500元1公斤的珍珠原料运到日本，通过科技提炼就可以卖到22万1公斤、堪比黄金价格的贵妇级护肤原料；添加了珍珠蛋白精华的日本大牌成品可以卖到3000多元一瓶的价格，坚定了他们科技创新的决心。2018年，颂珍珠投资3800万元买下上海独立的研发所和生产工厂，同时引进人才，参与过知名贵妇品牌生产和研发的总工程师们成为了他们的合伙人股东和研发配方顾问；2019年，他们投资了几乎所有的积蓄，与政府联合投资1.2亿元，在华东国际珠宝城旁边建成了40亩土地的研发产业园，又将"集散中心""连接中心"延伸至"创新中心"，不断丰富产业内涵。

3. 社会层面：社会资本的发展演进

对于基于农业资源的乡村发展而言，本地社会资本的发展演进才是乡村可持续发展的核心竞争力。一是乡村社会资本始终扎根本土。与乡村经济发展相契合，这些乡村正在从传统内倾的习俗社会转变成为一个半开放的契约社会；随着与本地城镇及外地的经济联系日益紧密，本地社会构成和空间结构也发生了明显变化。尽管珍珠养殖拓展至外省市，山下湖人大多在镇区或诸暨市购有商品房，但山下湖珠农、珠商的情感归属依然在乡村地区。山下湖案例显示，粗加工工人会每天多次往返于乡村与镇区，企业老板即便在镇区或周边城市置办了新居也还是会经常回来探视和休憩，自发投资提升村庄建设水平。这与农户保有土地的政策相关，也与山下湖镇乡村的"乡贤文化"传承相关，营造了乡村社会及地域场所的归属认同感，让这种很大程度上已经是"去农业化"的经济生产方式背后仍然保持着传统乡村"差序格局"的关系网络和信任结构（图4-31）。

二是乡村社会资本具有融合发展的能力。乡村社会资本以关系网络及信任结构为基础，是乡村地区可持续发展的重要动力（图4-32）。诚然，过于封闭内倾的乡村聚落和社会组织可能会成为进阶的阻力；乡村发展应适当引入外部资本和人力资源，并促进内

图4-31　山下湖镇新长乐村乡村聚落空间营造建设情况

外人才、技术等要素的融合，提升本土社会资本的多元性和可塑性。需要特别指出的是，重视外来人才的导入，并不是否认农民主体的地位，适当的外部力量介入可能是培育乡村内源动力的重要诱因（表4-7）。

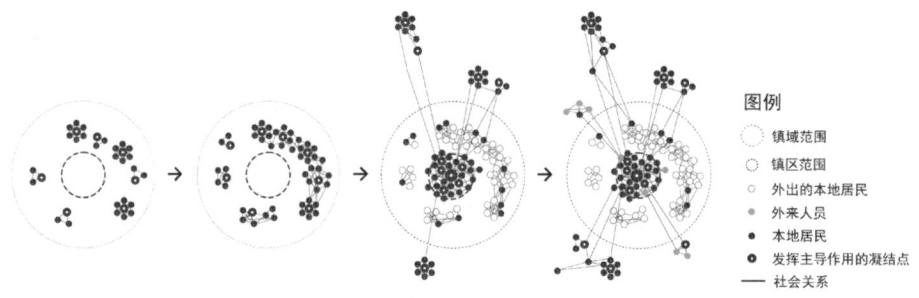

图4-32　山下湖镇乡村社会关系网络发展示意图

三是乡村社会资本的价值在于培育与提升本土适应、学习与创新的能力。研究表明，乡村地区的农民自发组织发挥的效用不仅限于团结农民，还可以激发乡村经济社会发展适应、学习与创新的能力。对于传统乡村的早期发展，培养本地"能人"尤为重要。传统乡村社会的关系网络与信任结构呈现紧密局促的"差序格局"特征；能人的学习与创新经验因此易在乡村范围内快速推广，带动乡村发展的进步。早期，山下湖镇的珍珠养殖由无到有的过程得益于何木根、何柏荣等养殖能人的技术探索，更为可贵的是，他们乐于传授经验、分享资源，带动村民共同致富。1982年，当时的诸暨县人民政府授予何木根和何柏荣"诸暨县劳动模范""诸暨县养蚌育珠专业户"等称号，既是赞赏他们对山下湖镇珍珠产业发展的贡献，同时也通过"能人"的荣誉来鼓励延续学习创新与团结助人的乡风面貌。

表 4-7 山下湖镇珍珠产业发展历程中的能人

能人类型	能人	来源地	主要事迹及人才类型
养殖能人	何木根	新长乐村	诸暨珍珠养殖第一人
	何柏荣	新长乐村	长乐村干部,带领村民养蚌育珠
市场能人	詹仲华	广山村	组创第一代珍珠市场
企业能人	何小平	新长乐村	最早一批从珠农到珠商,创办浙江润和珍珠养殖有限公司
	阮铁军	油竹蓬村	创办浙江阮仕珍珠股份有限公司
	戚鸟定	新桔城村	创办浙江天使之泪珍珠股份有限公司
	阮华君	油竹蓬村	创办浙江长生鸟珍珠生物科技有限公司,复旦经济学博士
电商能人	詹鑫达	(本地不详)	第一个在镇区进行珍珠电商直播,人称"珍珠哥"
	海爸一家	新长乐村	新晋农村直播网红,新长乐村珍珠电商直播带头人
	周银生	(本地不详)	创办诸暨市银生珍珠养殖有限公司,传统企业转型电商
	詹春炯、赵珂夫妇	(本地不详)	珍珠微商带头人,创办颂珍珠护肤品牌创始人
技术能人	马飞	外地	华东国际珠宝城管理团队领头人
	郭伟锋	诸暨市其他乡镇	研究清水养殖专家

资料来源:笔者根据调研资料整理

4.3.4 山下湖镇乡村发展的经验启示

基于农业资源的乡村发展和转型紧密依托于内源动力,诸如环境资源、能人能企、社会资本及产业集群等,均是重要的内生驱动因素。在这个过程中,当地各级政府对珍珠产业的转型升级发挥着牵引的作用。

1. 引导空间资源与经济社会协调发展,形成农业型乡村可持续发展基础动力

农业生产空间是特色农业转型发展的先决条件,其资源稀缺性促使农业型乡村的生产外溢;而生态环境保育的底线约束倒逼乡村及乡镇经济产业走向绿色种植、养殖和减量提质的转型之路，促进空间资源的协调与可持续发展。

作为农业型乡村经济社会发展的重要基础，乡村空间资源的利用必须树立保护与开发的科学认识，将空间资源协调发展诉求作为乡村发展的基础性内生驱动力。产业功能扩张必然使生产空间对生态和生活空间造成压力，但是山下湖镇案例展现出乡村农业产业化在相对成熟、面临环境约束的发展阶段转型走向环境友好型的生态经济，实现乡村"环境—经济—社会"系统的协调与可持续发展，可谓是新时代乡村地区践行"生态文明"的优秀范例，具有很高的参考价值。

2. 从依赖自然资源向社会资本转变，强化新时代农业型乡村发展的根植性

农业型乡村经历了多年的发展和转型，产业和社会仍基本保持着本土化的特质；与寻常的产业发展和城镇化进程不同，村民始终以乡村地区为根基，这很大程度上与农业资源的根植性有关，同时也与乡土文化传承有关。

随着山下湖镇产业经济的发展，传统乡村社会的自发演进亦会发生，逐渐打破封闭性，与镇区及广域空间范围产生日益紧密的联系；该镇乡村关系网络呈现出本土化、延展性的特征，成为珍珠产业集散发展的重要抓手，凸显出社会资本在产业发展中的作用。早期本地珍珠产业社会网络的集聚自发地孕育出了珍珠交易市场，成为本地人最初对外交易与内部交流的空间载体。随着珍珠产业的规模发展和外延拓展，养殖技术、交易信息等始终掌握在山下湖人的手里，使他们始终是珍珠产业经营的主体；珍珠交易市场逐渐发展为全国珍珠产品的"集散中心"，也可以说是本土社会关系网络的"连接中心"。

表面上看，山下湖镇的珍珠产业从养殖业走向贸易加工业的关键在于新产业空间即珍珠市场的建立；实际上，山下湖镇珍珠市场的建设时间、建设规模都没有先发优势，地理区位上也很容易被取代，真正具有根植性并不断推动产业升级发展的是山下湖人不断积累形成的社会资本。"集散中心"和"连接中心"的背后是"自然资源依赖"向"社会资本依赖"的内涵转变，表现出本土社会关系网络外延拓展与内源积累的张力。如今，以山下湖人为核心的市场份额占据全国淡水珍珠市场的80%以上、全球市场的70%以上。也就是说，依托于新的产业空间即珍珠市场的不断发展，珍珠产业的本地根植性从自然资源依赖向社会资本依赖转化，实现了竞争优势迭代升级。

为巩固加强乡村发展的根植性特征，政府应通过土地资源的规划配置及权利等要素的流动控制，保障农民主体的发展地位；促进本地村民和外来人员建立共信共治、内外协同与融合的信任结构与交往空间，形成更具发展韧性与可持续性的新型乡村社会。从乡村规划的角度，需发动村民参与乡村规划和决策的全过程，要充分发挥村民自治的作用，强化村民对乡村规划的认同感和参与度，强化乡村聚落发展的凝聚力和社会资本积累的根植性，并以村民的系统性参与来进一步激活乡村发展的内生动力。

3. 共建高品质的公共空间环境，促进人才集聚与创新发展

尽管乡村地区产业集群的形成是市场机制起到主导作用，但山下湖镇案例中也显示出地方政府在产业发展方面发挥了积极有效的政策干预。一是当地各级政府对珍珠产业的转型升级发挥着牵引的作用。在珍珠交易方面，乡镇政府很早便看到了农民自发组织市场的价值，从第二代市场开始便辅助建设和管理；诸暨市人民政府有关部门不断推进市场的规模化与专业化，使山下湖镇逐渐建成为全国范围的珍珠交易中心。在珍珠产业转型发展方面，浙江省在2014年发布《浙江省时尚产业发展规划纲要（2014—2020年）》，将珠宝首饰与化妆品业列为五大时尚重点产业之一，提出以深化改革和创新发展为动力，紧紧把握个性化、多样化消费的新常态和互联网发展趋势，着力提升创新设计、品牌营造、营销渠道掌控等能力，为山下湖镇产业转型发展指引新方向。

二是当地各级政府注重山下湖镇的镇村建设，通过提升生态—生产—生活环境品质，拓展产业服务配套功能，以优化产业转型升级的空间载体，尤其是为留住高层次人才奠定了基础。这些工作都无法通过市场机制得到解决，需要政府施以精明的政策干预。山下湖镇人民政府撬动社会资本，联动企业投资共建"珍珠小镇"，建设创新服务综合体，包含了珍珠小镇规划展示、大数据分析、珍珠研究院、众创设计、跨境电商、珠宝检测、珍珠商学院和党群服务八大公共服务中心，为珍珠产业的创新转型提供充足的空间基础。从空间规划的角度，应以保障公共空间规模、提升公共空间品质为导向，优化乡村空间资源的统筹配置，做好战略发展空间的预留，以吸引更多优质的企业、人才等要素聚集，促进政府、企业和百姓的交流和学习，为乡村产业更好、更快地发展作支撑。

参考文献

［1］陈晨，杨贵庆，徐浩文，等. 地方产业驱动乡村发展的机制解析及规划策略：以浙江省三个典型乡村地区为例［J］. 规划师，2021，37（2）：21-27.

［2］陈晨，游猎，朱介鸣. 城乡结合部产业集群与周边社区的互动机制：以昆明斗南花卉市场地区为例［J］. 南方建筑，2021（5）：64-70.

［3］戴梦缘，仲昭成，杜诚，等. 基于产业导向的乡村规划策略研究：以黄山市仙源镇龙山村规划为例［C］// 中国城市规划学会. 活力城乡 美好人居：2019 中国城市规划年会论文集. 北京：中国建筑工业出版社，2019：11.

［4］耿慧志，李开明. 国土空间规划体系下乡村地区全域空间管控策略：基于上海市的经验分析［J］. 城市规划学刊，2020（4）：58-66.

［5］耿佳，陈晨. 地方产业驱动乡村发展的特征机制与政策启示：以浙江省山下湖镇为例［J］. 南方建筑，2022（5）：18-26.

［6］耿佳. 浙江省乡村发展和转型实践及驱动机制研究［D］. 上海：同济大学，2019.

［7］贾铠阳，乔伟峰，王亚华，等. 乡村振兴背景下村域尺度国土空间规划：认知、职能与构建［J］. 中国土地科学，2019，33（8）：16-23.

［8］李君，陈长瑶. 农村合作经济组织发展中的农村能人带动效应［J］. 资源开发与市场，2013（5）：486-490.

［9］刘爽. 上海大都市圈地方产业驱动的乡村发展及规划策略：以沪苏嘉湖地区为例［D］. 上海：同济大学，2021.

［10］闾海，顾萌，葛大永. 要素流动视角下的苏南地区乡村振兴策略探讨［J］. 规划师，2018，34（12）：140-146.

［11］沈伟棋，温炜. 产业化联合体模式促进共同富裕的实践和思路：以长兴县洪桥镇河蟹产业联合体为例［J］. 现代农机，2022（2）：12-13.

［12］王京海，张京祥. 资本驱动下乡村复兴的反思与模式建构：基于济南市唐王镇两个典型村庄的比较［J］. 国际城市规划，2016，31（5）：121-127.

［13］王明田. 集体经营性建设用地入市对乡镇国土空间规划的影响［J］. 小城镇建设，2020，38（2）：5-9+24.

［14］王勇. 产业扩张、组织创新与农民专业合作社成长：基于山东省5个典型个案的研究［J］. 中国农村观察，2010（2）：63-70.

［15］徐小东，刘梓昂，徐宁，等. 多元价值导向下的产业型乡村规划设计策略：以东三棚特色田园乡村为例［J］. 小城镇建设，2019，37（5）：40-48.

［16］颜思敏，陈晨. 白茶产业驱动的乡村重构及规划启示：基于浙江省溪龙乡的实证研究［J］. 现代城市研究，2019，34（7）：26-33.

［17］颜思敏. 城市化背景下的乡村功能演变与政策导向：于中德实证研究［D］. 上海：同济大学，2020.

［18］张京祥，姜克芳. 解析中国当前乡建热潮背后的资本逻辑［J］. 现代城市研究，2016，31（10）：2-8.

［19］左光之，赵粒栋. 互联网时代以旅游业为助推的乡村就地城镇化发展模式探索——以临沧市凤庆县诗礼乡古墨村为例［J］. 智能城市，2016，2（4）：226.

第 5 章

基于工业基础的乡村振兴实践及驱动机制

5.1 制鞋产业驱动的温岭市泽国镇模式

泽国镇是工业强镇,以制鞋、机床、泵电机、模电摩配为四大支柱产业,一揽"中国小型空压机之乡""中国铝塑复合材料之乡""中国民族鞋业之乡"等美誉,是全国综合经济实力百强镇之一。作为温岭第一大制鞋基地,泽国镇以制鞋产业作为拉动地区乡村经济发展、缩小城乡收入差距的重要基础,是具有工业基础的地区利用现有资源推动乡村振兴的典型案例。

5.1.1 基本情况

温岭市是中国制造之都,具有温台地区体制灵活、市场活跃、民资丰厚的经济发展环境。其制造业门类齐全,配套能力强,已形成缝制设备、塑料模具、汽摩配件等 20 多个规模产值上百亿元的块状特色经济,以泵与电机、汽摩配件、鞋帽服饰和工量刃具为四大支柱产业。

1. 市(县)域基本情况

泽国镇隶属于浙江省台州市温岭市(县级市),位于长三角地区的中南部,地处甬台温"经济金三角"的中心地带。

温岭市是制造之都,制鞋产业是本地独具特色的块状经济之一。温岭制鞋业起步于 20 世纪 70 年代,至今已形成集生产制造、模具开发、鞋样设计、出口销售、印刷包装等于一体的产业集群。这里生产的中低档塑胶鞋、合成革鞋类制品占据了国内、外市场的较大份额,具有"中国鞋业名城""中国注塑鞋之都"等美誉。需要指出的是,温岭市制鞋产业约一半分布在乡镇地区,对拉动乡村经济发展起到了重要作用(图 5-1)。

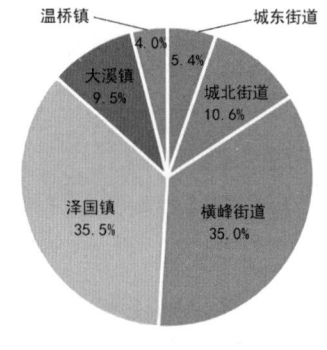

图 5-1 温岭市主要鞋业集聚地的产值比重
资料来源:《泽国镇志》编纂领导小组. 泽国镇志 [M]. 北京:中华书局,1999.

2. 乡(镇)域基本情况

泽国镇在市域内南接城北街道、横峰街道,西邻大溪镇,与这些街镇共同组成了温岭鞋业生产的核心地区。该镇是温岭北大门,交通条件便利,104 国道和 76 省道(泽坎线)在此交会;距离温岭市区 18 千米、至台州路桥机场 9 千米、温岭火车站 5 千米。此外,该镇 20 世纪 20 年代曾是温岭对外水陆交通的枢纽,奠定了该镇早期商贸业发展的基础。该镇镇域面积 63.2 平方千米，其中建设用地 20.17 平方千米，工业用地 4.28 平方千米，耕地 28.65 平方千米。

泽国镇也是商贸重镇，历史可最早追溯至宋清，素有"台州商埠"之称。1949 年后，贸易集市是该镇发展国民经济、促进城乡物资交流的场所。20 世纪 90 年代，商品流通渠道进一步与市场接轨，开始在农副产品、生活消费品基础上增添工业生产原料和加工产品类别。多年来，该镇市场不断产生专业化分支，至今已形成了年交易额上亿元、闻名全国的鞋革商城、五金城等 10 个专业交易市场。近年来，该镇还紧跟时代发展电子商务，现已有 29 个"中国淘宝村"。其中，泽国镇的乡村制鞋产业逐渐结合电商产业，连续 4 年被评为"中国淘宝镇"。这不但有效缓解了环境压力，日益改善了乡村景观风貌，也不断促进村民收入提高，使本地乡村社区的活力得以存续。

3. 村庄基本情况

因为务工就业的缘由，泽国镇的外来人口较多，为其补充了大量劳动力。2008 年曾出现迁入及迁出人口明显减少的情况，应与当时的金融危机等市场环境因素有关。2017 年，泽国镇劳动力总量达 15.56 万人，其中外来人口为 10.94 万人，占比高达七成（表 5-1）。

表 5-1 泽国镇的主导产业概况

主导产业	2017 年该产业总产值或营业总收入（万元）	从业人员总数（人）	
		本地人员	外地人员
鞋及皮革制造业	1 160 886	6266	25 063
泵与电机制造业	1 552 545	5916	13 803
汽摩配制造业	633 274	3056	7131

资料来源：《泽国镇志》编纂领导小组. 泽国镇志 [M]. 北京：中华书局，1999.

5.1.2 地方产业驱动乡村转型：从乡村工业化到农村电商化

泽国镇有数个支柱产业，其中制鞋产业发展以乡村地区为主体，因而本节研究的泽国镇的乡村发展和转型路径以制鞋产业发展为主线。泽国镇的乡村制鞋产业经历了"个体作坊主导—工厂企业主导—工厂企业与小微电商并行"的发展历程，伴随着生产方式、产业空间组织、交易渠道等方面不断转型，泽国镇制鞋产业逐渐衍生出大中小企业及家庭作坊共生共赢的产业生态（表 5-2）。

表 5-2　泽国镇制鞋产业发展历程

阶段	阶段一：作坊时代	阶段二：工厂时代	阶段三（1）：企业时代	阶段三（2）：电商时代
时间	1980—1985 年	1986—2002 年	2003 年至今	2009 年至今
转折事件	泽国胶丸社等大厂转型制鞋	技术人才引进；外贸市场打开；乡村工业用地入市	工厂改制转企；技术人才引进	互联网
市场	内销	外贸（亚非、中东等）	外贸（转向欧美）	内销＋外贸
特征	以鞋企鞋厂为主流、以个体作坊为腹背支撑			作坊自产自销成为另一条平行路径

1. 个体作坊主导发展阶段

20 世纪 80 年代初期是泽国鞋业的第一个阶段："个体作坊主导"时期，标志性事件是泽国胶丸社、牧南工艺美术厂等大厂向制鞋生产的转型，拉开了泽国镇及温岭市制鞋产业发展的序幕。泽国镇的夹屿村最早开始经营家庭式制鞋作坊，带动周边村庄共同开启了制鞋业的"作坊生产时代"，呈现出一种"星星之火，可以燎原"的态势（图 5-2）。由于当时泽国镇及温岭地区的经济社会发展水平尚低，办厂及作坊的资本投入与原料物资有限，泽国镇出产的鞋质量较差，被称为"礼拜鞋"甚至"晨昏鞋"[1]。在产业发展的初期阶段，温岭鞋业一般销往国内市场，如东北地区、中西部地区等，但是因质量问题和低价走量难以维持，一度陷入低谷。

图 5-2　乡村家庭制鞋作坊

2. 工厂企业主导发展阶段

面对市场经济的洗礼，温岭鞋业在阵痛中努力学习与引进新型生产技术，形成行内制鞋标准，逐步提升了整体制鞋水平。随着机械化推广与技术变革迎来"工厂时代"，制鞋工厂如雨后春笋一般大量涌现，推动温岭鞋业逐渐走向第二个阶段："工厂企业主导"时期（图 5-3）。1986 年，注塑的技术与设备在温岭市开始推广，规模化生产的工厂不断增加，生产效率迅速提升。由此，

---

[1] 顾名思义，"礼拜鞋"是穿一个礼拜就坏的鞋，"晨昏鞋"是穿一天就坏的鞋。

双峰村、牧屿村等村庄从1988年起开始规划建设村内集中的工业园区；通过将部分集体土地转为建设用地，进一步吸引大批村民投资办厂，初步形成了民营制鞋产业的乡村块状经济格局。与此同时，沿海地区的市场化程度不断提高和外贸市场活跃度不断提升，均为温岭鞋业重新步入市场提供了契机。由此，相当部分制鞋工厂由内销转变为以外贸为主，逐渐在国际市场中占据了一席之地。

图5-3　乡村制鞋工厂中专业化技术设备与自动化为主的生产作业线

进入21世纪，随着我国的市场经济改革进一步深化，地方政府在企业产权、科技创新、人才引进等方面也出台了若干引导性政策，促使泽国镇的制鞋业从"工厂时代"迈向"企业时代"，其标志性事件是宝利特、荣时等一批制鞋工厂改制为股份有限公司。随之，泽国镇的制鞋产业链从工厂生产和外贸，逐渐延伸出市场营销、研发设计等功能板块，形成了更加专业、完备的产业链条。例如，2007年，政府组织企业到上海、江浙、成渝等地引进科技人才，同时中国皮革和制鞋工业研究院温岭研究所落户牧南村，实现了资本、人才、技术等要素的本地积累与沉淀。在这一发展转变过程中，企业的产品质量都有所提升，具备了开拓更多市场可能性，目光逐渐从亚非、中东地区转移到欧美国家。值得注意的是，尽管规模化的制鞋工厂与品牌化的鞋企成为了主流业态，但家庭作坊作为下游加工的组成部分，始终是支撑整个产业不可或缺的重要力量。根据调查问卷统计，泽国镇个体户占所有乡村就业人员的总体比重达到60%，在夹屿村、双峰村甚至达到93.33%和73.33%。

3. 工厂企业与小微电商并行发展阶段

2009年兴起并快速发展的农村电商，为泽国镇的乡村制鞋产业发展提供了一种新的可能，不仅打开了内销市场，还重塑了乡村制鞋"生产—销售—物流"的产业链条，改变了传统大中小企业及作坊的产业生态法则和空间构成，推动泽国鞋业的第三个阶段："工厂企业与小微电商并行"时期。作为电商发展的领军者，阿里巴巴集团在2003年投资创办淘宝网，2009年左右进军乡村地区并开始评选"淘宝村",在2012—2013年开始深入泽国镇。泽国镇大量低小散的家庭作坊直接成为了农村电商嫁接的空间载体,从供应给大中鞋企或者地方批发市场转为自产自销的经营模式,拓展出平行于鞋企外贸经济的另一条出路,以女鞋和潮鞋为主要交易产品的个体网商集群,以新的形势重新打入国内市场。由于女鞋和潮鞋市场具有潮流变化快、客户需求弹性大、销售端营销依赖度高等特点,成百上千的中小型个体网商集群显然比几个大型企业更适合面对女鞋和潮鞋的终端市场。随着产业发展需求,乡村电商产业集群逐渐配套发展起了配件、模具、摄影、打包、物流等专业功能板块,并使泽国镇成为了广域乡村地区制鞋及销售产业的中心地带(图5-4)。这一转变不仅打开了内销市场,还重塑了乡村制鞋"生产—销售—物流"的产业链条,改变了传统大中小企业及作坊的产业生态。泽国镇乡村作坊的家庭经济收入明显得到了提升,不断吸引本地及外地务工人员加盟经营,快速壮大了电商集群,使泽国镇成为了广域乡村地区制鞋及销售产业的中心地带(图5-5)。这也导致了乡村产业空间分散现象长期难以改变,造成乡村地区的环境污染、消防隐患等多方面问题,因此家庭作坊成为"低小散"和"脏乱差"的整治对象。

图 5-4　家庭制鞋作坊转变为电商销售

在我国经济发展进入"新常态"的宏观背景下,泽国镇从2014年开始对乡村制鞋作坊进行整治,不允许村民在自家制鞋,而是要集中转移至村内工业园区。由此,乡村家庭作坊内的制鞋加工功能因整治而逐步淡出,开始转变兼容电商等服务型功能,在各个村庄呈现出不同程度的转型发展特征。这一整治行动有效降低了民房内加工制鞋的安全隐患,并重塑了乡村产业空间和功能格局,一定程度上淘汰落后产能和倒逼产业转型发展(图5-6)。

图 5-5　横泾村鞋业电商集群

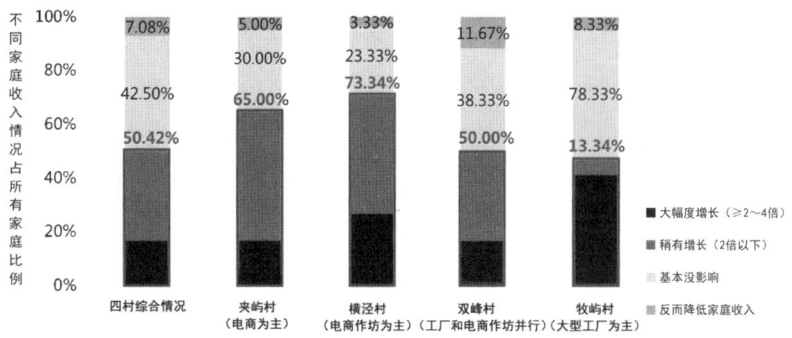

图 5-6　4 个乡村社区在农村电商兴起后村民收入变化情况
资料来源：笔者根据问卷调查统计绘制

5.1.3　产村互动的机制解析

泽国镇乡村转型的内生驱动机制主要包括产业集群、社会资本和土地资源 3 个方面。

1. 经济层面：产业集群基础对外来就业人口的吸引力

由于泽国镇的制鞋产业已经形成了"弹性专精"的产业集群，可提供相对优越的"经济机会"，该镇乡村地区不断涌入大量的外来就业人口，这成为了该镇乡村经济社会发展的持续系统动力。人类生态学研究表明，在一个社会生态系统中，不同的社会群体因资本积累、从业职位等因素处于不同层级的地位，且都在力争向更高的位置转移[1]。就泽国镇而言，乡村工业化推动了第一轮的"城镇化"进程，但是乡村在大量本地人口流失后并未变成"空心村"，而是吸引了大量外地人口进驻。这在很大程度上是因为该镇有着优势产业集群，如图 5-7 所示。产业集群的规模效益、高效协作、学习交流等机制，创造出了比较优势，驱动了本地经济和社会的持续发展和转型。

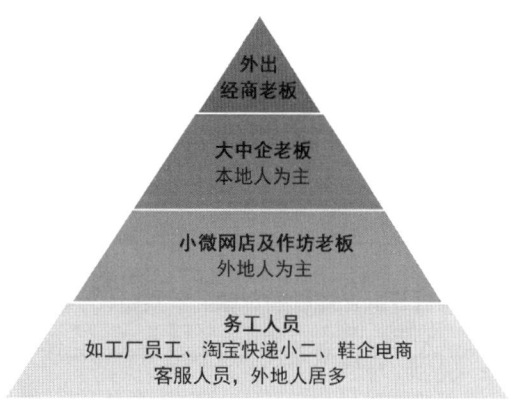

图 5-7　泽国镇乡村经济社会的生态系统分析

1　吴鼎福. 试论社会科学转化为生产力的途径与机制 [J]. 南京大学学报（哲学社会科学版），1995（1）：20-26.

2. 社会层面：大量外来就业人员重构乡村社会

随着泽国镇本地人口的外出经商，大量外地务工人员流入该镇乡村地区，融入并参与重构本地乡村社会。在泽国镇发展早期，头脑灵活、善于经营的本地人率先办厂办企，在制鞋产业前期转型中发挥了重要的主导作用。在这个过程中，本地人逐渐积累起的社会关系、市场渠道、产业资源等融合成为乡村的社会资本，这使他们在这一过程中得到了第一轮的资本积累，也奠定了他们在该镇产业生态中的上层地位。少部分人选择留在村庄将鞋厂鞋企继续做大做强，逐渐成为现在泽国镇的几大龙头企业；很大一部分人早年发家后便外出到上海等地经商与生活，涉及的领域也基本与制鞋无关了。由此，该镇乡村地区曾腾空了一部分个体作坊的发展空间，同时鞋厂、鞋企也提供了大量的就业机会，因此吸引了大量外地务工人员来此"补位"。2017年，泽国镇再次迎来了人口流动的新高潮。2017年该镇年末常住人口达21.78万人，是户籍人口的将近2倍；制鞋从业人员共约3.1万人，其中外来人员2.5万人，占比高达八成。根据访谈得知，大多数大中企业由本地人创办与管理，而企业中90%以上的员工都是外来务工人员。大量外来人口的"补位"，不仅是满足了本地产业对劳动力的需求，而且还在融入本土社会的过程中形成了新的社会资本，构成了驱动乡村经济社会发展的内生动力。这些外地人逐渐融入本地的生产生活中，可以将他们称为"新泽国人"。留下来的本地人与"新泽国人"群体共同重构了本地乡村社会，社会空间结构也正在逐步演变和转型（图5-8）。

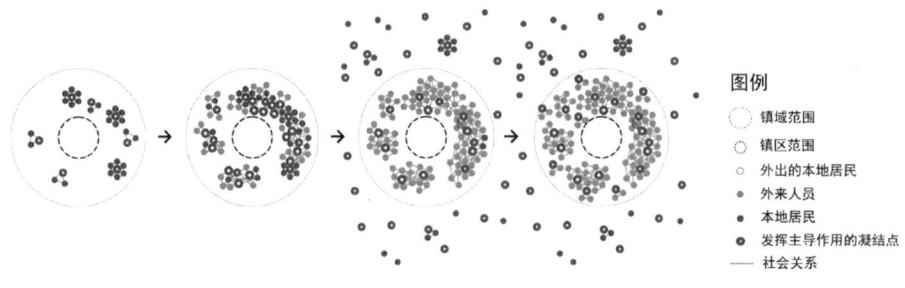

图5-8　泽国镇乡村社会结构演变示意

随着女鞋和潮鞋为主体的农村电商兴起，新一批外省市乡村地区的务工人员来到泽国镇经商和打工，并逐渐成为该镇农村电商发展的主导力量，而本地村民则逐渐变成房东，使本地社区出现了"经济融合、社会隔离"的特征。具体来说，与之前的上下游合作或打工经济不同，制鞋工厂企业与电商作坊的发展路径相对平行，因此本地与外地人之间的生意合作较少。在生活中，他们是"租客"与"承租户"之间的角色关系，只因共同的经济利益而成为牢固的发展同盟，却未形成交往融合、联系紧密的"社交圈"。此外，外地人在享受教育、医疗等公共服务方面存在一定局限，还时常会受到制鞋整治等政策上的影响，因而对乡村社区的长远发展问题缺乏兴趣，不同社会群体对乡村社区的认同感和归属感有明显差异（图5-9）。

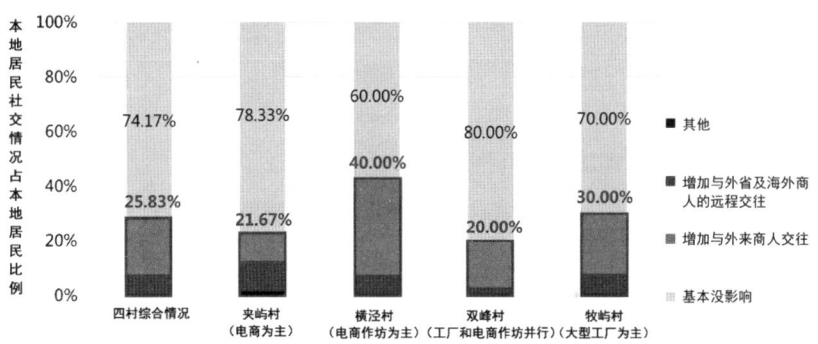

图 5-9 农村电商兴起后，本地居民的"社交圈"变化情况
资料来源：笔者根据问卷调查统计绘制

虽然本地人与外地人并未形成交往融合、联系紧密的生活"社交圈"，但是相对的"社会隔离"并不影响两大人群在共同的发展机会面前协同性极强的"经济融合"，而这一经济机会为中心的产业协作体系则很可能成为今后本地村社共同体重建的重要契机。横泾村就是一个典型案例。与泽国镇其他乡村相比，横泾村虽然鞋业发展比较晚，但是近几年却在本镇农村电商发展中名列前茅。该村原先以种植甘蔗为生计，尚未有鞋业，发展相对落后。2013 年，福建大学生谢仕明来横泾村租房做淘宝鞋店，带动本地、外地 80 余户在此经营自产自销或者纯粹销售的淘宝店。该村鞋业发展的起点便是个体淘宝网店，不做市场批零，也不为工厂打工。2014 年的个体作坊整治行动，使刚稳住脚跟的 80 余户商户面临清退局面，一时减少至 54 户；本地村民作为承租户也减少了租金收入。于是，村支书带头成立村集体所有制企业"横泾鞋业有限责任公司"，由村支书担任董事长兼法人、其他村干部担任经理及部门负责人。除基础性的安全保障工作，该公司将村内淘宝商户资源整合，化零为整，巧妙地应对温岭市人民政府针对"低小散"作坊出台的"双百政策"[1]要求。这些举措使该村集约化管理个体商户的经营模式渐入佳境，2016 年仅"双十一"该村鞋业销售量就达 400 万双，当年销量取得 13 亿元的好成绩，正向着"网鞋第一村"的目标前进。

可见，横泾村既有村干部骨干引导与支持，又有外来能人带动，是一个内外深度融合、形成协同机制的典型案例。这离不开地方乡村社区的支持与包容。作为原本从未涉及制鞋产业、缺少产业集群资源的村庄，村书记带头申请资金强化村庄基础设施、美化村庄物质环境，还通过减少创业及管理费用、加强村庄治安管理等策略，营造了一个开放包容的创业与生活环境，即便面对制鞋整治行动表现出积极组织与应对的态度，吸引了一大批来自外省市或者周边其他

---

1 注册资金 100 万元以上、经营场所面积 100 平方米以上。

村庄的外地人来此创业和居住。由于该村形成了以村支书和能人为凝结点的社会结构，商户间有合作也有切磋交流，逐渐丰富了该村电商产业集群的资源网络，带动了大家共同发展。

3. 空间层面：村庄民居空间利用具有包容性和多样性

泽国镇乡村聚落空间的演变有经济和社会两个维度。一方面，传统乡村聚落早期以居住功能为主，从20世纪80年代乡村工业化开始在民居中增加制鞋作坊，2013年左右因女鞋和潮鞋电商网店集聚而增加销售服务功能。这一变化充分体现了乡村民居空间利用的多样性与包容性。另一方面，随着本地村民的外流，许多空置的农村住房成为外地人驻扎泽国镇的基地，也成为本地留守老人获取租金收入的资产。2013年农村电商在泽国镇乡村地区的兴起再次吸引一批外地租户进驻各个村庄，尤其像横泾村这样的淘宝村，其乡村居住空间几乎被外来租户占满。

夹屿村是泽国镇村庄聚落空间演变的又一代表性案例。夹屿村自20世纪80年代长期以家庭作坊为主要产业空间形态，是"工业型"完全转型为"商贸服务型"的村庄代表。该村是泽国镇、温岭市甚至全国范围内最早开始制作女鞋的村庄，也是该地区制鞋产业的中心。该村交通条件便利，一条直通镇区的主干道贯穿；于是从20世纪80年代起沿主干道形成连续的沿街作坊，并保留着家庭作坊的形态至今。随着农村电商的风潮，沿街作坊已经转型为兴旺的制鞋淘宝店一条街，集制工与销售于一体。然而，制鞋整治行动将制鞋生产从家庭作坊剥离，转移到集中的厂房中去，目前沿街店铺仅剩电商销售、仓储等功能，使夹屿村成为以小微电商销售为主的"淘宝村"。一些商户反映，他们已不同程度地减少了制鞋生产的数量，转而以进货销售来营利。这说明乡村经济转型不仅仅是第二产业、第三产业的职能分层与产业空间区隔，更是隐含了工业型乡村向商贸服务型乡村的蜕变进程（图5-10—图5-12）。

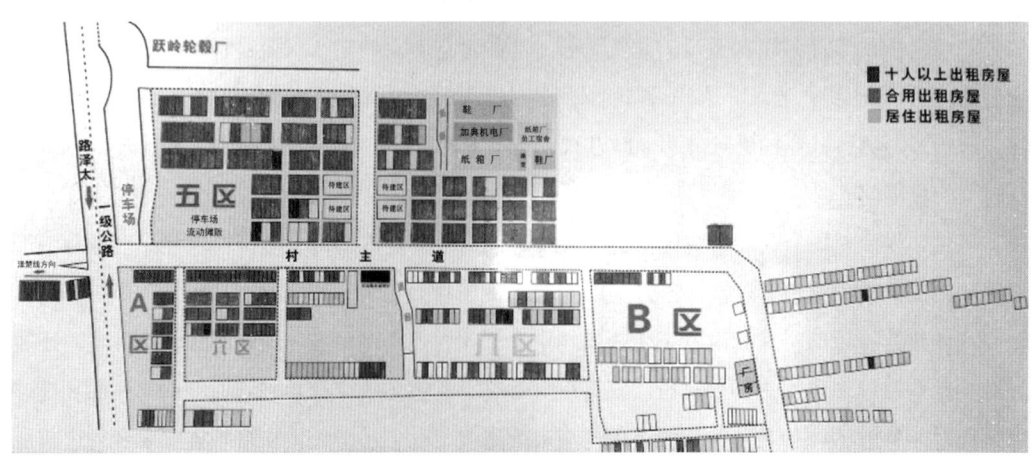

图 5-10　横泾村租房情况
资料来源：横泾村村委会提供

图 5-11　夹屿村沿街电商店铺　　　　　　　图 5-12　无序粗放的乡村聚落空间

5.1.4 泽国镇模式的经验和启示

泽国镇的乡村制鞋产业经历了"个体作坊主导—工厂企业主导—工厂企业与小微电商并行"三大发展阶段，逐渐由"工业型"转型为"工贸型"产业发展，且产业发展与城乡发展的阶段性应该相适应。这一案例提示我们，在"线性赶超城市模式"和"乡村本体价值模式"之间，先发地区的工业型乡村也许还存在第3种转型发展方向，即如何利用既有工业基础找到新的比较优势，从而推动乡村进一步发展的新模式。泽国镇乡村地区利用原有工业基础转型为小微电商的过程充分体现出"根据要素禀赋及其结构寻找新的比较优势"的转型发展能力，对我国发达地区广大工业型乡村的转型发展具有重要参考意义。

1. 构建"小政府、大市场"的包容性市场经济环境

在乡村产业经济发展方面，发达地区工业型乡村的内生动力很大程度上依托民营经济的集群发展，这种乡村自发性与其所处的市场土壤与政策环境息息相关，是长时间的探索与培育的结果。要素输入式的产业发展对策可能带来短期快速的经济增长，但若不能化"输血"为"造血"，则难以持续；产业环境培育虽然要历经曲折渐进的演进路径，却在摸索学习的过程中储备了乡村长期发展的系统动力。因此，应该给既有产业转型留出政策空间，推动其将既有的工业基础转化为新的产业发展模式。

泽国镇乡村家庭制鞋作坊向女鞋和潮鞋电商转型发展呈现出"小政府、大市场"驱动发展的特征。一方面，从市场驱动来看，泽国镇乡村转型成功主要是本地市场供给和外部市场的需求的精准对接，体现了市场机制的基础性作用。温岭地区制鞋产业集群以低端产品为主，在产品层次、生产组织方式、终端销售方式等方面都适合"低小散"的泽国镇乡村制鞋产业，在国内电商渠道中抢到了特定的市场份额。另一方面，从政策作用来看，政府对乡村工业发展的干预是"手术刀"式的，而不是"大刀阔斧"式的，具有较强的包容性。诚然，地方政府在2014

年开始的针对乡村家庭制鞋作坊的整治行动使泽国镇乡村经历了一定的"阵痛",即在腾退大量家庭作坊的同时间接降低了产业生态的供应弹性。而政府推动的以"智能制造与创新发展"[1]作为鞋服类传统产业提质增效的主攻方向,落实到乡村层面却不尽如人意。对大部分农民家庭来说,制鞋加工是其家庭收入主要来源;将制鞋作坊迁至工厂将大大减少利润,导致一部分制鞋作坊完全退出了泽国镇市场,显著降低了乡村产业的活力。然而,地方政府也看到了农村电商可能给乡村地区带来新的发展机会,因而在"电商换市"[2]等政策引导下,地方政府对于制鞋产业在泽国镇向电商转型采取了"宽容"的态度。结果表明,泽国镇的乡村产业发展积极对接外部市场,促进和提升了乡村自主创新的内生动力。2013年,温岭市实现电商零售额约30亿,2014年为50亿元,2016年达到了116亿元,在全国及省内电商县市排行榜中都名列前茅。值得一提的是,温岭市的淘宝村基本都在泽国镇,泽国镇还正在建设落成电子商务园区项目。可见,各级政府的相关政策确实对农村电商发展起到了一定的鼓励与扶持作用。

从城乡规划干预来看,泽国镇自2013年以来的鞋业整顿不断明确底线,较好地处理了"门槛宽进介入"与"底线约束严出"的关系。在不能将居住功能和生产功能混合的基础上,该镇给予乡村地区的鞋业发展留下了一个相对宽松自由的产业发展环境,吸引内外资本的投入与积累,顺应市场需求导向适当地引导工业型乡村利用既有基础寻找新的比较优势和产业发展方向,孕育出具有较强经济活力的"女鞋和潮鞋"个体网商集群。泽国镇案例也诠释了"大市场、小政府"的角色定位,通过合理功能布局、基础设施建设、服务配套供给、空间品质提升等规划途径营造宜业宜居的乡村产业空间载体,着力创造更广阔和更具包容性的经济社会环境与成长空间,以吸引社会人才与本地村民积极创业。面向未来,"低小散"的工贸电商型乡村还将面临"中等收入陷阱"的升级困境,需通过综合性的乡村治理手段以全面提升并跨越陷阱。

2. 约束乡村空间环境品质底线,引导加强集约、节约、绿色安全地利用空间资源

在乡村产业空间发展方面,工业型乡村的聚居空间改变主要体现在民房的混合利用,即以居住为基础,增加制工、销售等功能,既体现了集聚空间利用的多样性与包容性,同时也带来了无序发展和生活环境质量差等弊端(图5-13)。随着乡村地区愈发凸显城乡发展差距、本土环境压力等限制,曾经辉煌的乡镇企业正在成为"低小散"和"脏乱差"的整治对象。

---

[1] 2017年印发的《浙江省全面改造提升传统制造业行动计划(2017—2020年)》指出,鞋服等10个领域的传统产业要力争先行取得突破,以淘汰落后产能、提质增效为核心,以智能制造与创新发展为主攻方向。

[2] 从省级政策层面来看,继2012年《浙江省人民政府关于进一步加快电子商务发展的若干意见》和2013年的《中共浙江省委关于全面实施创新驱动发展战略加快建设创新型省份的决定》之后,浙江省在2013年出台的《关于深入推进"电商换市"、加快建设国际电子商务中心的实施意见》提出的构建行销全球的浙货网络销售体系,是"电商换市"的核心内容,包括电商销浙货、电商强外贸、电商促消费、电商兴农村、电商促商贸业转型等内容。2014年,省、市、区县三级政府机构设立了电子商务专项资金,以大力推进电商产业的普及与发展。温岭市也顺势出台了《关于印发进一步促进商务经济发展的若干扶持政策的通知》,并提出了电商助残、大众创业等一系列相关发展策略。

  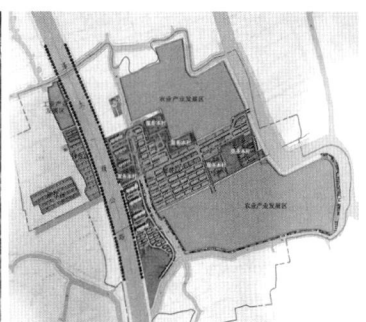

（a）2015年　　　　　　　　（b）2019年　　　　　　　　（c）未来规划

图 5-13　双峰村聚落空间布局

资料来源：笔者根据谷歌地图、《双峰村美丽乡村精品村规划（2018—2025年）》整理

诚然，乡村地区产业发展存在土地资源有效利用的内在诉求。一方面，农村电商是乡村土地资源约束趋紧、空间资源协调发展诉求下的新探索。泽国镇工业用地指标有限，造成其工业用地价格居高不下，但其空间利用方式与产业发展水平均有待优化和提升。同时，乡村地区低成本的存量房地产资源、宽松的发展环境，与电商产业的低创业门槛非常契合。另一方面，乡村地区低成本的存量农民自建房和宽松的管治环境，满足了电商产业个体经营户的低成本创业要求。泽国镇的乡村地区不仅具有较低的生活和创业成本，还有制鞋产业集群可提供各式产品，物流等成本较低。在农村电商的发展过程中，家庭式的淘宝网店也表现出了这一空间利用模式的比较优势，其产量小、弹性大，相比大厂更能灵活适应多元化需求与市场潮流的快速更替。由此不难理解，该镇不乏横泾村等村庄脱离当地传统的生产基础，"无中生有"地成长为"淘宝村"。

然而，由于乡村生产生态生活空间的耦合特征，产业空间的扩展不应以乡村人居环境品质的降低为代价，因此，必须对乡村发展进行适当的管理与控制，实施严格的"底线约束"。应对用地资源紧张、利用方式无序粗放的现象，基层政府不断实施整治，乡村规划在引导集约化、生态化的空间发展方面也发挥了一定作用。今后仍需不断优化乡村空间资源利用，并提升乡村生产生活环境品质。针对泽国镇乡村聚落空间利用的无序粗放特征，近年来地方政府曾多次开展整治行动；目前在乡村规划的引导下已经逐渐显现出集约化、生态化的转型态势。以双峰村为例，该村民房整体布局原本比较分散，表现为零散无序的沿路串珠形态；在《双峰村美丽乡村精品村规划（2018—2025年）》的引导下，乡村聚落空间已逐渐在村庄中部形成集中的生产生活区，有序并高效地利用村庄建设用地。整个村庄聚落将建成与山水、田园交融的生态格局，包括构建滨河景观带，营造促进乡村经济社会和谐发展的公共交往空间等。

5.2 羊毛衫产业驱动的嘉兴市濮院镇模式

嘉兴市濮院镇的羊毛衫产业驱动的乡村振兴模式，是一种具有鲜明地域特色和产业特点的发展路径。该模式通过深入挖掘和发挥羊毛衫产业的潜力，有效推动了当地经济社会的全面发展，为乡村振兴提供了新的思路和方向。

5.2.1 基本情况

濮院镇羊毛衫产业具有深厚的历史底蕴和扎实的产业基础。作为全国知名的毛纺织基地，濮院镇拥有完整的羊毛衫产业链和成熟的产业集群，这为羊毛衫产业的进一步发展提供了有力支撑。通过加大科技创新投入，引进先进的生产设备和技术，濮院镇的羊毛衫产业在产品质量、生产效率等方面实现了显著提升，进一步巩固了其在国内外市场的竞争优势。

1. 县域基本情况

地处杭嘉湖平原腹地的桐乡，位于浙江省北部，属于嘉兴五县市之一。东距上海131千米，北离苏州74千米，西邻杭州65千米，居沪、杭、苏金三角之中，区位优势明显，水陆交通体系发达，沪杭高铁、沪杭高速、申嘉湖高速、320国道、京杭大运河等贯穿全境。根据网络统计资料，全市总面积727平方千米，辖8个镇、3个街道，常住人口104.99万人，其中城镇人口71万人，城镇化率达67.87%。桐乡是浙江省首批工业强市和中国十大市场强县（市），产业特色鲜明，孕育了化纤、玻纤、纺织等传统优势产业，也形成了全国最大的羊毛衫集散中心——濮院羊毛衫市场。

2. 镇域基本情况

濮院镇隶属嘉兴桐乡市，位于上海经济圈、环太湖经济圈、环杭州湾经济圈三大经济板块交会处，同时也是江南古镇资源的富集区、长三角短途休闲的核心景区。全镇面积64平方千米，辖5个居民社区、14个行政村，总人口20万人。该镇区位交通便利，有320国道、申嘉湖高速公路等交通要道穿境而过，世界文化遗产京杭大运河绕镇北而过；距桐乡高铁站15千米，高铁0.5小时或驾车1~2小时可达上海、苏州、杭州等城市。距嘉兴军民合用机场不足5千米，距上海虹桥、浦东机场和杭州萧山机场均在1~2小时车程范围内，已形成了十分便捷的水、陆、空立体交通网络。

产业方面，2011—2019年，濮院镇产业结构实现从"二三一"到"三二一"的转变，其中第二产业以纺织业为代表，第三产业以商贸市场和房地产业为主。2019年，濮院镇地区生产总值达到 133.6 亿元，三次产业结构比例为 1：4 ：5。全镇 122 家工业企业中，纺织业企业 107 家（其中毛衫业 68 家、毛纺业 22 家、印染业 17 家），占工业企业总数的 87.7%。全镇工业总产值 675 130 万元，其中纺织业总产值 481 801 万元，占比达 70% 以上（图 5-14、图 5-15）。

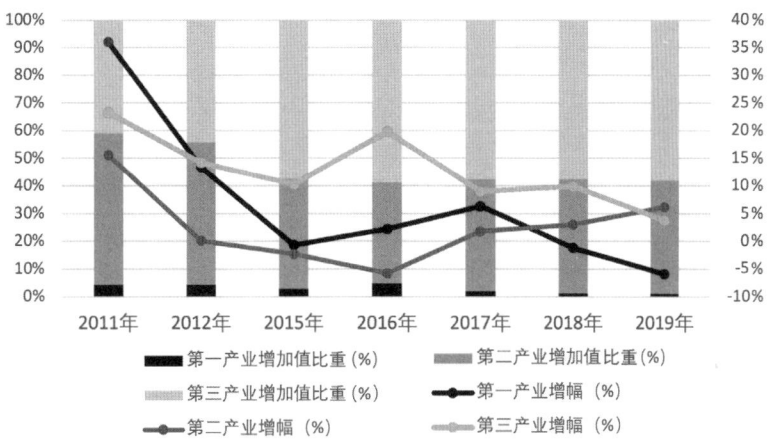

图 5-14　2011—2019 年濮院镇三次产业增加值占比及增幅
资料来源：笔者根据 2011—2019 年《濮院镇统计年鉴》整理绘制

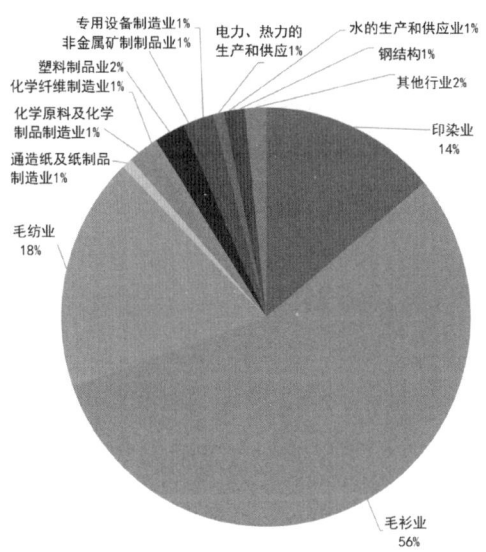

图 5-15　2019 年濮院镇工业企业类型及数量
资料来源：笔者根据《2019 年度濮院镇统计年鉴》整理绘制

自 20 世纪 70 年代以来，濮院在一片稻田上崛起，以毛衫产业为主导，经过 40 余年的发展脱胎为远近闻名的毛衫时尚特色小镇，形成了从前端研发设计、生产加工（纺纱、编织、印染、后整理、辅料生产等）到销售与配套服务（机械制造、物流仓储等）在内的完整产业链，拥有全国最大的羊毛衫集散中心和产业集群，羊毛衫产量占全国1/4，销售额达到全国60%。如今，在这艘"毛衫航母"上搭载着20个专业市场、万余家经营户和30多万从业人员，市场营业额从1994年的20亿元增长到2019年的1000亿元（图5-16）。根据《中国特色小（城）镇2018发展指数报告》，濮院镇位列中国特色小镇50强榜首。

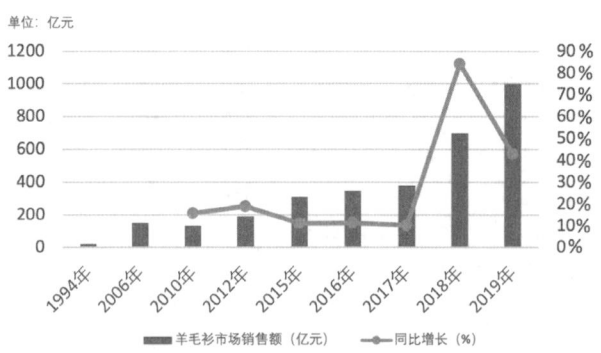

图5-16　1994—2019年濮院镇羊毛衫市场销售额及增幅
资料来源：笔者根据1994—2019年《桐乡市濮院镇统计年鉴》整理绘制

人口方面，根据乡镇资料统计，2011—2019年，濮院镇户籍人口变化不大，仅增加2%，而登记在册的流动人口（新居民）出现迅猛增长，增幅达82.3%，且流动人口数量是本地户籍人口规模的3倍以上。2019年濮院镇户籍人口4.78万人，登记在册流动人口约15.9万人，其中绝大多数为羊毛衫产业从业者（图5-17）。

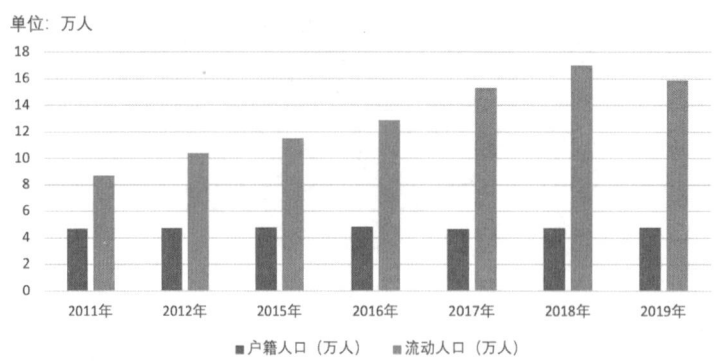

图5-17　2011—2019年濮院镇户籍人口与流动人口（新居民）数量变化情况
资料来源：笔者根据2011—2019年《濮院镇统计年鉴》《濮院镇社会经济和社会发展统计公报》整理绘制

3. 村庄基本情况

濮院镇下辖新生、梅园、锦苑、双贤、翔云和梅泾和永安7个社区，以及新河村、永越村、永乐村、新濮村、新星村、永联村、新东村、新妙智村、新联村、新港村、红旗漾村、油车桥村、星旗村13个行政村。村庄经济基础总体较好，第一产业以种植业为主，种植结构为水稻、葡萄、芦荟及苗木等。第二产业以印染、纺织、针织服装为主。第三产业以市场批发、商业零售、餐饮店铺等为主。人口方面，近4年濮院镇农村常住人口基本稳定在4万人左右并略有下降，但农村劳动力资源和从业人员数量均有所增加（图5-18）。

近年来，濮院镇不断壮大村级集体经济，先后培育出永越村、永乐村两个经营性收入"千万元村"。其中，地处濮院镇中心区域的永越村，320国道穿村而过，全国最大的羊毛衫市场便坐落于此。自2000年开始，永越村启动新村建设，逐步把全村900余户人家集聚到三个新村点，采用统一的建筑形式，每户占地160平方米，四层独栋楼房，每户建筑面积640平方米。一方面，由于产业开发与政府拆迁需要，在永越村建设毛衫针织产业园区，打造全品类一条龙产业市场，需要对原来乡村零散的土地进行集中与整理。另一方面，由于新村集聚紧邻羊毛衫市场，村民的四层房屋其中一、二、三层均出租进行羊毛衫加工、生产或作为仓库，每户租金可达到每年15万元。与此同时，本村村民几乎全部围绕羊毛衫生产、加工、销售这条产业链工作，涌现出一批成功的企业家，也有不少在市场里购买或者租赁了门市部进行羊毛衫销售，年纪较大的村民则多从事羊毛衫套口、绣花、缝纽扣等手工活以及市场保洁、村庄绿化等配套服务工作。本村仍有基本农田5.8平方千米，土地全部流转，村民以每年800/亩的租金将土地租给承包大户进行果园种植和苗木生产（图5-19）。

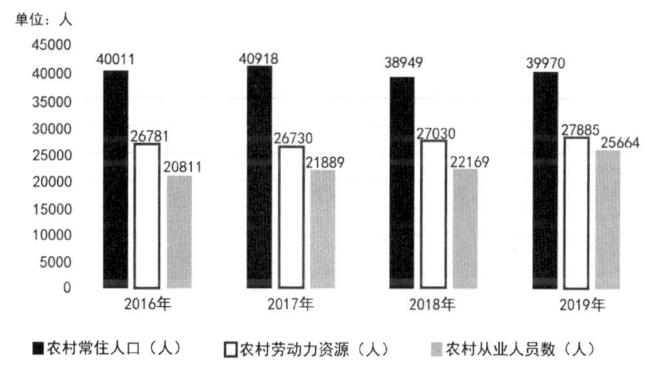

图5-18　2016—2019年濮院镇农村常住人口与从业人员数量变化
资料来源：笔者根据2016—2019年《桐乡市濮院镇统计年鉴》整理绘制

图 5-19　濮院羊毛衫市场和永越新村
资料来源：永越村村委会提供

5.2.2　濮院镇产业发展历程：从濮绸产业到毛衫时尚产业

在羊毛衫产业驱动下，濮院镇经历了从濮绸生产专业镇到毛衫时尚产业特色小镇的发展变迁，其中离不开政府引导与政策支持、本地企业家示范带动以及社会资本积累与重组等重要驱动因素。笔者根据地方产业发展中的重要事件及其驱动因素演变将濮院镇的产业发展历程分为 4 个阶段（表 5-3）。

表 5-3　濮院镇羊毛衫产业发展历程及驱动因素

发展阶段	重要事件	驱动因素
阶段一：自发萌芽、规模初具（1976—1991 年）	1976 年濮院弹花生产合作社购进横机率先开始羊毛衫生产	本地织造业传统优势
	1992 年永越村建立第一个羊毛衫市场	政府支持与引导
阶段二：市场建立、规模扩张（1992—2008 年）	2000 年建立毛衫城工业园区	政府积极推动；外来资本进入；本地社会资本积累与重组
	2002 年启动开发中央商务区	
阶段三：创意赋能、品牌培育（2009—2014 年）	2009 年建立设计创意产业孵化器——320 创意广场	政府引导管理；本地企业家示范带动；外来资本与技术流入
阶段四：时尚转型、电商推动（2015 年至今）	2015 年濮院毛衫电子商务产业基地和电子商务公共服务中心成立，同年入选第一批省级特色小镇	政策支持、人才引进

资料来源：笔者根据调研资料整理

1. 阶段一：自发萌芽、规模初具（1976—1991年）

濮院气候温和，水网密布，土地肥沃，适宜发展桑蚕业。作为"中国濮绸"的发源地，自宋元明清以来，濮院以丝绸产业独步天下，享有"日出万匹绸，嘉禾一巨镇"的美誉，跻身江南五大名镇。民国时期，濮绸产业逐渐衰落，然而濮绸生产的手工业传统为日后濮院镇羊毛衫产业的兴起奠定了坚实的基础。其中，家庭作坊的大量涌现以及地方市场的建立是羊毛衫产业萌芽期的重要特征。

20世纪80年代以来，濮院镇基于本地织造业传统，抓住发展市场经济的契机，羊毛衫产业从地方自发兴起，经历了从无到有、日渐繁荣的过程。濮院羊毛衫生产始于1976年，当年由濮院弹花生产合作社（时为乡镇集体企业）率先购进了三台手摇横机开始进行羊毛衫生产。一年后，这家企业的总产值从2.8万元迅速上涨至30万元，羊毛衫生产带来的巨大收益促使该企业在1977年年底将所有生产能力都投入羊毛衫的生产，同时也带动了一些经营效益不好的国有和集体企业效仿其转产羊毛衫。由于羊毛衫生产成本和技术门槛较低，随着改革开放后农村劳动力得到进一步解放，不少个体户、企业工人乃至大量农民也纷纷加入羊毛衫生产的队伍。

改革开放初期，羊毛衫生产企业和个体户如雨后春笋般涌现，但当时濮院还没有店铺和专业市场，商户开始在濮院汽车站周边靠近320国道的永乐路上摆起小摊，推销和贩卖毛衣。这一时期当地的羊毛衫市场虽初现规模，但尚不成形，大部分买卖都在农贸市场、街道边、公路旁完成，"过来人"称之为"马路市场"，也是今天濮院羊毛衫交易市场的雏形。

2. 阶段二：市场建立、规模扩张（1992—2008年）

1992年，借助紧靠国道的交通区位优势，濮院镇永越村在镇政府的支持下发起建造了第一个羊毛衫市场，一共有74间门市部。1993年3月18日，街道门市部正式开业，吸引了大量来自杭州、上海乃至全国各地的客商。截至1994年，桐乡市先后有投入近亿元资金投入羊毛衫市场的开发建设，建成了十个羊毛衫交易区和一个毛纱交易区，共计3000多间营业用房，桐乡市及周边千余家羊毛衫厂生产的羊毛衫都汇聚于此进行售卖（图5-20）。

图5-20 20世纪90年代的濮院毛衫市场与毛衫批发商
资料来源：永越村村委会提供

2000年以来，濮院针织产业园区的建立，以及包括濮院国际广场、会展中心、世贸大厦等在内的中央商务区的开发建设，使濮院镇在产业与市场的互促共进中不断实现跨越式发展。原有零散分布于各村的本地羊毛衫企业在政府引导下开始逐步迁入产业园区，羊毛衫产业的集聚效应和地方政府招商引资也吸引了一些外地企业家来濮院投资。除了上千家织造企业外，产业链还拓展到毛衫设计、原料供应、织造设备、染整及仓储物流等，形成了功能齐全的工业园区、市场区[1]和配套服务区[2]，成为国内针织产业集聚度最高、特色最鲜明、产业链关联最紧密的毛针织服装特色产业基地。

3. 阶段三：创意赋能、品牌培育（2009—2014年）

在传统生产、加工、销售的基础上，羊毛衫产业也在寻求进一步转型升级。2009年，濮院设计创意产业孵化器——320创意广场应运而生，搭建起整合全社会优质创新资源的科创服务平台，吸引了一批创意设计机构、高校和科研院所分支机构以及电商专业技术人员入驻，业务范围涵盖通毛衫设计、品牌策划、文化传播、信息化软件开发、电子商务服务、知识产权服务等高技术服务业，并于2012年成立桐乡市毛衫设计师协会，促进服务业与制造业的融合发展。此外，濮院羊毛衫产业发展至今已诞生800多个自主毛衫品牌，"濮院毛衫"被认定为浙江省区域名牌，2013年由工商部门指导、市场管委会专项资金支持成立濮院羊毛衫市场品牌指导站，加快推进品牌培育与建设，使濮院羊毛衫的产业竞争力和区域影响力进一步提升。

除了政府的支持与引导，地方能人企业家也在产业转型升级过程中发挥了引领与带动作用，濮院镇两家龙头企业的经营者沈卫国和戴韩珍为其中的典型代表。他们通过技术突破与经营理念的创新，在本地众多毛衫企业中起到示范引领作用。沈卫国深耕羊毛衫生产加工工艺，是濮院镇首批购置电脑横机的企业家，后来又率先从日本引进"无缝生产"的技术，极大提升了生产效率和产品质量；戴韩珍则专注于品牌设计，成立了自己的品牌"浅秋"并组建起设计团队，开展全品类服装设计，将产品瞄准高端消费市场，从低端廉价毛衫向高端品牌服饰转型。濮院羊毛衫产业正是在这些企业家创新精神的激发下，走上了"技术＋品牌"的转型之路（图5-21、图5-22）。

1　市场区，包括羊毛衫市场、毛纱市场和辅料市场。
2　配套服务区，包括托运中心、客运中心和科技开发中心等。

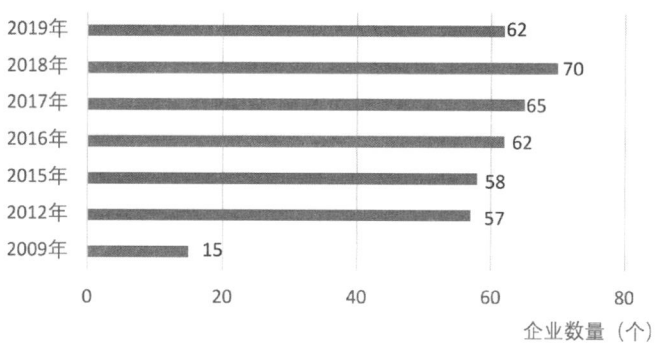

图 5-21　2009—2019 年 320 创意广场累计入驻企业数量
资料来源：笔者根据 2009—2019 年《桐乡市濮院镇统计年鉴》整理绘制

图 5-22　国际毛衫品牌中心——320 创意广场
资料来源：永越村村委会提供

4. 阶段四：时尚转型、电商推动（2015年至今）

人才引进和市场功能转换提升是羊毛衫产业持续繁荣的关键，推动了以价格为主要竞争优势的低层次、低附加值的传统加工制造业的时尚化转型。2015—2016 年，濮院毛衫时尚小镇先后入选浙江省首批 37 个特色小镇创建名单和首批"中国特色小镇"，羊毛衫整烫中心、濮院轻纺城[1]、濮院时尚中心[2]等项目相继落地，吸引了资本和人才不断向濮院聚集（图 5-23）。尽管近年来国内纺织行业普遍面临国内外竞争加剧、招工融资困难、环保成本上升等不利因素和资源瓶颈限制，濮院羊毛衫市场成交额和市场租金同比仍逆势上涨，产品的时尚化和品牌化特征日益凸显，同时吸引了一批来濮院创业的大中城市青年，其中不乏具有现代企业管理能力的高学历"海归"和"创二代"[3]。据统计，濮院镇 35 岁以下创业者比例达 31%，320 创意广场众创空间创新人才中有 80% 来自外省市。

1　濮院轻纺城是濮院市场升级转型的首个重点标志性项目，地处 320 国道核心地段，总投资 15 亿元，定位为"全球针织原材料集散中心"，是以批发纱线、面料、辅料为主的大型原材料供应专业市场。
2　濮院时尚小镇时尚中心项目位于濮院羊毛衫市场中心区域，项目总用地面积约 42.3 亩，其中建设用地面积约 39.4 亩。建成后划分品牌男装、女装和精品时装等区域，还包括 T 台时尚发布中心、酒店、商务楼、写字楼及空中花园等功能区块。
3　陈泽涛.特色优势产业的时尚化转型：以濮院毛衫产业为例[J].纺织导报，2018（11）：23-24.

第 5 章　基于工业基础的乡村振兴实践及驱动机制

图 5-23　濮院镇产业空间项目分布

经过近 30 年发展，濮院镇已形成从毛纱原料、针织机械、质量检测、物流运输、外贸服务到人力资源、技术研发、配套设施等较为完善的市场体系。2015 年以后，濮院镇以市场为龙头，进一步放大市场对产业的带动效应，推进市场商场化、功能配套化、业态多样化、实体电商化，加快由单一批发功能向批发、零售、体验、旅游等多复合功能转变。随着互联网电商蓬勃兴起，濮院镇先后建立濮院毛衫电商产业基地和电商服务中心，推动"实体市场"与"虚拟市场"同步发展。2016 年羊毛衫市场门市部的电商供货参与率达到 82.3%，业务订单占比从 2011 年的 21.3% 上升至 41.5%，涌现出大批线上、线下联动发展的品牌企业和线上知名毛衫品牌（图 5-24）。

5.2.3　产村互动的机制解析

濮院镇乡村转型的内生驱动机制主要包括产业积累、社会资本和空间需求 3 个方面。

1. 羊毛衫产业集聚以本地产业资本积累为依托，助推村庄集体经济发展壮大

在濮院镇，各村村集体负责人和本地能人乡贤围绕羊毛衫这一优势产业，展现出敢为人先的企业家精神和勇于创新的企业家才能，在当地形成了浓厚的创业氛围和示范效应，带动

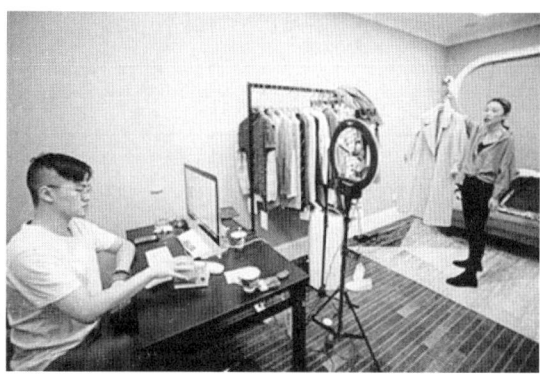

图 5-24　濮院时尚中心与电商直播销售
资料来源：右图为永越村村委会提供

了家家户户参与羊毛衫产业链的各个环节，形成了产业集群中基础的分工协作关系。羊毛衫产业从原材料采购和设计式样开始，经过编织、缝合套口、染色后整理、钉扣锁眼、整烫和印花绣花环节，最后被包装和出售，已形成包括设计公司、毛纱销售、一体化加工企业、编制家庭作坊、染色企业、后整理企业、印花作坊、整烫作坊、成衣销售部门以及物流运输公司等在内的庞大产业集群。其中，不同类别企业的初始投资存在较大差异。通过产业链的内部分工降低了初始投资门槛，不仅使资本拥有量相对较低的大量"农民企业家"进入羊毛衫产业链条中，而且由于本地提供的相对优越的市场环境和"经济机会"，使乡村地区不断涌入大量的外来就业人口。因此，产业链的各个环节不同的准入门槛使乡村地区的各类资源被充分调动。

以永越村为代表的各村集体既是羊毛衫产业的受益者，同时也是产业形成与发展的重要推动者。首先，在20世纪90年代，永越村村集体率先抓住商机，顺应市场和产业发展需要，成立了桐乡市永越实业有限公司，投资羊毛衫市场兴建门市部。其次，携手邻近的兄弟村抱团投资发展集体经济项目，各村基于此形成了创新协作关系，共同创办围绕市场服务的合资企业作为经营主体，以公开拍租的形式不断强化资本运作，实现村级集体资产保值增值的同时使村民享受到分红收益（表5-4）。

2. 乡村社会资本促进原始产业组织建构，进一步推动乡村社会构成发生深刻重组

在濮院镇，早期本地人投资办厂经商，在这个过程中逐渐积累起的社会关系、市场渠道、产业资源等融合为乡村的社会资本，促进了乡村地区原始产业组织的建构。随着羊毛衫产业进一步发展壮大形成产业集群，吸引了越来越多的外地从业者来此进行生产与经营，这些新居民在给本地带来了工商资本、先进技术与时尚理念的同时，也在融入本土社会的过程中形成了新

表 5-4　村办企业与合资企业基本情况

企业名称	成立时间	企业权属	经营范围
桐乡市永越实业有限公司	1996 年	永越村	投资兴办实业； 农业服务； 羊毛衫的生产销售
永新物业配套开发有限公司	2001 年	永越村、新星村、永联村、新河村、新濮村、永乐村共同投资建设	市场配套设施建设物业管理
桐乡市濮院永星置业有限公司	2009 年	永越村、新星村共同投资建设	房地产开发销售、标准厂房出租； 针织技术开发； 针织品销售；物业管理； 货物进出口、技术进出口

资料来源：笔者根据调研资料整理

的社会资本并使产业组织不断得到优化。在濮院镇的社会生态系统中，不同的社会群体因资本积累、从业职位等因素处于不同层级的地位，且都在力争向更高的位置转移，从而成为该镇乡村经济社会发展的持续系统动力。

　　濮院羊毛衫产业集群中的社会资本包括个人社会资本与集群内生社会资本 2 种类型。个人社会资本即个人社会关系与社交网络，集群内生社会资本为上下游企业之间的多方面联系。产业集群内部社会资本的积累所发挥的积极作用包括：①各市场主体能够利用个人的社会关系获得私人融资；②众多小投资市场主体往往用口头协议替代正式合同以降低内部交易费用，节约企业运营资本；③产业链上下游企业或经营者之间基于稳定的合作关系建立信任，在日常经营过程中"先拿货后付款""先加工后付款"等相互赊欠现象较为普遍，伴随着羊毛衫加工产业链形成了资金压力传递链，其最终结果是将资金压力传递到集群之外的大企业或国有商业银行，产业集群内部的中小企业相当于变相获得了银行的资金支持，使企业日常运营资本需求大大降低，保障了产业链各个环节的稳定运行。

　　羊毛衫产业集群中也出现了基于地缘关系的社会资本的空间集聚现象。外来从业者往往通过老乡或熟人介绍获得工作机会，在同一区域从事一类工作，久而久之占据产业链中的某一环节，并在此基础上形成了稳定的产业组织与社会关系网络，通过市场信息交流与决策共享，使羊毛衫从业者的运营风险进一步降低。此外，随着各地外来生产经营者不断在濮院镇聚集，各地的商会组织也先后成立，如温州商会、安徽商会、乐清商会、台州商会等。商会内部形成统一的行业规范，同时对经营过程中发生的矛盾纠纷等各类问题进行沟通与提供协助。

3. 产业链延伸带来空间需求多元化，推动乡村生产生活空间集聚与分化

羊毛衫产业兴起后，羊毛衫生产不仅集中于国有和集体企业，也开始向周边村庄扩散，农民在农闲季节、工人在业余时间以兼业形式进行羊毛衫的生产加工。20 世纪 90 年代以来，濮院镇及周边约 90% 的农村家庭参与羊毛衫产业，形成了成千上万家家庭作坊，羊毛衫产量从每年不足 300 万件增长至上亿件，前店后铺成为普遍存在的生产销售模式。产业空间的迅速扩张继而产生了对交易空间的强烈需求。在这个过程中，永越村率先把握住商机，在濮院镇人民政府的支持下促成了羊毛衫门市部的建立，刺激了乡村生产空间进一步扩张，而与此同时乡村生活、生态空间均受到一定程度的挤压。

羊毛衫产业链拓展延伸对专业化和多元化空间提出了更高要求，在当地政府的推动下，出现了工厂企业逐渐向产业园区集中、农户向新型社区集中、农业用地向规模经营集中。由于羊毛衫市场的规模化与专门化发展，其所需的生产空间类型也日趋多样化与专业化，乡村原始的家庭手工作坊渐渐难以满足羊毛衫产业快速发展的要求，因此产业空间逐步转移至镇区和产业园区并在此集聚，村庄则转向为产业发展提供物流、仓储、保洁服务等配套服务空间（图 5-25）。

图 5-25　前店后铺的生产销售模式与濮院毛衫创新园
资料来源：左图为永越村村委会提供，（右）濮院发布.人民日报点赞！濮院毛衫创新园以平台建设支撑创新发展 [EB/OL].
（2022-01-12）. https://zj.zjol.com.cn/news.html?id=1793335.

随着羊毛衫产业经历了生产技术的进步与革新、交易市场的更新与迭代以及电商经济的兴起与繁荣，进入"全产业链发展"阶段，其市场空间从传统实体店面升级转变为"线上线下"相结合，相应地也对更高品质的人居环境提出了诉求，以期留住更多高素质人才。濮院镇先后启动绿色生活漫步带工程和旧镇改建开发项目，以强化空间整治与管控，提升镇区风貌。永越村与周边六个村合作投资建设了星级酒店和电商基地，进一步优化生活、生态空间，推动城乡公共服务一体化发展，城乡空间环境品质进一步提高。

5.2.4 濮院镇模式的经验与启示

濮院镇模式的经验与启示主要体现在经济、社会和空间3个层面。

1. 经济层面：完善产业公共服务，推动产业提质升级

以濮院镇为例，加工制造业在乡村地区的发展并不一定是本地农产品的深加工及其相关行业，而是我国特定发展历史背景下的产物。改革开放以后，江浙地区的乡村工业化和乡镇企业发展为乡村发展奠定了良好的工业基础，其直接驱动因素是低廉的土地、劳动力成本以及乡村地区较为松散的空间管制和制度环境。经过数10年的大浪淘沙，许多乡村工业都在历次的美丽乡村建设、"三集中"、散乱污治理等政策项目中不断衰退，真正能够留在乡村地区继续发展的乡村工业往往已经形成了一定的集聚效应，一般都形成了一定规模的小型产业集群。

因此，加工制造业驱动乡村发展的特征在于村庄集聚效应强，将劳动力留在乡村，城村、镇村联系紧密。从加强城乡纵向网络关联的角度而言，通过建立和完善地方专业化市场、展览会场、研发中心、质量检测机构，形成产品从研发、生产到营销推广以及售后服务的全产业链；在城乡协同发展的框架内推进资源要素配置，加快镇村交通、物流设施建设，加强与外部市场的联系与对接。

以濮院镇为例，羊毛衫生产加工的普及与繁荣，催生了专业市场的建立与扩展，进一步深化了产业分工程度，成为本地产业集群建立竞争优势的必要条件，羊毛衫市场也作为本地产业与外部市场进行对接的窗口。此后，随着羊毛衫产业上下游配套产业不断完善，包括物流园区以及设计创意产业孵化器等的建立，通过产业链条的延伸扩展进一步强化了城乡纵向网络关联。

2. 社会层面：重塑社会网络，传承乡村文化，促进社会融合

人口更替下的乡村社会网络重建对于乡村文化延续与社会稳定都具有重要影响，这一过程在加工制造业主导的乡村发展中有着突出体现。作为受工业化与城市化影响最大的一类乡村，加工制造业主导型乡村集中了大量外来务工人员与就近进厂务工的本地村民，本地的社会网络、传统文化也最容易受到外部冲击。从产业发展视角来看，外来从业者的进入不仅丰富了乡村社会资本，也在此基础上推动产业组织的变革，促进了城乡横向网络关联的建立、优化与提升。

濮院镇存在本地居民数量3倍以上的外来人口，其中多数为淘宝电商，这些"新居民"作为羊毛衫产业组织中的重要参与者，与羊毛衫本地生产者和经销商建立起密切联系，同时也为当地带来产业营销的创新理念与技术，推动本地产业不断转型升级。此外，数量庞大的外来从业人口的进入使乡村地区的社会构成更为多元化，在与本地村民的社会交流与碰撞中重构了当地的社会关系网络，为乡村社会治理带来一定挑战，同时也对本地乡村文化形成一定冲击。

对此，加工制造业主导的乡村在规划建设过程中要特别注意乡村风貌与地域文化特色的延续,对于并入城镇的新型农村社区,在社区命名、建设风貌、配套设施等方面,要体现原村的文化特色,重塑乡村精神文化,实现乡村地域文化传承。在社会管理层面,应健全外来人口信息管理机制和创新社会保障机制,搭建并完善城乡一体化社会服务网络,促使本地农民、外来人口的快速实现城镇化身份转换,推进多元化人口融合,从而达到从"空间治理"到"社会治理"的目的。

3. 空间层面:适应加工制造业发展的空间规划策略

加工制造业主导型乡村通过产业发展推动乡村城市化,城镇化和工业化的发展方式与农村建制并存,其村落空间面临的挑战在于:一是由于缺乏有效的空间管制和风貌引导,造成亦城亦乡的半城市化风貌,人居环境品质较差。二是乡村地区的产业发展的土地供给错综复杂,国有土地、集体土地、宅基地,都在不同程度地被用于产业发展,造成高度混合的局面,土地集约化利用和城镇建设风貌管控难度大。三是产业强镇、产业强村普遍存在生产空间的扩展远远超过乡村地区可以承受的环境荷载,生态环境压力较大的问题。在上述挑战下,国土空间规划改革背景下加工制造业主导的乡村地区规划应当重点从以下方面进行考虑。

在国土空间总体规划层面,要考虑给这类产业强镇划定一定的发展空间和土地指标。一方面,加强土地整理,将新增建设用地需求与闲置用地盘活相结合,确保在乡村建设用地总量不增加的基础上实现结构优化。针对村域内工业用地破碎程度高、土地利用率低等问题,分类整合零散分布的工业用地,专项处理低效用地和破碎化的用地。通过农村存量建设用地整治产生的增减挂钩指标,乡村产业用地可优先与建设所需用地等量置换;确需占用的一般农田,在确保数量有增加、质量不降低,布局更优化的前提下经过论证也可进行置换[1]。另一方面对于需要供给土地指标的乡村地区,优先供给镇区或集中建设区,防止进一步的用地破碎化。

在村庄布局专项规划中,工业产业强镇周边的乡村地区与产业强镇通常有强烈的经济、社会和文化联系,对此要进行特殊考虑。在土地利用方面,可推进农村居民点适度集中,严格限制户均宅基地面积,减少村民乱圈、乱占、乱建现象;综合考量公共生活服务及未来的旅游、居住等功能需求,可在论证合理的基础上有选择地进行功能置换与空间改造,以"点"的功能置入带动"面"上村庄土地价值提升[2]。在乡村配套设施和风貌管控方面,应对镇级、行政村级、自然村级的公共服务设施和市政基础设施提出配置标准,对乡村风貌提出引导要求。

---

1 黄华忠,彭郭英.乡村振兴发展中农业农村用地保障研究:以海盐县为例[J].浙江国土资源,2020(6):31-33.
2 阎海,顾萌,葛大永.要素流动视角下的苏南地区乡村振兴策略探讨[J].规划师,2018,34(12):140-146.

5.3 童装产业驱动的吴兴区织里镇模式

5.3.1 基本情况

织里镇位于太湖之滨，地处杭嘉湖都市圈，毗邻上海都市圈与苏锡常都市圈，隶属湖州市吴兴区，截至 2020 年，镇域面积 90 平方千米，其中建成区面积约 25 平方千米，下辖 25 个社区，43 个行政村，户籍人口总数为 75 635 人，其中城镇人口为 23 181 人，乡村人口为 52 454 人，城镇建成区常住人口（含外来人口）为 272 669 人，是一个典型的"人口流入"型的小城镇。织里镇地势平坦，水网密布，历史上因织造业兴盛而得名，同时也是著名的鱼米之乡、丝绸之府。近年来，织里镇先后被评为中国童装名镇、中国品牌羊绒服装名镇、国家生态镇、中国综合实力百强镇、浙江首批小城市培育试点镇、浙江首批低碳试点镇等。

1. 产业发展情况

在产业发展上，织里镇以纺织服装、铝材建材、电子电器三大产业为主导，根据调研数据统计，由于受疫情影响 2020 年织里镇生产总值为 327.28 亿元，相比于 2019 年生产总值 332.65 亿元略有减少，在 2019 年的三次产业比例中，第二产业比重最高，达到 192.60 亿元，约占生产总值的 58%，相比 2015 年 169.78 亿元的生产总值，织里镇在这 5 年生产总值近乎提升了 1 倍（图 5-26）。织里镇是中国的童装之都，2020 年，织里镇童装经历了 40 余年的发展，已形成从童装创意、研发设计、加工制造到线上线下销售、物流、面辅料供应、品牌运营等全业态、全流程、全品类的产业生态圈，织里镇年产各类童装 14.5 亿件（套），年销售额超 650 亿元，占据国内童装市场的 37.5%（图 5-27）。

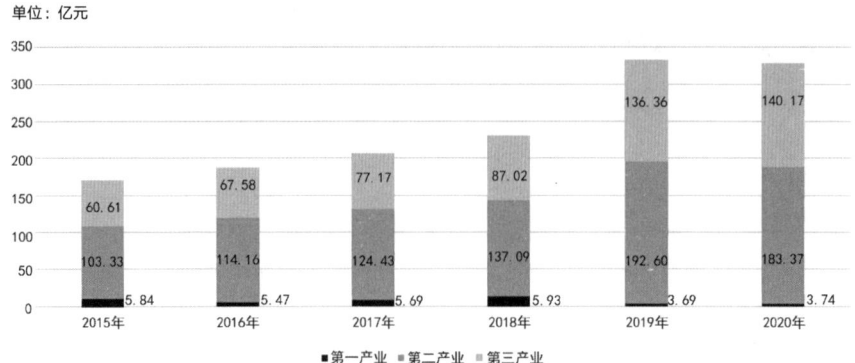

图 5-26　织里镇 2015—2020 年产业结构
资料来源：笔者根据调研资料整理绘制

图 5-27　织里国际童装城
资料来源：织里镇人民政府提供

2. 人口变化情况

在人口方面，乡镇政府统计资料显示，户籍人口缓慢逐年上升，由 2012 年的 10.1 万人逐渐增加到 2019 年的 10.6 万。在常住人口方面则较为波动，2010—2019 年常住人口呈现上升趋势。2019 年，全镇常住人口约 34 万人，其中镇区常住人口为 27.3 万人，92% 的常住人口在本镇范围内工作；流动人口约 26 万人，约占人口总量的 76.5%，且基本集中在镇区的秦家港、河西、永安、晟舍 4 个社区，年龄结构以 20～34 岁年龄段为主，文化程度偏低（其中初中文凭占比为 81.9%），并且具有季节性明显的特征（非节假日期人满为患，节假日期间人去楼空），户籍人口仅 10 人左右（图 5-28）。可见，织里镇的人口结构呈现总量大、外来人口占比高、年轻化、文化程度较低、流动性大的特征。

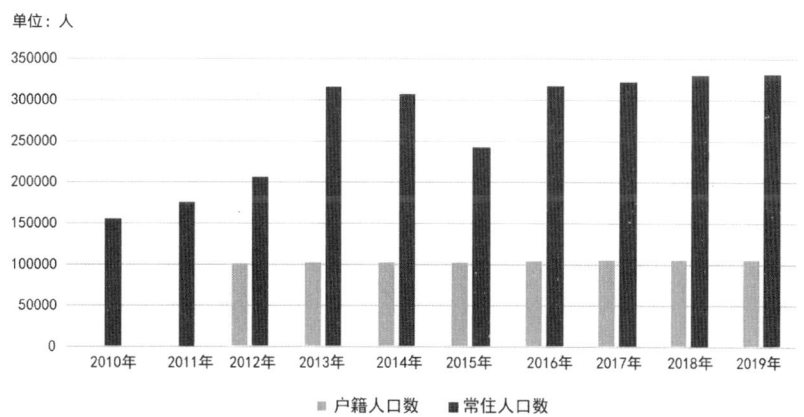

图 5-28　织里镇 2010—2019 年人口变化图
资料来源：笔者根据织里镇相关部门提供数据整理绘制

5.3.2 织里镇产业发展历程：治理与培育中的家庭作坊到龙头企业升级

1. 阶段一：无为而治，沿袭丝织文化路径的产业增长

自古以来纺织、刺绣等工艺在织里镇一直占据非常重要的地位，童装产业的自发性与非正规性是织里镇童装产业快速发展初期的主要特征。20世纪70年代末期，织里镇轧村一些家庭作坊用生产枕套被罩等的边角料生产儿童肚兜、衣服等童装产品，为童装加工积累了经验，同时发现利润更高。20世纪80年代初期，开始出现童装加工户，这些加工户大多在乡村地区，没有正式厂房，多使用家用缝纫机进行简单制作，呈现出典型的加工户数量少、工艺简单、规模不集中的家庭作坊模式特征，1983年，织里工商所在扁担街上用玻璃钢瓦搭起了36个简易棚，织里镇第一个童装交易市场——"扁担街"由此产生。20世纪80年代中后期，织里镇童装加工户的数量开始增多，开始出现一些童装加工企业，生产规模逐渐扩大，一些加工企业逐渐开始向镇区搬迁，织里镇童装产业开始集聚，初具规模。20世纪90年代，织里镇童装产业迎来了爆发式发展，爆发式的发展促使织里镇发展出厂房、居住和销售空间融为一体的"三合一"模式，此后从事童装产业的人数逐年增多。

该阶段推动织里镇童装产业发展的主要原因有以下3个方面：其一，纺织业良好的营商环境。童装产业能够织在里镇自发形成，与织里镇的自然环境和历史人文特征在一定程度上都有着密切的关系，一方面，身处浙江与江苏的交界之地，水网密布、水上交通发达的典型江南水乡的自然地理环境有利于商品的流通与交易；另一方面，历史上本就发达的手工业也为织里镇童装产业的兴盛奠定了坚实的基础。其二，政府在童装产业发展前期的"放水养鱼"让土地、劳动力、资金等生产要素得到充分的自由流通，对童装生产商通过家庭作坊、沿街售卖等这样的非正规的生产方式采取宽松的治理政策，促进了童装的快速自由发展。其三，集聚效应形成的良性循环。随着童装产业的发展，织里镇的童装产业生产商家逐渐由村落向镇区集聚达到了一定的童装产业生产规模，童装产业的集聚能够带来正向的经济外部性，节约了生产成本，促进了童装产品的流通。

2. 阶段二：正规升级，升级决心驱动的产业空间嬗变

童装产业逐渐由非正规化向正规化过渡是织里镇的童装产业在转型调整期的主要特征。随着织里镇童装生产户越来越多，无论是底层销售的"三合一"式建筑还是20世纪80年代形成的非正规专业市场都无法满足童装产业发展所带来的大量交易需求。1994年，政府投资2600万元建设24万平方米的"中国织里商城"。1997年，"中国织里童装城"正式开业，建设占地7.5万平方米、拥有1200间营业房，童装交易市场逐渐由简易的交易摊位转为正规的售卖店铺。2000—2004年，由于童装产业的迅猛发展，政府开始建"织里童装精品园"，共入驻约150家童装企业，童装生产也开始集中向产业园区集聚。截至2005年，根据调研资料统计，童装产值

（销售额）已达到 62 亿元，生产童装件数为 2.7 亿件，从 1995—2005 年，织里镇生产总值由 4.28 亿元增加到 38.68 亿元，增长了约 9 倍，其中第一产业、第二产业、第三产业分别从 0.63 亿元增加 3.02 亿元、1.77 亿元增加至 24.47 亿元、1.88 亿元增加 11.2 亿元，分别增加了约 4.8 倍、13.8 倍、5.9 倍，童装产值对生产总值的贡献巨大（图 5-29）。

2006 年 9—10 月，织里镇 2 个月内连续发生两起火灾，23 人不幸丧生，1 人失踪。这与小作坊式的"三合一"空间模式密切相关，政府开始下定决心进行相应的整治，2006—2009 年开始了对"三合一"空间的第一轮改造，初步分隔了生产和生活的楼层。2010 年，织里镇将部分永久收回土地规划为品牌童装提升示范园，占地约 205 亩，可安排入驻企业 21 家，2011 年织里中国童装城开业，占地 600 亩，建筑面积共 70 万平方米，共有 300 余家面料、辅料、样衣经营户入驻。

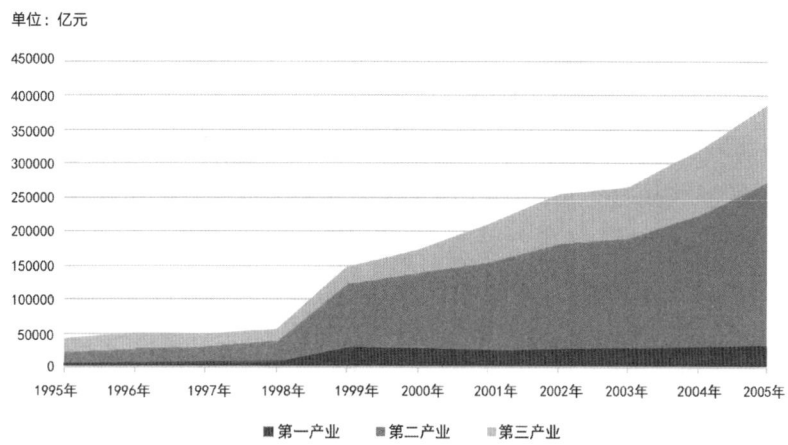

图 5-29　织里镇 1995—2005 年三次产业数据
资料来源：笔者根据织里镇相关部门提供数据整理绘制

该阶段由于政府的介入，织里镇童装产业开始由非正规化转向正规化，主要体现在 3 个方面：一是政府修建正规的童装市场和精品产业园区。通过正规化的市场和产业园区一方面能够规范生产，提升生产效率；另一方面，正规化的市场和产业园区能够促进更大的产业集聚，增加童装产值。二是改善"三合一"空间生产形式，原本"三合一"的工作空间对人的生命健康与财产带来了严重的安全隐患，政府不得不介入整治，更新城镇生产和生活环境。三是织里镇人民政府意识到"低散小"的童装生产模式导致的结构性、素质性矛盾日益凸显，制约了产业的健康发展。

3. 阶段三：智能高端，产销新理念赋能的产业品牌化

童装产业逐渐由劳动密集型向智力型转化是产业提质期的主要特征。从 2010 年起，互联网经济盛行，不少商家通过线上平台售卖童装，除了淘宝店铺外，还出现了不少直播带货的新兴销售方式，极大拓宽了童装的销售渠道，增加了童装产业的产值。调研数据显示，2010年，童装产量4.2亿件，销售收入180亿元，线上交易额为1.25亿元。到2011年，童装线上交易额为5亿元，同比增长400%；2017年，网上销售额已达到75亿元（图5-30）。至此，织里镇已经成为了名副其实的"童装第一镇"，镇区已经成为一个巨大的童装市场，集聚了童装产业链上的各类资源，织里成为了童装"淘金者"的战场。同时，房价、物价、人力成本被逐渐抬高，织里镇的产业链结构也随之改变，生产加工环节不断的向外转移，城镇逐渐成了销售、展示童装的舞台。

2014年，湖州市人民政府印发了《2014年湖州市全面深入推进"机器换人"工作方案》的通知。随后，吴兴区出台了相应的专项资金申请政策，织里镇对应出台了童装行业"机器换人"的推进方案，鼓励相应的童装企业使用高新技术设备，推进机联网、厂联网建设，引导企业使用童装CAD系统来推进企业提供设计研发能力等措施推进企业技术改革，力图改变童装产业层次不高、创新设计能力弱、工业化程度不高等问题。2017年3月，织里镇童装名品城正式开业，织里镇童装开始走向品牌化的道路。2020年，织里已有童装企业1.4万余家，电商企业多达8700余家，年产各类童装14.5亿件（套），年销售额超610亿元，占据中国童装市场份额的2/3。

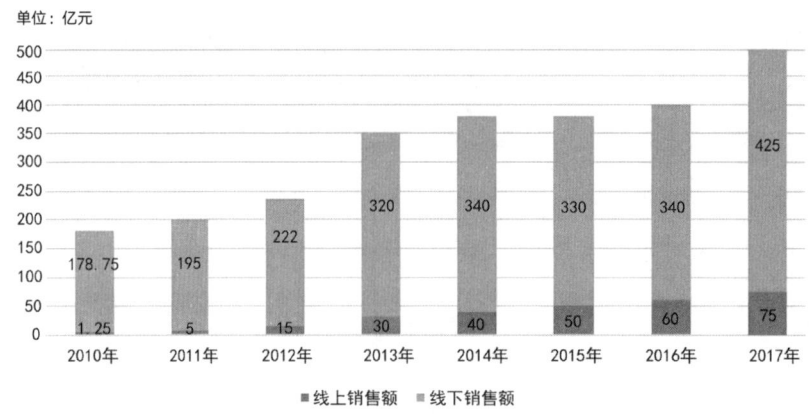

图5-30　2010—2016年织里镇童装线下销售额与线上销售额数据
资料来源：笔者根据织里镇童装办公室提供数据整理绘制

该阶段织里镇童装产业由劳动密集型向智力型转化发展，主要体现为以下2个方面：其一，新技术的不断涌入，提升了生产效率，减少了劳动人工成本。一方面，电子商务的普及拓宽了童装产品的销售渠道；另一方面，在生产加工端的机器换人、生产设备的更新换代都提高了童装产品的生产效率与产品质量。其二，专业化市场与产业集聚的良性互动。织里童装产业的不断发展促进了童装市场也在不断升级换代，有限的城镇土地资源、不断上升的人工成本、房屋租赁价格让生产加工等利润薄弱环节逐渐腾退，搬迁至周边乡镇甚至外省，而设计、销售等利益更为丰厚的环节进一步向镇区集中，劳动力的整体素质开始提升。

5.3.3 产镇互动的机制解析

织里镇乡村地区转型发展的内生驱动机制,主要包括政府产业政策、生产效率和产业转型3个方面。

1. 产业先行理念下政府产业政策主动性的阶段化转换

在城镇空间结构上,镇区层面,1994年以前镇区规模整体偏小,功能分区较为简单,这一时期镇区除了居民基本的消费服务功能,主要是进行童装及其周边产品的生产和销售,但生产规模较小,以非正规性生产为主(图5-31)。

在周边乡村地区的空间布局上,居民点较多、分布分散。通过访谈了解到,村里童装的家庭型生产加工户越来越多,形成了"生产在一家一户、规模在千家万户"的业态。但这种小而散的生产加工模式,并不利于本就对环境污染严重的纺织业进行集中的生产垃圾处理,加剧了环境污染,使人居环境水平开始下降。该时期,镇域农村地区与镇区存在着强烈的生产联系,周边主要负责进行童装生产,镇区主要负责进行童装销售。

空间形态方面,由于水网密布的地理条件,织里镇的用地整体呈现为团簇状布局,但各个团簇规模较小、分布较为分散。虽然镇区已有几个小型的专业化商品市场,但此时的童装市场仍然以非正规的摊位和小型门店为主,沿主要街道布局。此时镇区开始出现大量的"三合一"式住宅空间,少量工厂开始向镇区集聚。

(a)第一代市场:织里老街集市(1983年)　(b)第二代市场:织里小商品、绣制品市场(1984—1985年)　(c)第三代市场:织里轻纺绣品市场(1989年)

图5-31　织里镇前三代童装市场
资料来源:织里镇小城市概念规划及总体城市设计

2. 服务生产效率和生产安全的城镇空间改造提升策略

在城镇空间结构上,由于产业发展需求导致镇区建设用地不断向内填充,建成区规模飞速向外扩张,但其中的用地功能呈现碎片化、混杂性特征。1999年,织里实现了"五镇合一",用地规模增加,直接推动产业发展空间急剧扩大,奠定了如今的镇域基本空间形态。

镇区层面，工业仓储用地主要集中在珍贝路西侧，其中，西北部的工业厂房几乎都与童装产业有关，西南侧的工业厂房除了童装产业外，还包含涂料、铝材等相关产业公司；珍贝路东侧用地组织较为复杂，大多为"三合一""二合一"的用地模式，并穿插了部分商业用地和公共服务用地。

在周边乡村空间布局上，乡村居民点散布在镇域中，沿着北侧边界有较为集中的居民点（其北侧边界线为太湖岸线），镇区是主要的公共服务中心，根据访谈了解，该阶段下乡村住房中仍然有一定量的童装家庭作坊分布，同时散布着少量小型工厂。

从用地功能结构来看，镇域层面，农林用地（71.04%）所占比例最大；其次是农村居民点用地（7.13%）、道路用地（5.71%）、工业仓储用地（5.39%）、水域（4.44%），虽然道路用地和工业仓储用地所占镇域面积比例不大，但其占比与同期其他一般制造业小城镇相比明显更大；再次为三合一住宅用地（2.64%）与居住用地（1.02%），值得注意的是，在该阶段明显三合一住宅用地远高于纯居住用地，说明居住空间与生产、销售空间混杂是该阶段下的主要特征。在镇区层面，农林用地（39.42%）占比虽仍是最大，但相比较于其他小城镇其比例并不算高，表明织里镇镇区的开发程度较高（图5-32）。

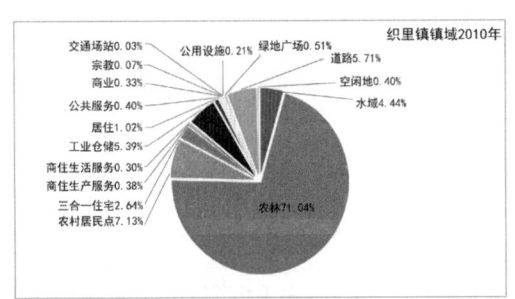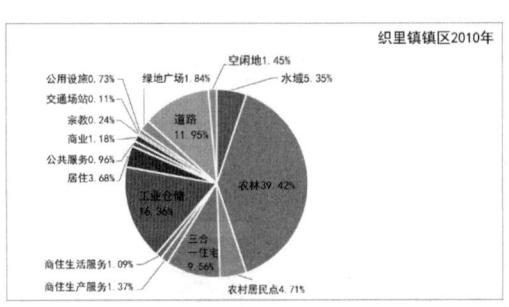

图5-32　织里镇2010年镇域与各类用地比例和镇区各类建设用地比例
资料来源：笔者根据织里镇土地利用现状图统计

空间形态方面，城镇整体空间形态外部边界规整，内部支离破碎，延续了方格网式的路网模式，但其密度远高于一般建制镇，珍贝路和吴兴大道是穿越镇区的主要"十字轴线"。该阶段典型建筑与地块为三合一住宅及其所形成的用地，其典型建筑为普通商品房，多为4～6层，面积不大但其承载功能丰富，最典型的"三合一"建筑一般分3层，从上至下分别是生活、生产、销售功能，其中销售功能体现为各类童装、布料、辅料店铺；其余的普通商品房一般为4～6层。由于高密度的建设、人口高度集聚和生产生活空间的混杂，该阶段的城镇风貌已基本呈现城市化特征，但人居环境水平较低，部分地区更是呈现"脏乱差"的局面，调研中了解到，当时的织里"黄金遍地，垃圾也遍地"（图5-33）。

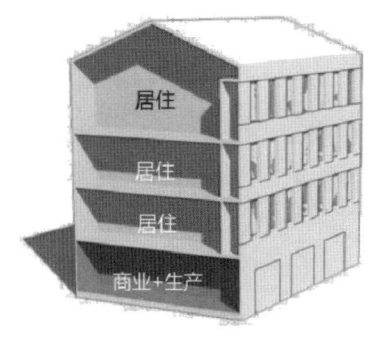 

图 5-33 织里镇"三合一"建筑示意与 21 世纪初织里镇"三合一"地区影像
资料来源：笔者根据调研资料整理

3."微笑曲线"引领下的地方产业高附加值转型方向

在城镇空间结构上，织里镇的城镇点、线、面结构明显较上一阶段更为清晰，不仅沿吴兴大道的城市综合服务走廊凸显，围绕镇政府形成了城镇主中心，而且开始有了较为明显的功能分区，由内向外层层展开。除了几个集中的专业化商业市场外，商业、生活服务业主要沿吴兴大道形成东西向服务主轴；居住分东、西、南 3 片，穿插了少量商业空间和基本公共服务功能；更外围的工业仓储用地分东、西、南、北 4 大片，主要是大规模工业园区用地和非园区工业用地，周边乡村地区尚有少量分散工业用地分布；大型专业市场分布在镇区边缘，除了位于镇区西南侧的中国织里童装城以外，还新建了位于镇区西北侧的织里国际童装城。

在周边乡村地区的空间布局上，乡村居民点数量仍然众多，且用地占比（10.28%）也有所增加，其原因在于织里镇也开始对一些具有潜力的村庄进行资金投入，改善乡村环境，其中吴兴区新时代美丽乡村样板片区项目"滨湖六村"中有 5 个村庄位于织里镇，吴兴区人民政府和织里镇人民政府都对每个村庄投入共计 3000 万以上财政支持用于基础设施建设、河道水网治理等，居民点建筑风貌也得到了统一。

用地功能结构上，根据织里镇相关规划文本与统计数据，镇域层面，农林用地（55.14%）与农村居民点用地（10.28%）占比最多，其中农林用地相较于 2010 年减少了约 14.31 平方千米，且该比例比起其他一般制造业小镇更低，说明织里镇整体土地开发强度高、近十年来建设用地增长量大；其次是工业仓储用地（9.49%）、居住用地（8.13%），二者增量也都较大，一方面在于织里镇近 10 年城镇建设的快速扩张；另一方面是因为该阶段"三合一"的用地类型已完全退出。在镇区层面，织里镇用地占比最大的居住用地（29.42%）与工业仓储用地（29.14%），而农林用地占比减少将近 50%，可见镇区工业仓储用地与居住用地的增加主要是源于农林用地的开发；再次是商业用地（10.68%）、道路用地（10.85%）、公共服务用地（3.96%）、绿地广场（6.47%）等用地（图 5-34）。

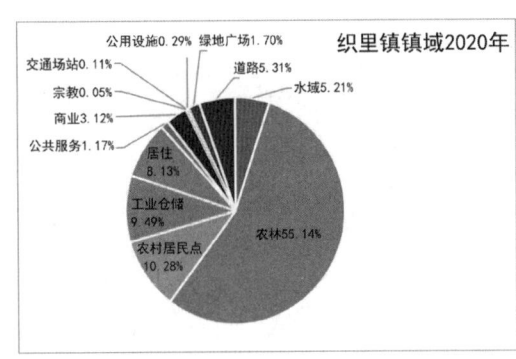
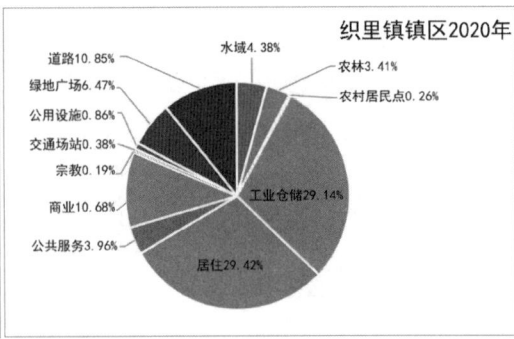

图 5-34　织里镇 2021 年镇域与各类用地比例和镇区各类建设用地比例
资料来源：笔者根据织里镇土地利用现状图统计

空间形态方面，织里镇的地块和路网形态仍延续原本规则的方格网模式，建设用地在内部基本完全填充，向外则进一步扩张；路网密度加大，主要的商业和公共服务用地沿着东西向的吴兴大道集中，呈带状展开。在该阶段，镇区的居住空间、商业空间、工业空间划分较为明确，也反映出织里镇数次开展城市更新、大力整改"三合一"空间所取得的成效。

城镇风貌方面，镇区呈现出工业商市繁荣的城市化特征。但是城镇风貌和人居环境水平仍然不高，建筑天际线整体较为平直，未形成视觉中心，建筑风格缺乏特色和辨识度；蓝绿资源虽然较为优厚，但部分漾面水系缺乏合理的保护利用，绿地和开放空间不足；道路上的客运车流与货运车流相互混杂，带来空气污染和安全隐患。但对于周边乡村地区，由于该阶段织里镇的家庭工坊已经全部关停，乡村风貌也得到一定的改善，部分村庄在发展乡村旅游中塑造了独特的江南水乡和溇港文化风貌特色（图 5-35、图 5-36）。

图 5-35　织里镇区现状鸟瞰图
资料来源：《湖州（织里）童装及日用消费品交易中心概念规划》

图 5-36　织里镇溇港地区航拍图

5.3.4　织里镇模式的经验与启示

织里镇模式的经验与启示主要体现在其产业发展、产业政策和产业技术创新层面。以下是对织里镇模式的具体分析和总结。

1. 把握助推主产业发展跨越门槛的政府角色

产业发展中的政府角色一直受到广泛讨论。从产业生命周期理论来看,织里镇人民政府角色与产业发展协同的特征使其成为中国语境下的政府助力产业发展的代表。政府和商业在某种程度上来说是一种共同体的存在,但在某些时刻矛盾又会突显,表现出一种相对滞后的公共属性特征。但随着时代的发展,政府的产业引导能力目前已经明显加强。

产业生命周期理论中首先出现的是萌芽阶段,该阶段对应了织里镇人民政府相对宽松的管理时期。因为该阶段产业发展最主要的瓶颈在于新技术、新产品或新业务模式的研发和市场接受度。政府没有直接充当技术员的角色,而是通过减少行政干预,鼓励市场力量自行建立可行的商业逻辑,童装市场就是在这个过程中脱胎于纺织品贸易的。

而在成长阶段,主要瓶颈在于产品的规模化生产和市场竞争。织里镇人民政府通过密集地集中建设市场,推动地方纺织业规模化发展。经过织里镇党委、织里镇人民政府决定,织里工商所于1983年对老街自发集市进行整顿和管理,使用玻璃钢瓦搭建了36个简易棚,开创了织里第一代童装市场。1984年,投资31万元兴建了4444平方米的"湖州市织里小商品市场"。1985年,"湖州市织里轻纺品市场"正式动工建设。1989年,织里工商所再投资230万元,建成了7000多平方米的"织里轻纺绣品市场"。除了织里镇人民政府本身的努力外,上级政府也在给予织里镇人民政府更大的放权。1992年,湖州市人民政府批准成立了织里经济开放区。1995年,国家经济体制改革委员会等11个部委将织里镇列为全国小城镇综合改革试点单位,赋予部分县级经济管理权限。两次授权之下,织里镇人民政府也进一步施行宽松的管治模式,家庭生产加工户明显增多，外来人口开始涌入，生产加工设备开始更新，中高速工业缝纫机开始全面替代家用缝纫机，织里童装工业随之壮大。很快，产业发展又开始受到制约，分散经营模式的轻纺绣品市场已经无法满足原有产业的发展，1993年，织里镇建成占地16 000平方米，涵盖童装及面辅料交易的第一代面料专业市场"中国织里商城"，原有的分散经营方式在此基础上被整合为交易采购、设计服务、物流信息等一条龙式的功能。1997年，又建立了中国织里童装市场和中国服装设计研究中心童装分中心，提供服务平台与研发中心。交易成本大大降低。

在成熟阶段，主要瓶颈在于产品创新和效率提升。随着市场需求的饱和，产品的创新和服务的提升成为获取竞争优势的重要方式。同时，企业需要通过提高效率和优化成本结构来保持利润。这个过程中织里镇人民政府主动担当，又受到"两起火灾"事件的影响，从而推动产业链向更高效率、更高附加值发展。政府开始对之前从未介入过的"三合一"场所开展消防安全规范化改造，还打造包含住宿功能的新产业园，积极引导有规模的童装企业入驻，引导产业发展走向下一个阶段。政府还支持了童装产业的品牌化、智能化和国际化。

尽管织里镇人民政府或许并未在一开始就懂得产业发展路径，一些实际助力产业跨越阶段门槛的政策也许也是无心插柳。但能数十年如一日地助推产业发展，其最关键的一点莫过于在价值取向上将产业视作城市发展之动力，又把人民福祉置于执政之根本。

2. 构建产业政策与空间政策的良好互动模式

具体而言，织里镇的童装产业发展可以划分为4个阶段。从家庭作坊副产品到占据国内童装市场的半壁江山，织里镇以童装产业驱动的"产业—空间—规划"组建成了一场稳定三角，通过轮流发力的方式将"不可能三角"变为"稳定三角"。

发展历程始于20世纪70年代末的家庭作坊副产品，在产品变废为宝的过程中，童装产业的利润点逐渐开始被挖掘。20世纪80年代，彼时正值中国改革开放前后，国民经济发展亟盼增长力量。在当时的背景下，改革的力量是自农村推进的，而后才逐渐演进到城市之中。织里镇人民政府当时的产业和空间政策相对宽松，产业的发展和人民在空间上的聚集是自然而然产生的，产生的条件来自数百年来织里镇在江南地区积累的文化习俗。在同样的空间和规划之下，产业发生转换，副产品逐渐成为家庭作坊的主导产品，并出现空间外溢，在镇区出现非正规的小摊和部分专售童装的门店。

第二阶段实际上继承了第一阶段产业发展的惯性，彼时中国行政划分已延续40余年，传统行政划分已与实际生产生活拉开较大差异，中国掀起一阵行政区划重组浪潮。五镇合一给了产业发展保持惯性发展的空间，使空间外溢变为"空间外涌"。产业蓬勃发展的同时，也为空间带来了隐患。生态环境开始恶化，人居环境因大量三合一住宅的建设出现变质，城镇用地破碎化。尽管在此过程中织里镇人民政府开始在镇主动建设新空间载体，但如此频繁又逐步加力的政策措施明显显示出政策管控力度滞后于产业发展以及空间问题。

在产业迈向成熟之前，必然会发生的"灰天鹅"事件促使原有空间发展撞墙。"两起火灾"事件彻底暴露了20多年来童装产业逐步加码加速带来的隐患，也直接刺激规划超前部署，对三合一住宅开展管理，将土地进行回收，统一建设生产园区。童装产业的非正规发展到此结束，正规升级成为之后20年的主旋律。

成熟阶段来自产业和规划的双向引导。契机是靠近中国电商之都杭州，首先嗅到电子商务平台的巨大红利。织里镇最早的童装品牌于2010年便"上船"，在接下来的5年中带领整个织里镇以400%的电商营业额增长速度驶向下一个产业门槛。此外，政府产业智能化工作规划的引导。实际上，这二者的变化就像童装产业诞生的肇始那般，空间尚未发生变化，但在工坊里、在车间里、在工作室里，软件带来的变革、渠道带来的变革、理念带来的变革已经发生。产业与规划作为因，空间变革成为果，在产业链分工体系之下，生产加工自然而然流回乡村空间，城镇的展销舞台和品牌舞台搭建完毕，灯光和声乐的演奏正式奏唱（图5-37、表5-5）。

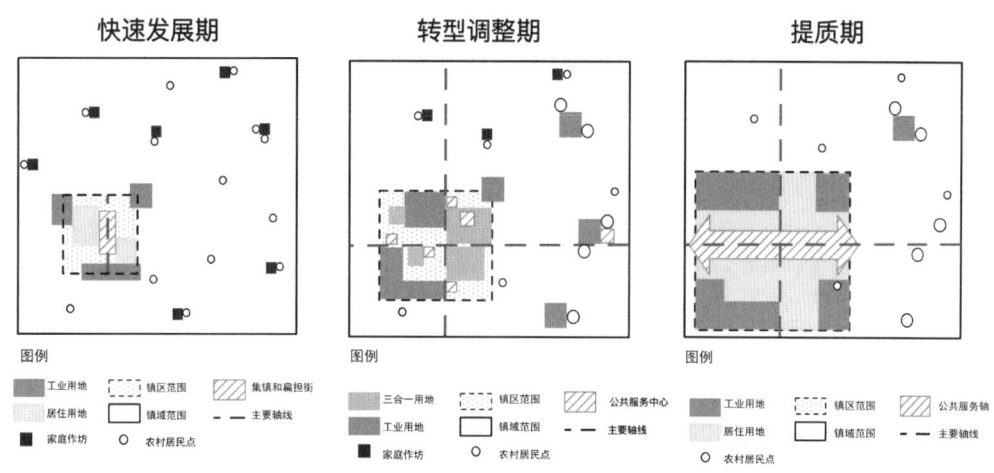

图5-37 织里镇童装发展3个阶段空间发展图

3. 敏锐洞察时代发展新技术与主导产业关系

回顾织里镇整场游戏发展，重要转折点有3个：家庭工坊副产品向主产品的转换、五镇合一的巨大空间红利、新技术的巧妙结合。尽管其中有着巨大的偶然性，但仍能从中获取一些启示。

尽管史料中有织里镇关于"户户皆绣机，遍闻机杼声"的记载，表明其曾以织造业闻名，但在改革开放前，织里镇也还是一个地理区位不佳的小镇，空间形态上仅有1条老街和1个村子。织造产业还是集中在家庭作坊之中，在人口膨胀，人均耕地短缺和农业生产的连年萎缩的境遇下，人们开始迫不得已走南闯北售织造品，人称"一根扁担两个包，一张地图到处跑"，也正是在这个过程中，童装的市场空间和利润被挖掘出来。结合当时的人口出生率来看，1980年正值

表 5-5　织里镇不同时期产业发展动因及空间特征

发展阶段	萌芽阶段	成长阶段	成熟阶段
时间	1980—1993 年	1994—2010 年	2010 年至今
关键事件节点	1983 年"扁担街"诞生，1992 年织里设立经济开发区	1994 年"中国织里商城"建成使用，1997 年"中国织里童装城"正式开业，1999 年实行"五镇合一"，2006—2009 年"三合一"第一轮改造	2019 年织里童装产业示范园一期已投入使用
产业发展动因	最开始的比较优势是营商环境较宽松，与城市相比劳动力成本、地租、生活成本更低廉，加之本地人勇于创新、任劳任怨的企业家精神，奠定了童装产业发展的土壤。交换贸易的需求产生乡村集市和织物交易的"扁担街"，逐步成为纺织服装手工业者、商品、知识和信息的集散地，为了降低交通成本和交易成本，人在市场周边的大量聚集定居，经济意义上的小城镇因而诞生	服装生产环节上前端的纺织、印染、印花，成衣生产以及后端的拉链、吊牌、包装等生产环节细分，专业化程度加深，相同类型的产业在地域上不断累加。产业集聚成熟后，具备完整童装产业链的绝对优势，生产性配套设施齐全，大大降低了企业的交通和信息交换成本，投资门槛也较低，进一步吸引了创业、就业人员。虽然仍以个体户、小微企业等体量小、产品低端的企业为主，但在政府的整治下"个转企""小升规"已取得了一定成效	应对"市场失灵"现象和产业低端问题，政府致力于推动生产链向研发设计、营销等"微笑曲线"两端环节聚集，而中端生产加工、原料辅料生产环节越来越呈现外包的趋势，且外包地点从周边地区向全国扩散，原料、辅料主要从广州、绍兴柯桥等地采购。同时，在电子商务和国际贸易迅速向小城镇地区渗透的背景下，产品销售的范围日益扩张
城镇空间结构	居住、生产功能分区较为简单，仅有扁担街一条集市轴线	整体呈现碎片化、混杂性特征，生产生活功能高度复合	开始有了较为明显的功能分区，服务、居住和工业功能由内向外层层展开，城镇主中心和十字轴线初步显现
城镇空间形态	城镇整体规模较小，呈团块状布局，生产空间以家庭作坊和小型工厂的形式分散分布在镇区和周边乡村，销售空间多为自发形成的沿街摆市及底层店面市场	建成区规模飞速扩张，镇区延续了方格网式的路网和用地布局模式，以生产、居住和销售为一体的"三合一"用地模式为主，初步建成大规模的专业化销售市场	在规则的网格结构基础上，用地规模进一步扩大，工业布局转为"大集中+小分散"形态
空间特征影响因素	自发形成的家庭工业和专业化市场	市场经济环境下各主体对经济利益的追求，后期政府介入整治	产业进一步扩张、集聚、升级的需求，政府有意识引导

资料来源：笔者根据调研资料整理

中国生育高峰以及改革开放后经济起步的阶段，童装的红利可以称之为时代红利。本地产业基础+实践中嗅得时代发展红利。

1999年10月，织里与太湖、轧村、漾西和晟舍共5个镇一起进行了行政区划调整，合并为如今的织里镇。20世纪90年代以来我国行政区划调整逐渐进入高峰期，其原因有3个：一是地方行政区划与社会发展要求不相适应。二是乡镇规模偏小，规模效益差，重复建设浪费大。三是管理幅度小，机构设置多，管理成本大。行政区划调整算不上是一种新技术，但这是建国以来的第一次大批量改革，该行政工具对产业和空间的发展逻辑进行了适应性匹配。

织里镇距离杭州市84千米，2小时车程。1999年，阿里巴巴（B2B）于杭州创立，2003年支付宝被推出，2007年淘宝网创立（C2C），2014年阿里巴巴在纽约证券交易所上市。伴随阿里巴巴的蓬勃发展，近水楼台之下，电商成为帮助织里商户走南闯北的"新鞋"。电商对于童装产业而言，并不仅仅是拓展销售渠道改变这么简单，而是对产业模式的全面洗礼。作为生产加工业，传统童装企业最怕"两座山"，一是积压，因为过季服装只能以起跳价出售。二是欠款，因为如果不及时补钱，下半年就会有一批小厂家倒闭。但那个初创的时代，通过淘宝的介入，两座大山被铲平，本土厂商带来了新的合作模式和新的活力。当时的淘宝销售并没有如今"7天无理由退货""3天内送达"等服务要求。没有了积压的风险，可以按订单卖多少；没有了拖欠，资金回笼快。当发展路上的障碍被新技术铲平，产业的进一步转型就顺理成章。

总的来说，3次转折点分别对应了3种时代新技术。改开时代的开拓红利、土地时代的空间红利和信息时代的流量红利。诚然，过往的这3股红利已经在时代发展的过程中逐渐消逝，人口数量开始减少，城镇空间发展进入新的储蓄期，网购平台的厮杀同样激烈，两座大山又有卷土重来之势。但不论时代如何变迁，永恒的是产业人对时代的"快速反应"和对空间发展的不断引导调控。

参考文献

[1] 陈泽涛. 特色优势产业的时尚化转型：以濮院毛衫产业为例 [J]. 纺织导报，2018（11）：23-24.

[2] 耿慧志，李开明，韩高峰. 内生发展理念下特大城市远郊乡村的规划策略：以上海市崇明区新征村村庄规划为例 [J]. 规划师，2019，35（23）：53-59.

[3] 耿佳，陈晨. 比较优势视角下先发地区工业型乡村的转型发展研究：以浙江省泽国镇为例 [J]. 现代城市研究，2023（3）：101-107.

[4] 耿佳. 浙江省乡村发展和转型实践及驱动机制研究 [D]. 上海：同济大学，2019.

[5] 黄华忠，彭郭英. 乡村振兴发展中农业农村用地保障研究：以海盐县为例 [J]. 浙江国土资源，2020（6）：31-33.

[6] 雷诚，葛思蒙，范凌云. 苏南"工业村"乡村振兴路径研究 [J]. 现代城市研究，2019（7）：16-25.

[7] 刘爽. 上海大都市圈地方产业驱动的乡村发展及规划策略：以沪苏嘉湖地区为例 [D]. 上海：同济大学，2021.

[8] 闾海，顾萌，葛大永. 要素流动视角下的苏南地区乡村振兴策略探讨 [J]. 规划师，2018，34（12）：140-146.

[9] 吴鼎福. 试论社会科学转化为生产力的途径与机制 [J]. 南京大学学报（哲学社会科学版），1995（1）：20-26.

[10] 张卓异. 发达地区产业强镇的空间特征、成因机制及其规划启示：对浙江省湖州市典型案例的实证研究 [D]. 上海：同济大学，2021.

第 6 章

基于风景资源的乡村振兴实践及驱动机制

6.1 民宿产业驱动的莫干山镇模式

如果说"美丽乡村"发源于湖州市安吉县,那么德清县莫干山镇的产业创新就是"美丽经济"的先锋探索。

6.1.1 基本情况

莫干山镇隶属于浙江省湖州市的德清县,该县位于长三角区域的地理中心,东望上海,南邻杭州大都市区,北接环太湖经济圈,具有明显的区位及市场优势。在县域范围内,武康街道具备宁杭高铁、G25长深高速(杭宁)、S13练杭高速、S43杭州二绕、104国道、304省道、宣杭铁路、京杭运河、杭湖锡线航道等便捷的公共交通资源,至上海、杭州、嘉兴、苏州、南京等城市的车程均在2小时内;尤其与杭州大都市圈联系紧密,杭州第二绕城高速将2/3的德清县域划入其圈内。

1. 县域基本情况

德清县是典型的工业强县,连续多年位列全国百强县市名单,2022年成为浙江高质量发展建设共同富裕示范区第二批试点地区之一。2021年,该县实现地区生产总值615.5亿元,同比增长8.7%;三次产业增加值比例为4.3∶57.8∶37.9,其中制造业占比50.5%。该县工业发展以先进装备制造、生物医药、绿色建材为三大主导产业,同时发展地理信息、通用航空等多个战略性新兴产业,工业产业体系不断完善升级。

德清县也是宜居宜游的生态县,坐拥四大避暑胜地之一莫干山、江南最大的原生态湿地下渚湖和千年水乡古镇新市三大风景资源。基于丰富的生态及风景资源,该县近年来开始大力发展旅游,尤其积极推进乡村地区的旅游项目建设,发展出了以莫干山镇"洋家乐"(Hill Station)为代表的国际化高端度假的新业态。

2. 镇域基本情况

莫干山镇可谓"七山一水二分田"。该镇群山连绵,风景优美,绿化覆盖率达68.2%,素有天然氧吧、避暑胜地的美誉。莫干山镇的发展离不开其莫干山的"名山效应"。相传春秋末年,吴王派莫邪、干将夫妇来到这里铸成举世闻名的雌雄宝剑,莫干山由此得名。南北朝大文学家庾信、民国外交总长黄郛等人都曾与该镇结下不解之缘。上海开埠之后,在上海滩的外国人到上海周边地区寻找度假胜地,最早找到的是莫干山,于是便在山上建造度假别墅。民国时期,上海滩的名人政要、社会名流、青帮大亨等纷纷来此效仿建造。1949年后,中国的一些领导人也曾来访莫干山。

莫干山镇坚持"生态立镇,旅游强镇"的原则,"退二进三"后产业结构不断优化。目前工业产值虽处于全县末位,但乡村旅游、生态经济等优势逐渐凸显。该镇依托莫干山风景区的名山效应,大力发展乡村民宿产业,培育出蜚声海内外的"洋家乐"。2016 年,该镇实现全社会固定资产投资 12.4 亿元,同比增长 123.8%;其中服务业投入 11.3 亿元,外来资本投入占据较大比重。这激活了莫干山镇乡村民宿产业的振兴发展,使该镇乡村地区创造出一个消费能级和土地市场价格比其县城更高的飞地,成为一个"产业强、农村美、农民富"的典型案例,也成为全国范围内乡村民宿业发展的标志性地区。

3. 村庄基本情况

莫干山镇是一个聚落结构松散的山区乡镇,以域内的乡村地区为主要空间载体。从地域层面来看,莫干山镇在 1992 年撤乡改镇,新莫干山镇在 2000 年后由原莫干山镇、南路乡以及筏头乡陆续合并而成。根据搜集的统计资料,截至 2020 年 6 月,莫干山镇辖 2 个社区、17 个行政村。镇域面积约 190 平方千米,其中建成区面积不到 1 平方千米,而村庄建设用地面积达到约 5 平方千米。从人口层面来看,截至 2019 年年末,莫干山镇户籍人口为 31 322 人,其中农村户籍人口占约九成。

6.1.2 莫干山镇的民宿产业发展之路

莫干山镇原本只是莫干山脚下的入口驿站乡镇;然而,2013 年以来蜚声海内外的"洋家乐"在莫干山镇平地而起,逐渐形成了山下民宿比山上度假别墅更火爆、更高端的情形。需要指出的是,莫干山镇民宿产业发展的主要载体是乡村地区,集中分布在劳岭村、仙潭村和后坞村 3 个村庄(图 6-1)。作为莫干山镇的三大民宿集聚区,3 个村庄均经历了传统工农产业主导向乡村民宿及综合旅游服务主导的经济职能转型历程。

1. "洋家乐"引入与兴起阶段

"洋家乐"原本特指外国人经营的民宿。"洋家乐"之所以洋气,最初是由外国人修建和经营的别墅民宿,其经营理念、环境建造及服务品质与农民经营的"农家乐"有天壤之别,逐渐成为各地热烈追捧的度假产品。于是,"洋家乐"成为一种品质的标榜,许多国内社会人士以及当地人纷纷效仿,加入到精品民宿的经营中。

劳岭村是"洋家乐"的发源地,也是中高端乡村民宿发展的典型代表。在民宿产业兴起之前,农业是劳岭村的传统基础产业,农副产品以茶叶、水稻、毛竹、经济林等为主。对该村经济贡献最大的曾经是工业,以茶叶、袜子、藤制品等作为主要产品,工农产值曾占其经济总产值的 80%。

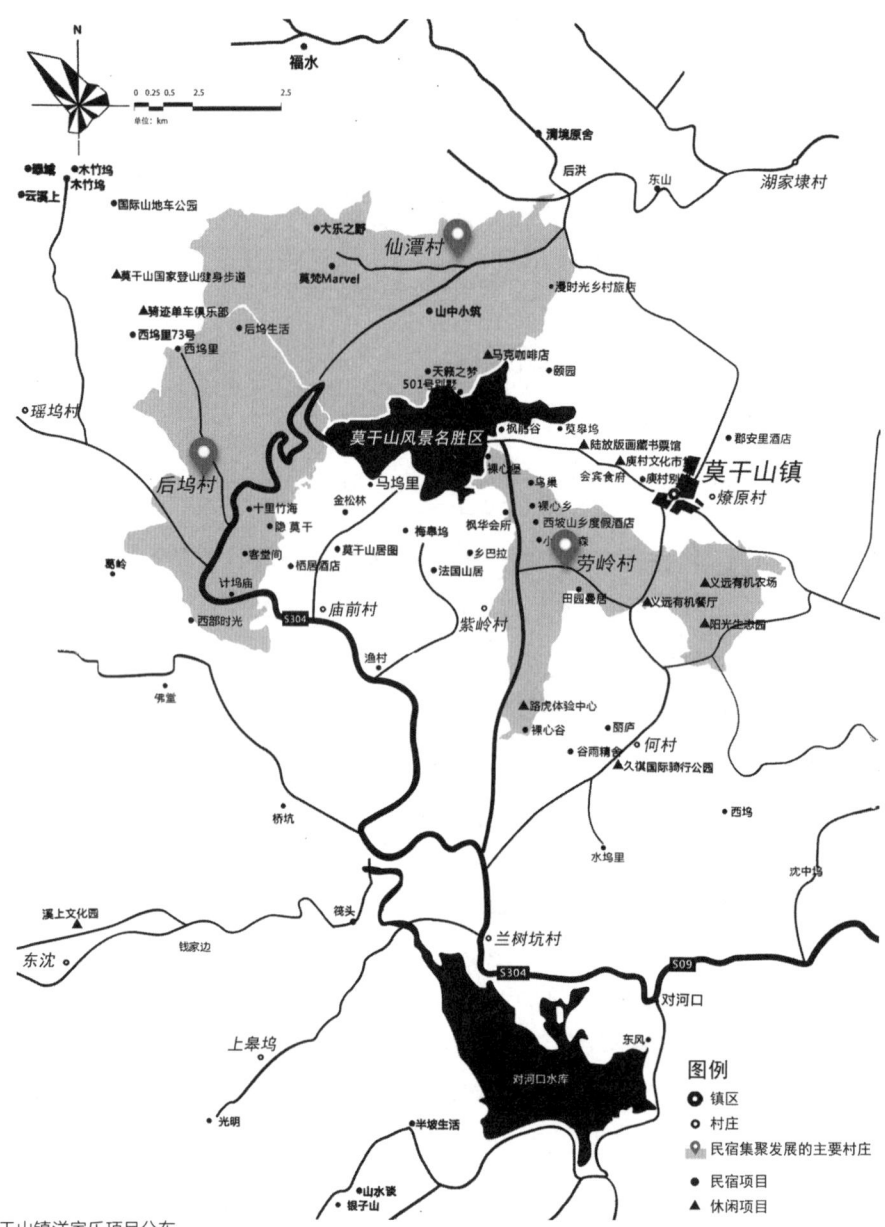

图 6-1 莫干山镇洋家乐项目分布
资料来源：笔者根据莫干山镇美丽乡村 VR 馆资料绘制

2008年起，劳岭村的民宿产业开始发展，逐渐崛起并成为其经济社会发展的重要引擎，而工业对全村经济社会发展的重要性显著下降，几乎重新塑造了整个村庄的经济职能、产业能级与空间结构。实际上，2000年以来，后坞村与仙潭村都开始兴起农家乐，但劳岭村却并未行动。转折点在2007年，南非人高天成在劳岭村山鸠坞通过改建八栋农舍创建了莫干山第一家"洋家乐"——裸心乡。随之，该村经历了一段时间的萌芽增长期，形成初具规模的民宿及农家乐集群。2013年左右，"微信"等新媒体的发展快速扩张了乡村民宿的市场需求，激发一批敏锐的商人来此投资开发，并带动本地村民返乡创业，使劳岭村乃至镇域范围在2013—2015年呈现出民宿及农家乐的井喷式增长。由于环境容量等客观约束，政府开始对民宿开发进行规范化、品质化的引导与控制，鼓励开发中高端洋家乐，实现由数量增长向质量增强的升级转型。伴随着"裸心乡—裸心谷—裸心堡"的发展进程，劳岭村不断涌现西坡、田园曼居等中高端民宿，并呈现"越贵越火"的态势，倒逼低端民宿及农家乐转型升级。在空间层面，该村民宿及农家乐从山上到山下沿水发展，从山鸠坞到岭坑里、再绵延至鸭蛋坞，进而扩散至整个村域范围，形成劳岭村的民宿聚集区。截至2017年，该村民宿及农家乐总量已达80余家，其中认定的洋家乐42家，成为莫干山镇拥有最多洋家乐的村庄（图6-2）。2015年，劳岭村吸引游客30余万人次，其中海外游客5万人次，洋家乐全产业链产值达3800万元。由2015年旅游消费结构统计可见，民宿是劳岭村人均旅游花费的主要成分，且高达850元，远远超出省市的平均水平，在全国范围内也具有较高的乡村民宿发展水平（表6-1）。

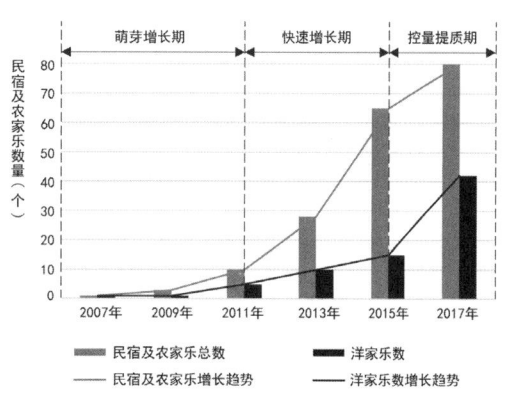

图6-2　劳岭村民宿发展历程

表6-1　劳岭村旅游消费结构统计（2015年）

行政辖区	浙江省	湖州市	劳岭村
人均花费（元）	1279.2	974.4	1321.0
住宿（元）	221.7	178.6	850.0
餐饮（元）	250.1	229.0	330.0
景区浏览（元）	86.8	88.5	/
文化艺术（元）	18.3	8.6	/
娱乐（元）	45.6	37.8	/
购物（元）	430.0	255.5	/
长途交通（元）	86.8	38.2	/
市内交通（元）	17.3	8.3	/
居民服务（元）	16.9	7.5	/
邮电通信（元）	5.6	3.6	/
自驾租车（元）	38.7	29.5	/
其他（元）	61.3	89.2	141.0

资料来源：笔者根据劳岭村统计资料整理

2. "洋家乐"本土化发展阶段

相比劳岭村的一炮而红，仙潭村与后坞村的发展和转型相对循序渐进，表现出各具特色的民宿产业发展特征。仙潭村呈现出由传统农家乐向新兴民宿发展模式的完全转型。由于毗邻莫干山风景区，仙潭村具有传统乡村旅游发展的前期基础，依托景区资源来配套发展其农家乐；近年来受到劳岭村发展的较大影响，仙潭村逐渐转型为以高附加值的民宿度假产品为核心的发展模式。2013年，外来资本投资建设的"大乐之野"精品民宿项目入驻仙潭村，带来外来资本投资精品民宿的旋风，也吸引了一些在外务工、事业有成的村民返乡创业。至今，仙潭村民宿总量已达115家，其中洋家乐在20家左右。值得一提的是，农家乐的经营形式目前已完全退出仙潭村，或升级为民宿，或退出市场，市场竞争成功实现了倒逼乡村民宿品质化、高端化的发展转型。后坞村则相对传统，仍以本土开发的农家乐为主，并在产业空间上形成民宿与农家乐的区隔分布。早期后坞村农家乐的发展基础帮助村民占据了较大比重的本地市场资源，使村民成为该村乡村旅游产业的收益主体。但是，当莫干山镇民宿产业蓬勃发展的热潮来临时，一定规模的农家乐集群反而阻碍了该村中高端民宿的开发与本地农家乐的转型升级。目前仅西坞里73号、后坞生活青年旅舍等几家精品民宿集聚在西坞里，而岭脚下保持经营农家乐，形成村内"西坞里洋家乐-岭脚下农家乐"的产业空间布局。结合丰富的山林资源，外来资本介入的项目类型更多以"户外运动"休闲项目为主，以产业融合为导向，拉动民宿及农家乐的发展。

3. "洋家乐"服务多元化拓展阶段

基于民宿产业的兴起和发展，莫干山镇近期正在发展观光农业、户外运动、文化创意等休闲产业，义远有机农场、Discovery户外极限探险基地、公共艺术创客基地等大型项目层出不穷，逐步构建一二三产业融合发展的旅游业链条，为其民宿产业的持续发展再蓄力。因此，"洋家乐"的内涵不断被丰富，现在成为泛指中高端的精品民宿及其他休闲旅游项目的统称，反映出莫干山镇乡村民宿产业愈发品质高端化、服务多元化的发展趋势。

以劳岭村为例，该村率先走上一二三产业融合发展的道路，开始关注利用丰富的农耕资源以拓展旅游休闲项目，逐渐呈现由"小农经济"向"农庄经济""观光农业"的转型态势。该村家庭承包耕地流转总面积高达1107亩，占总耕地面积比重高达81.6%，分别流转给2个公司经营，开发义远有机农场与鸿伊蓝莓采摘基地2个观光农业项目。流转土地的租金收入大幅提高了村集体收益，也增加周边其他土地价值与农副产品等的附加值，更是突破了单一民宿产业发展的初始路径。

6.1.3 产村互动的机制解析

驱动莫干山镇乡村地区转型发展的内生驱动机制,主要包括经济层面、社会层面和空间层面 3 个方面。

1. 经济层面:外来资本与本土资本的协调发展

民宿产业的兴起带动本地农民就业,创造更多务工机会,也提供多元融合的创业平台,给传统乡村聚落带来了"新家庭经济""新打工经济""新农业经济"等现象。首先,民宿的兴起激发村民自主经营的热忱,涌现出一批本地村民改造自家村屋而来,由家庭成员共同打理的民宿,形成突破传统的新型家庭经济活动;对村民而言,民宿经营成本较低,而收入回报可观,成为吸引在外务工村民返乡经营的主要动力。其次,外来精英引领精品民宿开发,为本地村民提供就业机会,形成村庄内部的新型打工经济。精品民宿大多是外来精英开发的,以"少而精"取胜,营造高端品质的软、硬件环境,房间价格均突破 1000 元／天。其目标客源是长三角地区的高端消费人群,入住率可高达 70%～90%。因此,精品民宿的发展对本地民宿价格起到标定作用,形成了"越贵越火"的态势。同时,民宿的清洁工通常雇佣村内或周边村的中年妇女,工资水平高于镇区(2000～3500 元／月),旺季略有提升调整。而建筑施工工人的薪资水平也因此上涨。诚然,随着一些精品民宿的不断升级,裸心谷、裸心堡等已经进入五星级酒店的运营模式,

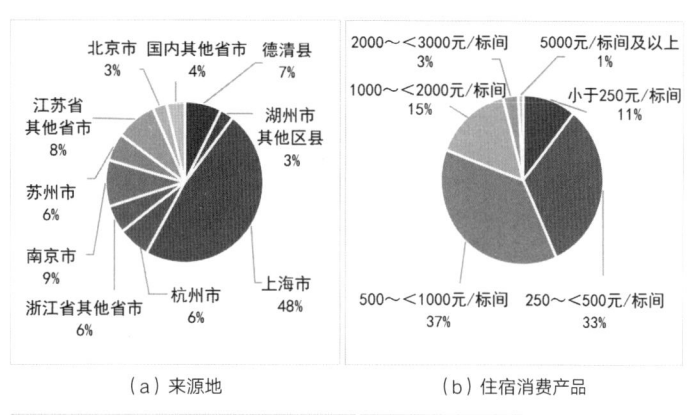

(a)来源地　　　　　　　　　(b)住宿消费产品

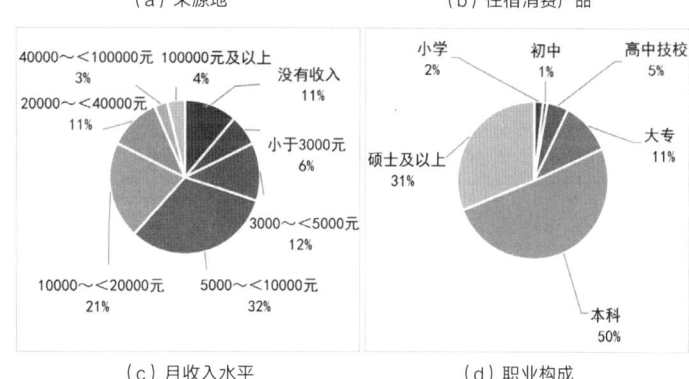

(c)月收入水平　　　　　　　(d)职业构成

图 6-3　莫干山镇游客基本信息
资料来源:笔者根据问卷调查统计绘制

普通村民已经难以适应这些酒店的服务要求。因此,精品民宿与村民的工作就业的紧密关联性逐渐弱化,取而代之的是从事店长、管家、后勤、厨房、餐饮、财务等的外雇员工(图 6-3、表 6-2)。

表 6-2　莫干山镇各类民宿发展的基本情况

类别	农家乐	中端民宿	精品民宿	超级精品民宿
典型代表	偶遇森活等	洞口山居等	西坡、遥远的山等	裸心堡
开发者	基本为本地村民返乡创业	以本地村民返乡创业居多	以外地社会精英居多，也有部分本地村民返乡创业	外籍社会精英
经营人员构成	家庭成员经营	淡季家庭成员经营，旺季外雇员工帮忙	店长、管家、后勤、厨房、餐饮、财务、清洁人员等，基本为外雇员工	相比精品民宿，构架更细化，规模更庞大，服务更专业化
用房性质	自家村屋改造	自家村屋改造	向村民承租为主，签约10～30年	整村承包
房间数量	5～7间	7～14间	15～30间	30间
成本投入	20万～50万元	200万～500万元	1000万～3000万元	/
房间定价	200～400元/晚	500～1000元/晚	1000～2000元/晚	3000～5000元/晚
月营业额	旺季10万～20万元；淡季不定	旺季30万～50万元；淡季20万～30万元	旺季100万元左右；淡季70万～90万元	/
入住率	淡旺季差异显著，说明淡季游客对度假民宿的目的性更直接	旺季60%～80%；淡季50%～60%	旺季70%～90%；淡季50%～60%	旺季90%以上；淡季60%～80%
度假天数	1～3天	2～5天	2～5天	2～5天
客源渠道	过路客、网络平台	熟人网络、网络平台、协议单位、自来客，其中熟人占比较高	会员及熟人网络、网络平台、协议单位、自来客，其中会员和自来客占比较高	以会员及熟人网络、网络平台为主，需提前至少半年预定，在市场中抢手

资料来源：笔者根据访谈内容整理

不同的外来资本注入程度成就了不同的乡村发展模式。劳岭村主要表现为外来资本对本土发展的"入侵"；民宿经济从劳岭村走出，并走上了一条较高水平的道路，但村民并未从中获得较大的收益。从经济层面来看，劳岭村的民宿业发展最早、品质最好、产值最高，是由裸心系列、西坡等项目以公司化、资本化的运作方式推动，在税收贡献上远高于一般的村民家庭经营的农家乐，还成功撬动地方政府为进一步推动本地民宿业发展而追加基础设施投入。因此，从商业经营上来看，劳岭村的民宿发展似乎更容易进入良性循环。但是，由于资本积累、经营模式、市场客源等现实差距，大多本地居民开发的民宿介于洋家乐与农家乐之间，与外来经营开发的精品民宿有较大差距。公司化、资本化的运作方式，给本地村民参与民宿产业造成了较高的资金门槛，无论是硬件设施还是服务水平都难以与外来经营者和大规模的资本相比，所以大多数本地民宿的发展水平持续介于精品民宿与农家乐之间，且本地居民的学习、创造和转变能力受到较大的限制。工商资本投入和村民资金跟进之间呈现出很大差距。由此，乡村社区的居民、村集体等在本地发展中的话语权也逐渐式微，逐渐呈现出中高端精品民宿对本地农家乐的市场挤压（图6-4）。

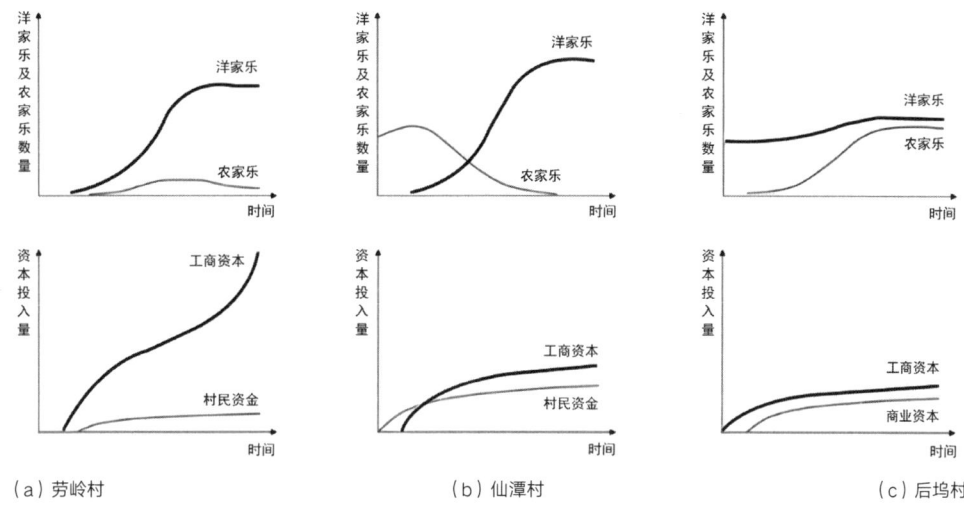

（a）劳岭村　　　　　　　　　　（b）仙潭村　　　　　　　　　　（c）后坞村

图6-4　三个乡村社区休闲度假产品的构成及其投资来源
资料来源：笔者根据资料调查统计绘制

民宿产业兴起对后坞村的经济发展水平提升较小，但从乡村社区的经济韧性构建来看却仍是卓有成效的。在高消费的民宿市场中，中低民宿水平的后坞村似乎现处于被动接纳外溢需求的状态，这源于以村民为单一主体的学习与摸索进程的迟缓性与局限性。外来工商资本迟迟不扩大对该村民宿发展的投资，一方面是因为本地村民自家经营的热情高涨，占据了土地与市场，挡住了大型外来资本的步伐；另一方面则是精品民宿发展也需要集群效应，高端民宿与农家乐的客户定位有很大差异，在农家乐为主导的环境中很难获得外来工商资本的青睐。问卷调查数据显示，后坞村在民宿产业兴起前后本地村民收入的增长是莫干山镇区和3个乡村社区中最多的。可见，相比劳岭村、仙潭村，后坞村的特点在于本地村民的参与度最高，村民实际上获得的实惠也最多（图6-5）。

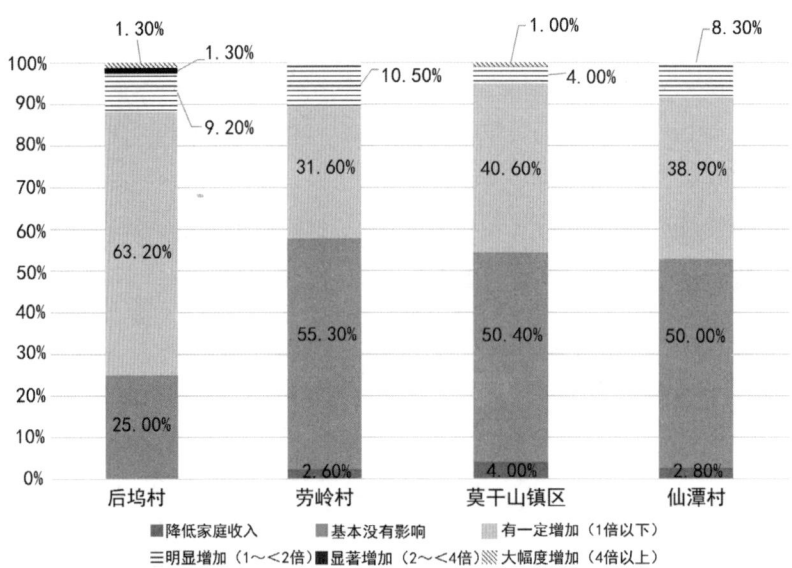

图 6-5　劳岭村、仙潭村与后坞村在民宿产业兴起前后本地村民收入变化情况
资料来源：笔者根据问卷调查统计绘制

仙潭村民宿业发展呈现出内外协同、相互学习的特征，展现出极强的乡村韧性建构能力。在引领仙潭村民宿产业集聚发展的 8 家民宿中，有 4 家投资业主来自上海、杭州、嘉兴，另外 4 家来自德清县城或本地乡村。仙潭村民宿的平均投资规模为 300 万～500 万元，对村民来说相对平民化，为本地投资创业、实现农家乐向民宿的转型升级留下一定的空间。外来资本和本地资本对仙潭村的民宿产业的投入可谓相辅相成。相比劳岭村，仙潭村也颇受外来工商资本的青睐，其民宿产业发展的潜力并不亚于劳岭村；但仙潭村的村民及村集体大多选择自主开发经营民宿，而不是出租土地换取租金的短期收益。这种对于土地权益把握的判断与农家乐升级转型的意识很大程度上与村民之前农家乐或外出经商的经历有关。可见，与劳岭村以"大项目、大事件"推动的快速发展模式不同，仙潭村呈现出相对渐进式的探索与学习进程，其发展更具有可持续性。

2. 社会层面：外来人才与本土村民的社会重构

在劳岭村民宿产业发展的历程中，外来社会精英携工商资本介入民宿开发，这与本地村民投资经营的性质是一致的，但外来精英的资本规模及回报率更具优势。新生的民宿产业在驱动劳岭村经济职能转型的同时，也使该村的人口结构和就业结构出现剧烈变化；工商资本介入带来城市社会网络的快速扩张并冲散了劳岭村原有的熟人网络，使村民个体在绅士化的市场发展中被边缘化。首先，外来社会精英更能够通过社会网络引入城市资源。根据劳岭村民宿老板访谈及游客抽样问卷调查显示，民宿的客源很大成分来自朋友介绍、微信联系。还有官方的网站预定，但是此处的"熟人网络"更偏于城市语境，已经远远超出了乡村社区中以个人为中心、以地缘基础为半径的生产生活特征。其次，工商资本投入的两极分化也加速了乡村社会结构的绅士化。外来精英及人才主导了该村中高端民宿的就业市场，对本地就业的带动作用有限。调查显示，该村本地劳动力就业率在2016年仅达37%，显著低于后坞村的47%和仙潭村的71%，且民宿产业兴起前后，劳岭村的本地家庭的人口回流数量明显少于仙潭村与后坞村。从另一个角度来看，外来劳动力占劳动力总量的64%，也显示出外来精英及其带入的外来劳动力主导了该村的就业市场，而对本地村民创业和打工的吸纳能力尚显不足（图6-6、图6-7）。实际上，由问卷统计可见，在劳岭村、仙潭村、后坞村这三个莫干山镇的主要民宿集聚区中，劳岭村民宿产业发展对本地就业的带动量是最少的。通过村民收入的角度对乡村旅游兴起前后非农收入占村民总收入比重变化测算，可发现增加最多的是后坞村（22%），然后是镇区（13%）和仙潭村（10%），而劳岭村排在最后（仅占5%）。这很大程度上是源于资本介入对后来投资构成较高的门槛，从而对劳岭村村民的生意产生"挤压效应"。

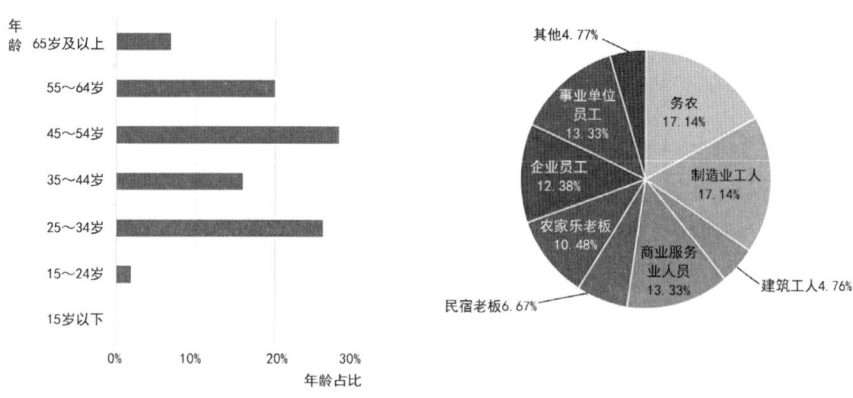

图6-6　劳岭村本地劳动力年龄结构与劳岭村本地职业结构
资料来源：笔者根据问卷调查统计绘制

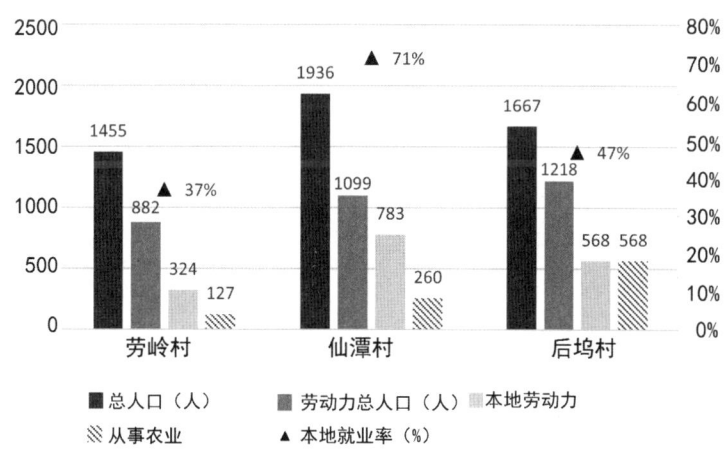

图6-7　2016年劳岭村、仙潭村与后坞村劳动力基本情况

一方面,"类酒店管理"的经营模式吸引更多外来人才进驻,例如,精品民宿一般需2~3名管家,均为相关专业大专及以上学历,并具有酒店管理经验;后勤、厨房、餐饮、前厅、财务等员工,大多也是大专以上学历,只有清洁人员多为40~50岁的阿姨,其中2/3来自本村或周边乡村。另一方面,劳岭村的民宿产业发展对带动本地村民创业的吸引力尚显不足。与上述社会构成复杂化的过程相对应的,是本地村民与外地业主、业主与村民、业主与游客等出现矛盾。根据2013年以来的数据,莫干山镇农村地区的矛盾纠纷明显多于镇区,随旅游淡旺季有一定波动,且以土地权属纠纷、民宿服务纠纷等为主(图6-8)。针对这种情况,镇村两级组织了民宿管家、志愿者等,协调处理矛盾纠纷成为他们的重要工作之一。

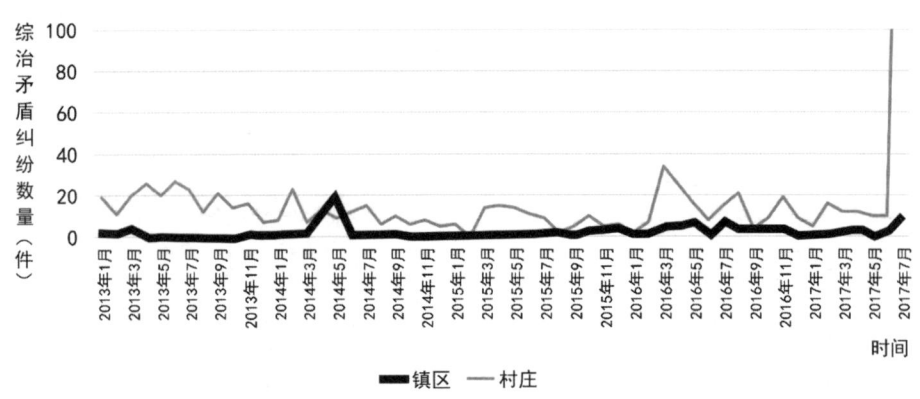

图6-8 莫干山镇城乡综治的矛盾纠纷对比(2013—2017年)
资料来源:笔者根据《莫干山镇统计年报》整理

相反,后坞村的乡土社会特征保持得较好,中低端的民宿或农家乐发展定位侧写了草根阶层在后坞村社会构成中的绝对主体地位。相比劳岭村与仙潭村,民宿产业兴起对后坞村家庭人口回流和本地就业的带动作用最为显著,产业发展的本地根植性很强。但是,固化的社会资本限制了后坞村的社会与经济发展的潜力与韧性,村民在应对新的发展机遇的时候的改变、适应和创新能力不足。若不是得益于莫干山镇其他乡村地区,特别是劳岭村率先成为全国民宿产业的标杆性地区带来的正外部效应,后坞村可能仍然处于低价竞争的农家乐初级阶段。相比劳岭村农家乐经营者的焦虑状态,后坞村的经营者则普遍乐观安逸,访谈中他们认为中低端民宿的存在是一种错位发展的选择,由此缺乏对精品民宿环境营造与经营服务的学习动力。同时,村民也表示与民宿行业发展协会的交流并无太大收获,因而参与较少,可见后坞村的社会结构仍偏于"封闭内倾型"。

仙潭村的发展模式再次显示出模范效应,先期入驻的外来精英推动本村村民全面介入民宿产业,并实现了农家乐向民宿的全面转型,在这一过程中,外来精英与村民之间的连接性不断强化，形成了以村民为主体、以外来精英及乡绅为凝结点的多元主体共治、相辅相成的复合社会网络。数据显示，该村本地劳动力就业率在2016年高达71.3%，不乏中青年且中青年比例约为1∶4，说明民宿产业从根本上缓解了快速城镇化背景下劳动力流失及断层的危机。此外，仙潭村民宿业主牵头建立了一个民宿开发经营的交流与学习平台——民宿行业发展协会，这个平台起初是希望吸引外地民宿经营者来此参观培训，后来回归本地村民与精英人才的内部交流平台。对外来精英而言，他们逐渐认识到与本地社区的融合与共赢对整个民宿产业发展的重要性。而对于村民而言，虽然外来精英的"乐于分享"出于商业目的，但村民可以在其中切实学习经验、促进交流，将传统乡村社区的熟人网络与市场化的民宿经营者身份相叠合，重构村民、本地乡绅及外来精英之间的信任与制度规范，客观上构建了新型社会资本的组织载体。

3. 空间层面：外来人才与本土村民的社会重构

生态环境约束和乡村空间资源协调发展决定了莫干山镇从乡村工业主导转型为乡村旅游主导的发展主线，相应的政策和市场环境建立在这一认知基础上，为乡村旅游发展提供基础动力。2005年，"两山理念"提出了经济发展与生态保育的良性循环关系，明确了生态文明建设在整体城乡发展过程中的重要地位。在"两山理念"的指导下，安吉县以余村为美丽乡村建设的样板，"退二进三"、促进向乡村旅游的转型发展；同时在乡村物质空间层面加强乡村环境整治与基础设施建设，优化空间资源配置。随着"两山理念"和"美丽乡村"的推广，莫干山镇人民政府出于对河口水库保护的考虑，自2006年起关停其下辖乡村地区的竹拉丝厂及其他污染企业，鼓励发展乡村旅游。2013年，省级下达的"三改一拆"加强了乡村环境整治，彻底切断了村民以养殖业、农副产品加工、采矿业为主的收入来源。这一定程度上改善了乡村生产生活的物质环境，也促进了乡村民宿及农家乐产业的转型发展。

在民宿产业的驱动下，劳岭村、后坞村、仙潭村3个村庄的空间特征均不同程度地出现如下变化。一是村庄发展不再强调集中居住，即松散型的聚落空间格局得以保留，而且被赋予了"乡野"的意义。例如，劳岭村地处山区，村域聚落空间结构比较松散，加之乡村人口长期呈现出负增长、老龄化的特征，因此地方政府历来的发展思路都是通过迁村并点等途径不断进行整合，从而提升公共服务水平。然而，民宿产业发展后，乡村建筑功能从原有的农村住房转变为"短期度假式"酒店，为客群提供高品质的休养空间和社交空间，即餐饮、酒吧、健身等配套设施，这一功能性质就充分结合原本乡村建筑分散式布局的特色，与环境更好地融为一体，彰显娴静和野趣。

二是基于民宿产业的发展，乡村聚落的农业生产空间逐渐转变为观光体验的消费空间，义远有机农业园区、精品鸿伊蓝莓采摘基地、捷安特山地公园、锐巴腾户外活动等就是典型案例，这种生产方式吸纳了一定的农村劳动力。

三是各村的乡村建筑、山水林田等资源，被作为免费开放的景区来整体打造，当地政府试图将裸心系列的"裸心"理念贯穿于旅游、度假及养生等各个方面,因此,在乡村物质空间建设方面存在不同程度的符号化现象也就难以避免。

总体而言,莫干山镇3个典型乡村社区的物质空间逐渐呈现"绅士化"的特征,乡村社区的原住民与现有的生产生活生态空间之间的关联性显著弱化。

6.1.4 莫干山镇乡村发展的经验启示

莫干山镇模式的经验与启示主要体现在其创新的资本驱动、社会重建和乡村地域发展层面。

1. 乡村产业发展的"资本驱动"与规划引导

活力丧失是我国乡村地区发展的重要问题,这一命题即使在日本、韩国、我国台湾地区等发达东亚经济体,农村人口流失和老龄化等问题也没能很好地解决[1]。笔者认为,乡村产业转型升级是存续乡村活力的根本途径,特别是挖掘和推动乡村特色产业的发展。处于不同地区、不同发展阶段、拥有不同资源禀赋的乡村差异性很大,从规划的角度需要根据乡村地区的产业差异进行分类引导。

乡村产业发展要真正具有活力,通常要伴随着工商资本的介入。由于政策制度的制约,工商资本在较长的历史时期中都难以介入乡村发展,而随着政策制度的创新,工商资本有可能在未来全面介入乡村地区的一二三产业的发展,这需要进行合理的规划引导[2]。具体来看,一是工商资本在政府的政策引导和市场机制的作用下主动进入农业部门,从而促进了大规模的土地流转,使现代农业的规模化经营成为可能。同时工商资本的介入也伴随着引进先进的管理模式和技术,让整条农业产业链得到提升和发展。因此,工商资本的介入将促使部分乡村从之前的小农经济模式向现代化农场转变;对于这类资本下乡,应注意避免资本的大规模进入而造成大量农民失去土地的现象,造成资本对"三农"主体的侵蚀。二是乡村工业化是中国特色的城镇化发展的重要经验,但工商资本进入农村土地市场已经形成了大量的工业用地,使乡村地区呈现出城乡混杂、亦工亦农的场景。对于这类资本下乡,在空间管治层面实现"主动精明的政策干预",即应实现城镇地区的"城镇建设空间精明拓展"和农村地区的"农村人居空间精明收缩"双轮驱动的空间管治模式,特别是要使低效的工业用地退出农村地区[3]。三是随着消费文化的兴起,休闲农庄、旅游地产、养老地产等需要依托优美乡村环境的产业逐渐受到了资本的青睐,并依托离大城市较近、风景资源和文化资源较好的乡村,催生了大量的精品酒店和民宿,吸引了城市地区大量的中产阶级前来消费,

---

1 吴梦笛,陈晨,赵民.城乡关系演进与治理策略的东亚经验及借鉴[J].现代城市研究,2017,32(1):6-17.
2 许一磊,陈晨,耿佳.产业资本介入下我国乡村空间转型的研究述评及规划启示[J].南方建筑,2018(5):22-26.
3 赵民,游猎,陈晨.论农村人居空间的"精明收缩"导向和规划策略[J].城市规划,2015(7):9-18+24.

这类村庄一般都因为资本的介入使乡村的物质环境得到很大的提高。对这类资本介入下的乡村发展应注意保存乡土环境的原真性，避免乡村发展的"异质化"。

面向未来，由于工农业收入的差异、我国小农经济和乡村工业化发展路径的局限性，纯农业型聚落和工业化乡村聚落的数量将很可能逐渐缩减，但第三产业驱动的乡村聚落重构将成为重要的发展类型。本书聚焦的莫干山镇从一个景区的入口驿站逐渐升级为中国乡村旅游和精品民宿的标杆，正是借助着自下而上的工商资本的介入，而德清县人民政府面对民宿业兴起后的乡村环境保护、本地营商环境的营造、基础设施和公共服务设施的供给等方面的努力，也给相似地区积累了重要经验。

2. 乡村聚落发展的"社会重建"与公众参与

无论是自然条件、经济发展，还是政策制度变迁，任何形式的乡村聚落的重构中都包含着社会重建。已有研究表明，随着城镇化和现代化进程，乡村聚落的发展通常会出现社会空间分异和空间绅士化等方面的问题。莫干山镇劳岭村也一定程度上出现了这样的特征。以裸心谷、裸心堡等为代表的精品民宿的发展，逐渐将目标客户人群锁定在上海、杭州、南京等地的少数高端消费人群，乡村地区原有的人才和自然资源确实难以满足五星级酒店式的消费服务需求，因此，乡村经济社会的绅士化也就难以避免。随着产业发展升级，精品民宿业主的诉求逐渐从租用农民房屋转变到要求获得国有土地或集体建设用地的出让，从而逐渐向"五星级酒店"的模式转型，这一定程度上脱离了乡村聚落的发展模式，推动传统村庄从地缘血脉为基础的乡土社会逐渐转变到契约分工为基础的现代社会。如果进一步演化，一旦资本的介入买断了土地使用权，农民失去了以土地为主的财产收益权，变相地圈地并搬迁、促使村民"进城"，可能会造成农村产业、文化的断裂与断层，甚至可能会造成乡土社会的解体。

实际上，劳岭村的发展是精品民宿发展的一个特例，莫干山镇的其他两个民宿集聚区，即仙潭村和后坞村，在外来精英与本地居民的融合以及外来资本对本地村民投资的带动等方面探索出了更多元化的模式，其依靠的实际上还是挖掘乡村发展的内生动力，民宿业的发展激发了农民对家乡的热爱和期望，并带动了农民将资本、劳动力倾注于家乡，吸引优秀的新生代高素质农民返乡，甚至吸引外乡大学生也愿意到乡村创业及就业，给乡村带来持续的活力和发展动力。因此，在社会层面，面向产业发展驱动的乡村聚落重构，应推动村民深度介入乡村建设的全过程，充分发挥村民自治的作用，强化村民对家园建设的认同感和参与性，增强乡村社区共同体的内在凝聚力。

3. 乡村地域发展的"主体功能"与空间管制

研究表明，工商资本驱动的乡村发展容易转变为资本的空间生产，容易使产业发展成为乡村地区的"全盘城镇化"，用建设城市的逻辑建设农村、消灭乡村，值得引起关注。

从发展理念上来看，乡村地域的发展要保全和提升乡村地域空间的生态、农业和文化等"主体功能"，在经济、社会、空间上要保持一定的区别于城市地区的"独立性"[1]。在农村人口总量大幅减少、年龄结构等趋于合理的条件下，乡村的"地域空间"及其生态功能、农业功能、文化功能等必须得到保全。存续乡村地域的"主体功能"至少有2层内涵：其一，发挥乡村地区的多样化的功能。如果乡村地区受到城镇建设用地扩展的不断蚕食，这不仅关乎乡村性能否存续，还有粮食安全、生态保护等多方面的问题。其二，产业发展驱动乡村振兴的过程不能以消灭乡村性为代价。一旦产业驱动的乡村发展模式演变为以城市的方式来融合乡村，那么乡村发展的代价将是乡村农耕文化基因和生态功能的消失，对城市地区的发展也是不利的。

从动力机制上看，当前乡村建设用地蔓延的背后是土地制度问题，农村土地的产权模糊性也导致农村对外租赁集体土地争夺潜在的土地租金差，推动乡村空间半城市化发展[2,3]。乡村建设用地蔓延在空间上表现为出城乡混杂、亦工亦农的风貌特征，这要求乡村地区的空间治理水平必须不断提升，需要进一步深化改革和制度创新。以农村土地制度改革为例，近年来各地有过诸多探索实践，如重庆的农村宅基地"地票"交易，广东南海的农村股份合作制，天津的农村宅基地换房，湖南益阳的土地信托，成都、武汉的农村产权交易所等。在规划技术层面，要将"乡村地区"作为一个独立主体，而不是城市生产生活的附庸，科学合理地划定城乡地区发展的永久边界，提高城乡建设用地的空间治理水平。

6.2 乡村旅游产业驱动的安吉县天荒坪镇模式

农家乐产业驱动的安吉县天荒坪镇是典型的基于风景资源的乡镇案例，也是规划引导、政策规制和民间资本介入乡村活化的典型。

6.2.1 基本情况

与溪龙乡案例一样，天荒坪镇位于我国首个生态县——浙江省湖州市安吉县。山地面积广阔，生态资源优越，是联合国人居奖唯一获得县、全国首批生态文明建设试点地区、国家可持续发

---

1 赵民，陈晨，周晔，等.论城乡关系的历史演进及我国先发地区的政策选择：对苏州城乡一体化实践的研究[J].城市规划学刊，2016（6）：22-30.
2 朱介鸣.城乡统筹发展：城市整体规划与乡村自治发展[J].城市规划学刊，2013（1）：10-17.
3 田莉.工业化与土地资本化驱动下的土地利用变迁：以2001—2010年江阴和顺德半城市化地区土地利用变化为例[J].城市规划，2014（9）：15-21.

展实验区；有着中国第一竹乡、中国白茶之乡、中国椅业之乡、中国竹地板之都的美誉。更重要的，安吉县还是"绿水青山就是金山银山"的科学论断和"美丽乡村"政策的发源地，被誉为社会主义新农村的典范。以美丽乡村建设为基础的乡村旅游在当地蓬勃兴起，现已成为全国首批休闲农业与乡村旅游示范县、中国金牌旅游城市唯一获得县、国家乡村旅游度假实验区和全国首个乡域4A级景区。境内远近闻名的安吉江南天池、中南百草园、竹博园、藏龙百瀑等景区也吸引着大量的游客，效益良好。2015年，安吉县接待游客、旅游总收入分别达到1475.2万人次、174.3亿元，是2011年的1.9倍、3.4倍（表6-3）。

表6-3 安吉县部分景区门票收入及接待人数

景区	门票收入（万元）		接待人数（万人）	
	2015年	2014年	2015年	2014年
安吉竹博园	1964	1619	55.52	54.93
安吉县中南百草原	6228	5784	122.09	108.41
安吉江南天池景区	2213	2206	72.04	55.72
安吉藏龙百瀑风景区	833	506	26.39	16.50

资料来源：笔者根据《2016湖州统计年鉴》整理

天荒坪镇位于安吉县南端，镇域西连上墅镇、孝丰镇、报福镇，东与杭州市余杭区交界，南部为崇山峻岭与杭州市临安区接壤，北接开发区（递铺镇）。镇域面积11 363公顷，城镇驻地山河村，距县城递铺17千米，临湖州市区86千米，距杭州60千米，离上海200千米，境内有04省道、临青省道、青孝线等重要交通干线贯穿，交通十分便利。天荒坪镇的产业发展，历经以重工业为主的改革开放阶段到现阶段以工业为基础产业、以旅游业为支撑产业的重大转型升级，基本完成了"退二进三"进程。当前，镇内工业以竹制品、服装、小五金、转椅、箱包生产为主，旅游业则形成了以景点为吸引点，农家乐、民宿为配套的发展模式。2016年《天荒坪镇政府工作报告》数据显示，全镇预计工业总产值超40亿元，财政总收入9020万元（剔除不可比因素），农民人均纯收入达到2.85万元，旅游人次突破700万，分别比2011年增长68%、68%、83%和75%。5年地区生产总值翻了一番，旅游总收入翻了两番。

天荒坪镇下辖11个行政村，其中，大溪村、余村和五鹤村为美丽乡村创建过程中的先锋示范村庄，在过去的20年间，经历了环境改造的村庄整治阶段以及要求更为全面、具体的美丽乡村建设阶段，目前正处于美丽乡村建设阶段、美丽乡村精品示范村建设阶段及长效管理的可持续发展阶段。此外，镇内美化的乡村环境和不断开发的优质景区，也为乡村餐饮、住宿及其他旅游配套服务业的发展提供了契机。其中，大溪村作为全县最大的旅游集散地之一，2017年其最高日接待游客量便超过了1万人次，开设农家乐180余家；余村更是在2021年西班牙马德里举办的联合国世界旅游组织第24届全体大会上，从75个国家的170个申请的乡村中脱颖而出，成功入选首届联合国世界旅游组织最佳旅游乡村（图6-9—图6-11）。

图6-9 安吉县天荒坪镇镇区山水及大年初一度假村影像
资料来源：（右）安吉有个"大年初一风景小镇"，听着土，住着舒服[EB/OL].（2020-03-03）. https://www.163.com/dy/article/F6QG3AED0544780Q.html.

（a）余村

（b）大溪村

图6-10 天荒坪镇美丽乡村航拍

图 6-11　2021 年联合国世界旅游组织第 24 届全体大会颁奖直播及余村现场
资料来源：浙江新闻. 世界最佳旅游乡村，这项全球性荣誉为何花落余村 [EB/OL].（2021-12-02）. https://zjnews.zjol.com.cn/zjnews/huzhounews/202112/t20211202_23442714.shtml.

6.2.2　发展历程：从传统农工型乡村到政策引导下的旅游型乡村

天荒坪镇的产业发展为线索，其乡村功能演变历程可以分为传统农耕阶段、乡村工业阶段、机遇转型阶段和政策引导阶段 4 个阶段。前 2 个阶段，符合一般乡镇功能演变历程，主要受社会经济条件和制度因素影响，并具有很强的资源依赖特质；后 2 个阶段则与外部因素和政策因素有较强的关联性（表 6-4）。

表 6-4　天荒坪镇各阶段产业及政策驱动乡村转型的驱动主体及其作用

阶段	驱动主体	驱动作用
阶段一：传统农耕阶段（1978 年以前）	农户、村镇集体	自给自足发展小农经济
		摸索集体工业
阶段二：乡村工业阶段（1979—1991 年）	村集体、镇政府、私营个体	开办村镇企业
		挖掘山林资源禀赋
		积累从商人才、经验技术
		积蓄家庭金融资本
阶段三：机遇转型阶段（1992—2000 年）	国有企业	建设道路等基础设施
		吸引首批游客参观
		提供乡村旅游发展商机
阶段四：政策引导阶段（2001 年至今）	各级政府、本地村民、外来投资者	大力推进乡村环境整治和基础设施建设
		激发"美丽乡村"示范效应

资料来源：笔者根据调研资料整理

1. 阶段一：传统农耕阶段（1978 年前）

1978 年以前，天荒坪镇的发展历程与一般乡镇类似，为传统农业生产和乡村工业化阶段。前者是指 1949 年后到改革开放以前，天荒坪镇地处深山，交通闭塞，山林资源无力利用。农户以自给自足、小农经济为主，属于传统的山区村落发展模式。在此期间，虽然镇、村各级集体先后兴办了茶厂、炼油厂、纯碱厂等农副产品相关工厂，但此类集体工业或长或短，规模不大，最终大多以失败告终。

2. 阶段二：乡村工业阶段（1979—1991 年）

改革开放以后到 20 世纪 90 年代前期，在乡村工业化的浪潮中，天荒坪镇以采矿、水泥厂、低端竹木制品为主；镇内的乡村工业和私营办厂不断涌现，天荒坪镇也逐渐成为安吉县的工业经济重镇，工业总产值一度占据全县的一半以上。这是乡村工业化驱动下，天荒坪镇村的第一次产业转型，其积极贡献为村集体和村民积累了一定的物质财富，为本地居民积累了家庭金融资产。同时，乡村工业发展时期所积累的从商人才、经验技术等都提供了人才储备，为后续农家乐等新家庭经济形式的兴起奠定了良好的基础。但是资源依赖型工业生产也给乡村地区带来了生态破坏、环境污染、特色丧失等问题（图 6-12）。

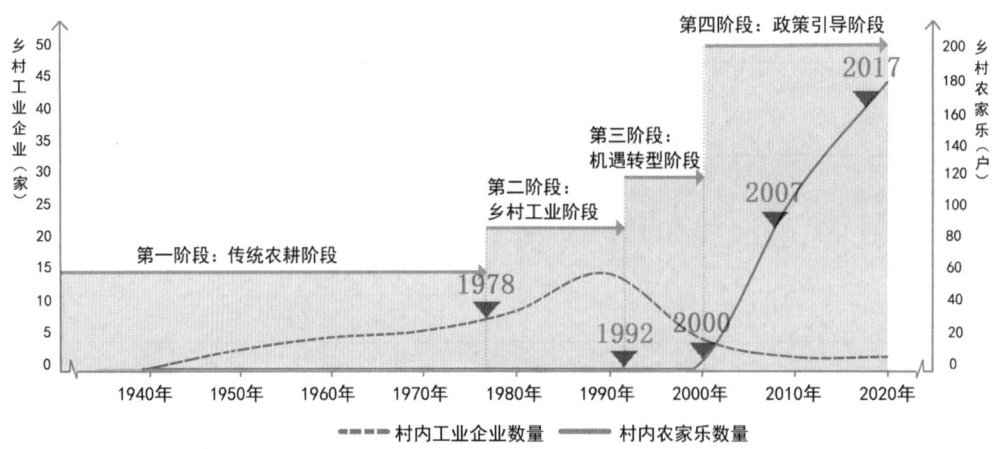

图 6-12　天荒坪镇经济发展演变示意（统计数据以大溪村为例）

3. 阶段三：机遇转型阶段（1992—2000 年）

以 1992 年亚洲第一的天荒坪抽水蓄能电站（"江南天池"工业旅游景点）的建设为标志，为天荒坪镇带来历史性的发展机遇。起初，镇内的大溪村村民抓住为建设工人提供餐饮的商机，培育出农家乐的经营形式（"中山酒楼"经营者访谈，2017年8月）。与此同时，国有企业建造公路也为村内景区的相继开发打下了基础。公共部门（地方政府和国有企业）对天荒坪水电站的建设不仅形成了一个重要旅游景点，更在水电站的配套建设中大大提高了天荒坪镇所在地区的基础设施建设水平，特别是道路建设直接打开了这里山区村庄与外界的联系通道，这种公共物品的投入大大降低了民间资本投资农家乐和景点开发的经济门槛，不仅吸引了更多游客前来参观水电站，乡村旅游业发展也逐渐出现"星星之火"的势头。2000年，天荒坪水电站暨"江南天池"旅游景区建成并投入了使用，安吉县明确了以"天荒坪镇为龙头"，鼓励全县发展旅游业。此后，由"江南天池"工业旅游带动的景区经济开始萌芽，镇内的藏龙百瀑、九龙峡景区等相继开发，吸引了一定规模的外来游客，小部分农户因此在自建房内经营游客的食宿服务（仅在大溪村有3家，2000年），生产方式发生转型，天荒坪镇也成为安吉县农家乐发源地。

4. 阶段四："美丽乡村"政策引导阶段（2001年至今）

抓住乡村旅游发展的机遇，安吉县各级政府积极配合、试图美化乡村提升吸引力；着手生态经济战略、开展乡村环境整治。从县域战略层面来看，2000年年初，安吉县委、安吉县人民政府确立了"生态立县"的发展战略，狠下决心发展生态经济。在综合考虑所面临的环境、生态旅游、招商引资等问题后，县委、县政府决定将"治乱治脏"作为突破口。从2001年开始，全县开展了以"改厕、改路、改水、改房、改线和环境按美化"为主要内容的村庄环境整治。2003年，响应省委"千万工程"号召，实施了"双十村示范，双百村整治工程"，为全面开展美丽乡村建设打下了扎实基础。从镇村实践层面来看，天荒坪镇在2003—2007年，积极开展了基层实践探索，陆续开展了"村庄环境整治""康庄工程""小康示范村"3个重要工程。一是2003年年初的村庄环境整治工程，为了美化乡村环境以助推乡村旅游的发展，大溪村率先开始了以出行道路和垃圾清理为主，以乡村旅游发展为导向的环境整治，这也是后续"美丽乡村"政策的雏形。二是2003—2006年开展的康庄工程，以村镇道路硬化提升为主。三是2004—2006年的省级小康示范村评选，天荒坪镇的余村、大溪村等被选作"示范点"（表6-5）。

表 6-5　天荒坪镇乡村环境整治的阶段实施政策（2003—2006 年）

项目	村庄环境整治	康庄工程	小康示范村
时间	2003 年	2003—2006 年	2004—2006 年
试点范围	中心村	中心村	余村、大溪村
阶段实施政策	响应浙江省"千万工程"和安吉县"双十村示范，双百村整治工程"的号召，天荒坪镇按村庄人口规模先后进行整治，资金按人口数量补助申报后进行补助	县域大力建设通乡、通村公路，天荒坪镇内以乡村道路硬化为主	评选个别乡村作为示范村，对此类乡村的环境与人均收入有具体要求，这一试点时间不长

资料来源：笔者根据访谈资料及相关公示文件整理

有了前序的乡村环境整治探索，2007 年后，天荒坪镇正式迈入了"美丽乡村"政策引领、示范阶段；以一系列乡村建设项目、资金补助、环境规制办法的出台为标志，政策引导是这一阶段的显著特征，成为当地镇村旅游服务业发展的又一机遇。同年，"太湖蓝藻"事件的爆发危及到了长三角多地的用水安全，成为同在太湖流域的安吉全县环境规制升级的导火索。致使县域的污染企业大量关停及整改，天荒坪镇内的小型竹制品加工厂也基本关停，大型竹制品企业则进行了全面升级整改和环境达标整治。此前，时任浙江省委书记的习近平同志已经在视察天荒坪镇的余村时提出了著名的"两山理念"。由此，如何将"绿水青山变成金山银山"，成为安吉全县上下不断探索的核心发展命题。在这种政策环境下，天荒坪镇成为绿色经济和转型发展的样板，当地镇村旅游业发展迎来了历史性的机遇，为民间资本介入乡村发展提供了极为优越的政策环境。

为了进一步推动乡村环境美化，促进乡村旅游产业发展。2008 年，安吉县成立新农村示范区建设工作领导小组，首创性地颁布了全国第一个"美丽乡村"政策，印发《安吉县建设"中国美丽乡村"考核指标与验收办法（试行）》，制定 36 项考核指标，明确计分办法及奖励措施。2014 年，以安吉样板为基础的全国首个省级地方标准《美丽乡村建设规范》正式发布实施。2015 年，我国颁布《美丽乡村建设指南》，标准起草单位由浙江省湖州市安吉县人民政府领衔，将安吉经验推广到全国范围的乡村进行学习、建设。天荒坪镇内的村庄作为首批美丽乡村建设的试行区和示范地，2007 年便开始"美丽乡村建设"试点，在"小康示范村"的基础上，由点到面，在镇内更多的乡村开始乡村环境整治，包括亮化、净化、美化、硬化、绿化"五化行动"。2014 年，进一步开展了"美丽乡村精品示范村"的升级，以优化环境、特色转型为主，示范的重点是乡村经营，镇内的余村、港口村被确立为精品示范村，目前正处于长效管理的可持续发展阶段。在一系列的政策引导下,天荒坪镇的美丽乡村建设成效显著,镇村从物质环境到社会环境都焕然一新。这也为其旅游产业发展提供了进一步支撑,境内景区设施不断完善,餐饮、住宿、休闲等各项旅游配套服务设施也不断建成,大量由本地村民和少量由外来投资者投资的"农家乐""民宿"等旅游产品在天荒坪镇不断增多。截至2017年8月,仅天荒坪镇的大溪村内,农家乐就已经超过180家(表6-6)。

表6-6 天荒坪镇美丽乡村建设的阶段实施政策(2007年至今)

项目	美丽乡村	美丽精品示范村
时间	2007—2013年	2014年至今
试点范围	主要是中心村,自然村未全覆盖	余村、五鹤村等5个精品村
阶段实施政策	(1)评选办法:依次评选精品村、重点村、特色村(注:2009年大溪村创建"精品村")。 (2)奖励方法:按全村人口计算,县3000元/人,镇1500元/人,几年后全部覆盖(打造安吉3张名牌),以中心村、主要干道、河流为主,自然村未全部覆盖	(1)评选办法:从县级先开展评选,以优化环境、特色转型为主,示范的重点是乡村经营;评判共48项指标,包括人均可支配资金,村集体收入等。 (2)奖励方法:资金按奖代补,按村人口规模2000元/人,项目配套资金+省市专项资金

资料来源:笔者根据访谈资料及相关公示文件整理

6.2.3 产村互动的机制解析

为了进一步解析乡村"退二进三"进程中的产村互动机制,课题组分别对旅游产业驱动天荒坪镇村经济、社会及空间3个层面进行了实证分析,以天荒坪镇区、大溪村、武鹤村和余村等为代表。本节观点部分基于安吉县、天荒坪镇两级政府官员的多次座谈会,以及对21名农家乐老板、8名风景区和旅游项目老板、4名村集体领导、41名本地村民和60多名外来游客等不同人群的深度访谈和问卷调查。

1. 经济层面:"退二进三",民间资本推动下乡村旅游产业集群化、竞争化发展

1)乡村就业结构改变、家庭收入水平提升

天荒坪镇经过近20年来的乡村旅游发展,目前的经济职能主要以依托景区经济的农家乐、民宿为主,第一产业、第二产业比重逐年下降。首先,居民从事个体户及商业服务行业的人数逐年增加。根据2017年8月调研结果,境内乡村旅游开始最早的大溪村、五鹤村均有超过60%的受访居民从事个体经营行业,将近20%为商业、服务业从业人员,即将近八成的受访居民从事第三产的相关职业,远高于在第一产业、第二产业从业的受访者比例。其次,从家庭收入水平来看,乡村收入水平差异较小,五成以上的受访者去年家庭年收入">10万元",乡村旅游发展水平与村民收入水平成正比,其中大溪村村民收入水平甚至超过镇区居民(图6-13)。在家庭非农收入占比上,多数受访居民表示乡村旅游使其非农收入大幅提升,以大溪村为例,"非农收入占比过半"的受访者由乡村旅游兴起前的60.98%增加到2016年的超过95%,"非农收入占比超过75%"的受访家庭占比翻倍,从近30%增至60.98%。可见乡村旅游对天荒坪镇的经济发展产生了深刻的影响(图6-14)。

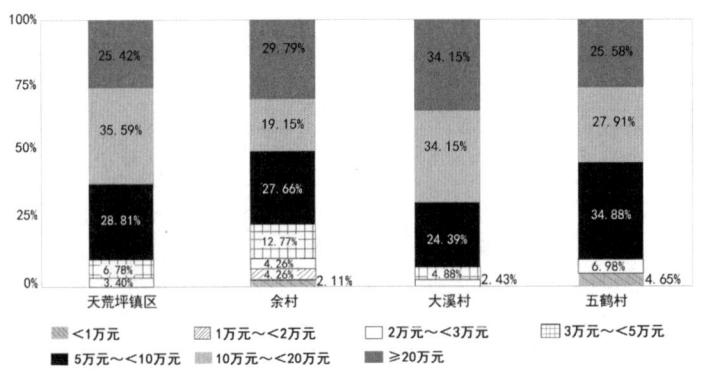

图6-13 天荒坪镇区及乡村问卷受访村民2016年收入情况交叉分析
资料来源:笔者根据大溪村村民随机抽样问卷(2017年8月)整理

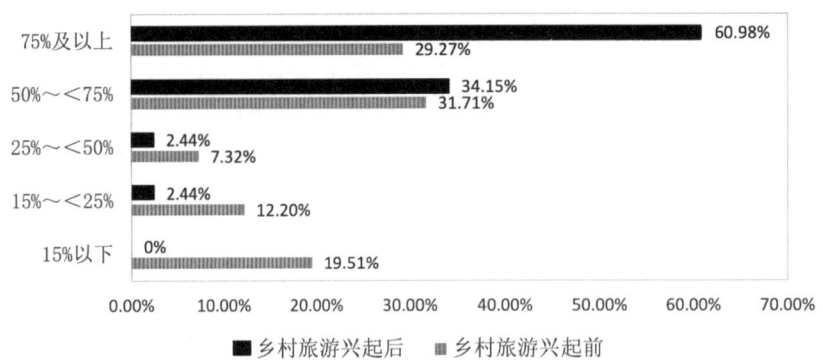

图6-14 天荒坪镇大溪村受访家庭乡村旅游兴起前后非农收入占比
资料来源:笔者根据大溪村村民随机抽样问卷(2017年8月)整理

2）同类旅游服务产品竞争化发展，发展诉求由数量扩张向质量提升转变

天荒坪镇的旅游服务功能主要由民间资本驱动，包括本地资金和外来资金。其中，以本地资金为主的农家乐是村内传统的经营项目，它们大多依托村民自有住宅改造，具有投资少、规模小、价格定位低等特征，基本形成沿街面全商业化的空间格局，维持"马路经济"模式，道路两侧后排农家乐的数量则较少。旺季道路交通拥堵严重，存在交通隐患。精品民宿作为新兴项目，近年来在乡村旅游市场表现突出，此类旅游服务产品往往需要依托外来资本，其前期投资成本大，市场定位高，对自然景观要求也高，具有数量少、品质好、价格高等特征。近年来，民间资本中外地资本的比例增长；同期，乡村内的农家乐数量趋于饱和，存在较严重的同质化竞争现象，目前越来越多的本地资本正在向民宿经济转移，发展诉求正由数量扩张向质量提升转变。

2. 社会层面：旅游产业促进乡村社区活化，社会网络的凝聚力和韧性得以提升

由于天荒坪镇的旅游业带动了源源不断的资金回流与精英返乡，进而促进了乡村社区的活化，形成了更具吸引力和具韧性的本地社会网络。据调研，具有一定的集聚性和黏性的社会资本不断积累，正牵引着更多的民间资本与人力资本注入。例如调研发现，越来越多外来投资者或返乡精英参与乡村旅游事业，青壮年劳动力返乡务工现象也更加普遍，超过九成的受访居民表示未来没有迁居意向。总体而言，环境政策和民间资本对于当地的社会构成重组是良性的，对乡村社会氛围、社会交往有活跃和促进作用，村镇的生活品质也逐渐提高，乡村社区活化效果明显。积蓄的社会资本也有望成为未来村庄发展的长效动力，对于振兴乡村，缓解乡村空心化等问题具有重要意义。

不过乡村旅游发展也对本地社区的发展也带来一些微妙的改变。近年来，民间资本中外地资本的比例有所增长，民宿经济对传统农家乐形成"挤压效应"，有20%的受访居民对私人老板投资本地民宿发展持反对态度，27%的受访居民对本地商贩的印象是逐利的，17%的居民认为乡村旅游兴起之后本地居民的社会交往变得冷漠，但本地居民与外地游客的交流更加频繁，有75%的受访居民表示其经常与外来游客交流。

3. 空间层面：工农业生产空间退化，三产空间迅速发展

1）工农业生产空间退化，旅游型乡村居住空间商品化

无论是政策机遇、重点项目，还是自然禀赋、社会构成，这些不同的驱动因素在大溪村转型发展的每个阶段的结果，最终都表现为民间资本的介入和扩张，以及这种资本运动形式下的物质空间环境的剧烈变化。

（1）天荒坪镇旅游型乡村的一产空间日益压缩。一些乡村的农田面积总量较少，少有自家耕作，多为流转集体经营，或抛荒。水稻农田主要分布在临近聚落的平坦、缓丘地带，一年两熟，

山林面积广阔，农业经济产物主要以茶叶、毛竹为主，其中大溪白茶品质优良。茶叶经济空间主要分布在聚落开阔地四周的南向坡地，多依赖人工种植；竹木经济空间主要分布在远离聚落的山林地中，多属于自然生长。

（2）二产空间逐步退出。出于环境保护的要求，村内大多工厂已经关停，仅存极少"低小散"块状产业。目前毗邻藏龙百瀑景区仍有一处茶厂，主要是白茶就地生产。

（3）三产空间发展迅速。当前，天荒坪镇经济形成了以本地资本投资自建的农家乐为主，外来资本投资或返乡精英投资建设的精品民宿经济为辅的发展模式，空间上呈"农家乐沿道路分布"和"新兴精品民宿沿景点分布"的规律，具有居住空间商品化的特点。

其中，农家乐为村内传统经营项目，以本地资本为主，依托自有住宅投资力度小，价格定位低，带状、成片分布，高度密集，消费品次较低，基本形成沿街全面商业化的空间格局，多为"马路经济"模式。沿街立面稍有控制，但总体杂乱。道路旺季交通拥堵情况严重，人车未分流，存在交通隐患；道路两侧后排农户农家乐经营数量明显减少，数量趋于饱和，存在同质化竞争，少数本地资本正在向民宿经济转型；反之，精品民宿为新兴项目，多为外来资本，投资前期大，价格定位高，对自然景观要求高，品质好，追求私人化定制型服务，选址或临近景区，或深入山林，呈点状、零星分散分布，数量较少，但近年来有逐步增多的趋势（表6-7）。

2）居住和公共空间品质化，但易受游客消费空间挤压

乡村建设和旅游业的发展可说是相辅相成。天荒坪镇旅游业兴起前后乡村风貌、居住条件和公共空间品质提升明显，旅游型乡村的人居环境较其他类型的乡村更具优势。这与当地政府和本地居民为吸引游客，纷纷加大了对公共空间和私人住宅的改造投入有关。一方面，村镇聚落整体公共服务设施品质较好，尤其是首个全域景区化发展的余村，乡村旅游发展和"美丽乡村"的示范效应还为其撬动了可观的政府投资，当地不仅开展了村庄规划的编制和实施，还建设了电影院、文化礼堂、图书馆、纪念会议堂等一系列特色化、品质化的公共服务设施。另一方面，农家乐经营者也自发地修缮了自建房的条件，维护公共空间秩序。调研数据显示，超过60%的受访者认为本地的交通条件已变得更加便利，学校、医疗设施也得到了改善（图6-15、图6-16）。

然而，旅游型乡村在提升公共空间品质的同时，也吸引了大量游客，这也对本地居民的公共空间使用造成了困扰。当前，天荒坪镇村公共空间主要分为2类：一类是便民服务中心、文化广场等公共服务空间；另一类是景区、农贸市场等商业活动空间。在游客高峰期时，游客的消费空间与本地居民的日常生活空间产生重叠，村内出现道路堵塞、公共空间拥挤以及停车位争抢等现象，这对乡村的生活功能造成了一些消极影响，且其影响随着旅游产品开发数量的增长而愈发严重。

表 6-7 农家乐与民宿（精品酒店）区别

民宿形式	农家乐	民宿（精品酒店）
所有人	本地村民为主	返乡精英或外来投资人为主
土地使用	宅基地	向本地居民或村集体租赁（租期：10～20年）
建筑形式	修复或更新自建房	新建或改造建筑
前期投资	相对较低（<100万元）	相对较高（3万～500万元）
入住率	淡旺季明显，年入住率较低	无明显淡旺季，年入住率较高
消费客群	中老年人（年老化）	各年龄层（年轻化）
价格	80～150元/天（包吃包住）	平日>500元，周末>800元（仅住宿价格）
经营模式	线上预定（多对一）； 价格优势； 随机客源； 家庭经营，运营成本低	微信营销（一对一）； 口碑宣传； 熟客推荐； 专业团队经营，运营成本高
年收入	10万～50万元	1万～200万元（3年回本）
空间分布	"马路经济"； 带状、成片分布	"景区经济"； 点状、分散分布
外观示例		

资料来源：笔者根据访谈资料整理

3）美丽乡村建设成效斐然，但乡村旅游发展对生态环境构成潜在威胁

自2003年起，天荒坪镇村在乡村环境整治和"美丽乡村"长效治理方面，取得了显著成效，可谓是环境政策规制下乡村生态空间重构的缩影，相较于其他调研乡镇，天荒坪镇的生态空间维护均处于较高水平，当地政府和居民在采访过程中也表现出了较强的生态保护意识；这反过来也为该镇带来了乡村旅游和新经济的发展契机，实现了生态（包括景区）空间与生活、经济空间的良性互动，生态价值得以显现。然而，近20年来乡村旅游的快速发展也导致部分地区出现了继"乡村工业污染"后的"二次环境危机"。天荒坪镇大多乡村位于山区，集中

(a) 过去 (b) 现在

图 6-15 天荒坪镇大溪村村民住宅
资料来源：（a）大溪村志编纂委员会. 大溪村志 [M]. 北京：群言出版社，2009.（b）为笔者拍摄于 2017 年 8 月

(a) 余村党群服务中心 (b) 余村电影院 (c) 余村文化礼堂 (d) 余村图书馆
(e) 余村公园休闲亭 (f) 余村篮球场 (g) 余村村民集会广场 (h) 余村纪念馆会议室

图 6-16 天荒坪镇余村公共服务设施及开放空间
资料来源：课题组拍摄

供水和污水处理都有局限性。乡村大多农家乐项目的污水净化设备投资有限,有的甚至将污水直排进入附近河道。近年来,乡村中的农家乐数量趋近饱和,因此在旅游旺季,农家乐项目的污水排放规模大大超过了本地居民的生活污水规模,威胁着河道生态环境,对环境承载能力构成了巨大挑战。

调研发现,从个体的环境认知来说,面对乡村旅游产业发展带来的环境问题,农家乐或民宿业主与普通居民之间出现了明显的意见分歧,即越是既得利益者越倾向于忽视环境问题。天荒坪镇超过三成的受访者认为乡村旅游业的兴起对当地的自然山水景观造成了破坏。通过与天荒坪镇镇区及其他典型乡村的对比发现,在乡村旅游最为兴旺的大溪村,村民的环境感知评价却最为负面。据《大溪村志》数据的进一步佐证,早在2007年,旅游旺季的大溪村每日餐饮、生活废水就已达到100吨。据访谈,到2017年,此类废水的处理需求量节假日甚至达300吨。由此可知,服务业对于大溪村的环境压力日益增加,环境容量也趋于饱和。为此,天荒坪镇人民政府和村集体采取了一系列惩罚并举的措施,以提高环境的准入门槛、推动"美丽乡村"的长效治理,包括建设集中的污水处理设施、协助当地的农家乐协会订立《民宿污水排放、厨余垃圾处理规范》等。目前,一部分小规模的农家乐因无法承担污、废处理设备的成本而退出了市场,而外来资本投资的民宿因其规模经营,在环保方面显现出了优势(图6-17)。

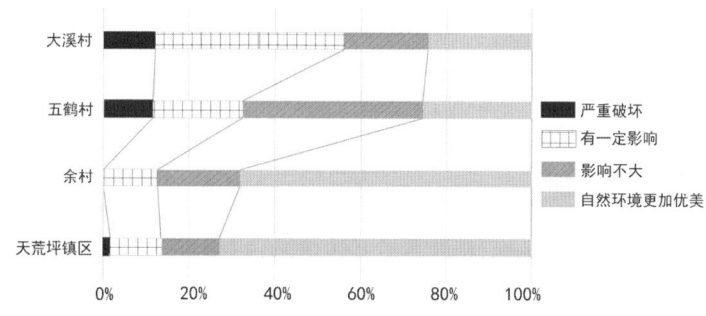

图6-17 天荒坪镇镇区及部分村庄受访居民对乡村旅游兴起后当地环境变化的评价情况
资料来源:笔者根据天荒坪镇镇区、大溪村、五鹤村、余村的村民随机抽样问卷调研(2017年8月)整理

6.2.4 天荒坪模式的经验与启示

天荒坪镇模式的经验与启示主要体现在其创新的财政、社会资本和市场介入模式。

1. 善用财政资金支持

随着我国社会经济的高速发展,城乡发展差距仍在不断拉大,这意味着发展仍然是今后相当长时期内乡村地区的核心命题。从地方政府的实践看,"工业反哺农业、城市反哺乡村"一直是支持乡村发展的重要方向。在具体表现形式上，乡村发展长期以来主要依赖政府财政资金支持。当前，乡村规划起作用的方式，一般以财政资金支持为后盾，也容易导致财政资金大包大揽的结果。因此，在乡村规划干预中如何善用财政资金引导民间资本投入是一个重要命题。

从天荒坪镇村的发展经验看，得天独厚的风景资源是该镇乡村转型发展的基本条件，但是直到天荒坪水电站工程开始以后民间资本才逐渐介入当地的发展，这很大程度上是财政资金在道路、水、电、气等基础设施方面的投入降低了民间资本介入乡村发展的门槛。随后，以大溪村为首的乡村农家乐高速增长，则是伴随着地方政府对乡村生态环境综合治理的持续投入而展开。显然，无论是基础设施，还是政策环境，都属于乡村发展倚赖的公共物品，并且显然已经超出了本地村集体经济的支付能力。此外，财政资金对大溪村的上述公共物品的投入，显著带动了民间资本对农家乐、旅游景区、娱乐项目、民宿和其他配套服务产业的投入。此后，天荒坪镇村已经不再依赖于政府的补助与政策的倾斜，而是立足自身资源禀赋，积极发现市场需求与资源，不断驱动新的民间资本不断注入，乡村活力得以再生。

因此，当前乡村规划中以重点项目切入，对乡村发展与建设形成示范效应的模式有一定的局限性，而从公共物品入手，"乡村绿色资源向绿色资产转变"撬动产业项目发展的安吉模式具有更高的示范价值。

2. 界定资本介入的模式

费孝通先生在《乡土中国》"从欲望到需求"一节中谈道，乡土社会依赖"经验"，现代社会依赖"理性"。当外来资本介入乡村时，无疑会对原有乡村社会结构造成压力，如果在此过程中经验与理性相互学习，则可形成良性促进的发展环境，倘如竞争隔离，则会产生不适应性和恶性竞争的发展环境。《江村经济：中国农民的生活》一书的原型——江苏省苏州市吴江区的开弦弓村就是在20世纪80年代的乡村工业化中遭遇了乡土社会与现代社会的碰撞。而今天以天荒坪镇为代表的乡村旅游蓬勃发展的地区，现代社会的投资者和城市地区的消费者涌入乡村地区，同样也有着两种完全不同的发展情景：一种是对乡土社会的传统风貌、社会关系及民风民俗造成挤压、侵蚀甚至是破坏；另一种则是民间资本的投入促进了乡村社区的社会资本的积累，这包括环境保护意识的提升、人际关系网络的强化、人才与技术的积累、行业规范的建立等。

天荒坪镇村的实践代表了后一种发展情景，尤其是农家乐的发源地大溪村。这一方面是源于"农家乐产业"具有很强的草根创业特征，主要依赖民间资本投入。据统计，大溪村80%以上的农家乐、民宿等都是由本地村民返乡创办的，他们原本就有着相似的文化基础和价值理念，这种以家庭金融资本为基础的"涓涓细流"般的民间资本介入方式与大资本强势介入乡村发展的模式有本质区别。另一方面，在大型旅游景区、旅游项目等的开发方面，私营企业的大资本比家庭金融为基础的村民创业具有天然的优势，而余村、大溪村等村集体作为与大资本协商的角色起到了很好的作用,"藏龙百瀑漂流""藏龙百瀑景区""九龙峡景区"和"江南天池景区"等景区的资产部分在村小组中;大溪漂流项目的部分产权在中心村资产下,且该项目的河道归属于村集体,采用股份分红制,每年年底村民都能拿到分红;余村全域景区化后,村内导游服务开支由村集体担负、村域环境管理由物业公司负责(村民仅支付每月1元的象征性"物业费"),尽管村庄作为景区并不收费,却能拉动游客住宿、餐饮、购物等消费行为。这种模式避免了大资本驱动下的空间异化现象,而乡村规划应该真正起到公共政策的作用,设定民间资本介入乡村发展的渠道和模式,在繁荣乡村经济的同时重点关注传统社会乡土性的保存(图6-18)。

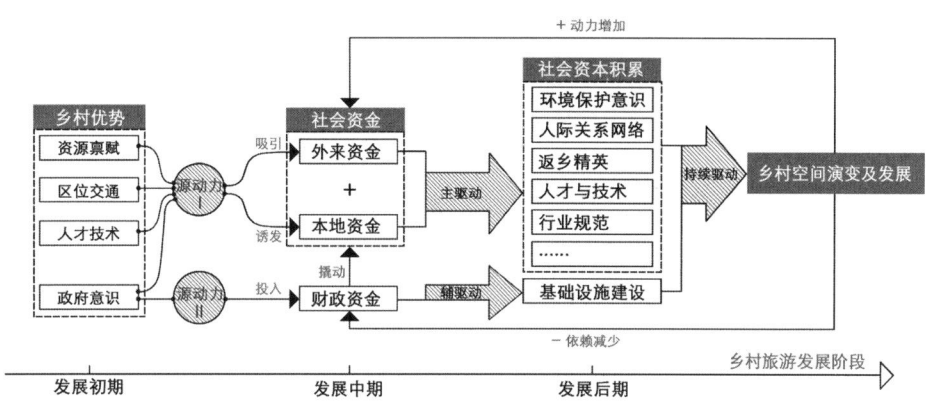

图6-18 天荒坪镇乡村转型发展的机制图解

3. 关注市场失灵的公共领域

天荒坪镇乡村旅游业的兴起源于所在地区优美的风景资源,是典型的根植于生态系统服务的地方产业。有学者认为,通过社区赋权可以达成环境共识,而通过社会协作可以形成乡村生态空间的地方性规制;根植于生态系统服务的乡村产业,可以形成维持良好生态环境的物质基础[1]。实际上,近年大量农家乐、民宿、景区开发和旅游项目的开发,已经对天荒坪镇大溪村的生态环境造成了一定的压力。若环境持续恶化,将会使所有村民的利益受损。这种情况下,大溪村的村集体自发投资70万元建立了全县首套"农家乐污水处理系统",用于处理村民的生活污水。因此,乡村社区赋权确实在一定程度上缓解了环境污染问题。然而,面对环境污染问题,农家乐或民宿业主比普通居民更倾向于忽视环境问题。笔者认为,乡村规划的作用是关注那些市场失灵但又超越了村集体经济组织干预能力的公共领域,并进行有针

---

1 颜文涛,卢江林.乡村社区复兴的两种模式:韧性视角下的启示与思考[J].国际城市规划,2017,32(4):22-28.

对性的规划干预,从而在本地社区中营造一个可持续发展的"生态—社会系统"。

乡村振兴上升至国家战略,给我国乡村地区的发展带来了历史性机遇。那些在自然环境、历史文化、地方产业等方面具有特色资源的乡村地区,应该扭转原有的主要依赖政府财政资金支持的发展模式,通过引入民间资本激活乡村产业的发展,带动本地乡村社区的人才、文化、生态、组织等全方位的振兴;但是,也应该看到我国当前的城镇化率约为66%,仍处在快速城镇化的通道中。因此,大量人口从乡村地区向城镇地区转移是一个客观趋势,应当看到有相当数量不具备独特发展资源的乡村聚落将不可避免地走向衰落,乡村规划应该顺应这种趋势,以"农村精明收缩"的理念应对乡村聚落体系的变迁,而不是对乡村地区进行大包大揽的财政支持。

民间资本的介入有一定的前提条件,这包括依靠公共部门投资跨越一定的经济门槛,依靠地方政府对生态经济的政策支持,以及基于本地社区的人才、技术等方面的积累等。但更应该看到的是,改革开放40余年来,除了家庭联产承包责任制和"离土不离乡"的乡村工业化运动以外,我国乡村到期的制度改革和政策创新一般落后于城市地区,因而乡村地区的要素市场化程度也远低于城市地区,这才是民间资本难以介入乡村发展的制度鸿沟所在。从这个角度看,安吉县从2008年开始就在环境规制升级的情况下就确立了"生态立县"的发展思想,并在近10年来的"美丽乡村"政策的不断迭代中改革乡村地区的发展政策和制度环境,这为民间资本的介入创造了极好的制度条件,造就了藏富于民的安吉"天荒坪模式"和中国美丽乡村的发源地,这种地方层面先行先试的首创精神具有重要借鉴价值。

6.3 老年康养产业驱动的长兴县水口乡模式

长兴县水口乡的老年康养产业模式,不仅为当地经济发展注入了新活力,也为全国乃至全球的康养产业发展提供了有益借鉴。这种模式以人的需求为核心,将自然、文化、医疗等多元素相融合,让老年人在这里享受到高品质的乡村康养生活。

6.3.1 基本情况

老年康养产业驱动的长兴县水口乡模式,是新时代乡村振兴与老龄事业融合发展的生动实践。水口乡依托其得天独厚的自然环境与人文底蕴,积极探索康养产业发展新路径,打造集休闲、养生、医疗、文化于一体的老年康养基地。

1. 县域基本情况

湖州市长兴县位于太湖西南岸，地处长三角中心腹地，是浙江的北大门，浙皖苏三省交界处，北与江苏宜兴、西与安徽广德交界，自古被称为"三省通衢"，区位优势明显，对外交通发达，与上海、杭州、南京等大城市均在90分钟交通圈内。县域面积1431平方千米，西倚天目、东临太湖的地理区位，形成了山水相间的优越自然环境，绵延34千米的太湖湖岸线，为旅游开发提供了广阔的空间。

2. 乡域基本情况

水口乡位于长兴县东北部，区域面积80平方千米，与上海、杭州、南京、苏州、无锡、常州、芜湖等大中城市相距均在200千米之内，可在2小时内驾车到达，为乡村旅游发展提供了便利的交通条件。水口乡原本是一个传统的农业乡镇，也是一个轻纺大乡，第一产业以农林经济（毛竹和紫笋茶）为主，第二产业以轻纺、酿造、矿产、制茶、耐火材料制造等为主。2000年后，本地农家乐兴起，产业结构开始向休闲康养与文旅产业转型，从"农家乐"到"乡村旅游"，再到"乡村度假"与"乡村生活"，逐渐发展成以特色民宿、农事体验、禅茶文化为主题的乡村旅游目的地，其客源市场主要在于周边100～200千米半径范围内的沪、苏、浙、皖等地，以中老年群体居多。农家乐的繁荣不仅为本地村民提供了较多就业机会，也吸引了大量外来从业人员（图6-19）。

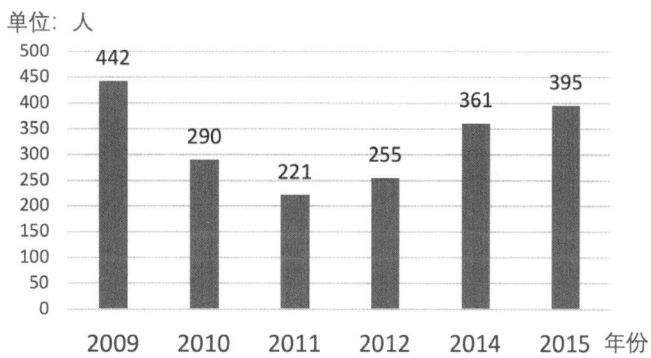

图6-19 水口乡外来从业人员数量
数据来源：笔者根据《长兴统计年鉴》整理

此外，水口乡还拥有优质的自然资源和悠久的历史文化，自古便是知名的风景名胜区。这里三面环山，东临太湖，境内有因吴王夫差"顾其渚而忘返"而得名的顾渚山、西楚霸王项羽曾沐浴的霸王潭、浙北首刹寿圣寺等历史景点，唐朝的第一家皇家茶场大唐贡茶院也垂青此地，利用金沙泉和紫笋茶制出贡茶续供800余年，茶圣陆羽也曾隐居于此，并在这里写下《茶经》名动天下。

3. 村庄基本情况

水口乡下辖 1 个社区（水口社区）和后坟、徐旺、水口、徽州庄、龙山、江排、顾渚、金山 8 个行政村。其中，顾渚村作为水口乡茶文化的发源地，位于水口茶文化景区的核心区，是水口乡农家乐发展的先锋与典范。顾渚村是浙江省首个省级乡村旅游产业聚集区，全村近 90% 的村民从事乡村民宿或乡村旅游相关的工作。从 2000 年开始发展乡村旅游至今，有 500 多家农家乐聚集在此，创造了独有的"顾渚模式"（图 6-20）。据统计，2019 年，顾渚村乡村民宿户均营业收入 70 余万元，人均收入超过 4 万元。

图 6-20　顾渚村村景
资料来源：游味道. 读村记 | 这个小村庄，何以成为上海游客的另一个"家"[EB/OL]. (2021-12-29). https://www.163.com/dy/article/GSE0DHNL0524A5LQ.html.

6.3.2　地方产业驱动乡村转型：从农业乡到农家休闲养老专业乡

作为由农家休闲养老产业驱动乡村转型的乡镇，水口乡的发展历程与政策演变、资本介入等驱动因素密不可分。根据地方发展中重要的节点性事件及驱动因素的变化将水口乡的转型历程分为 4 个阶段（表 6-8）。

表 6-8　水口乡农家休闲养老产业驱动乡村转型的发展阶段及驱动因素

阶段	驱动因素
阶段一：村庄自发转型（1998—2004 年）	外来精英和村庄能人的带动作用
	以农家乐为主的农家休闲养老产业集聚
阶段二：环境规制倒逼产业发展（2005—2007 年）	环境规制倒逼产业升级
	当地政府责任部门介入管理
	行业协会的有效运作
	村庄能人填补产业链空缺
阶段三：本地多元主体介入村庄经营（2008—2017 年）	当地政府的建设投入
	本地企业的投资经营
	附近村庄的劳动力流入
阶段四：外来资本介入下的村庄商品化（2018 年至今）	外来企业介入乡村运营
	当地政府的引导管理

资料来源：笔者根据调研资料整理

1. 阶段一：乡村自发转型（1998—2004 年）

在农家乐兴起前，水口乡村民主要以茶叶和毛竹等传统农业作为主要收入来源。直到 20 世纪 90 年代初，热心老年事业的上海退休中医主任吴瑞安经人推荐来到长兴，被水口乡优美的风光所吸引，于是自筹 30 余万元，在顾渚村选址建立了第一家老年疗养院，即 1995 年成立的"申兴康复疗养中心"（现已更名为"久康老年服务中心"），成为乡村自发转型阶段的标志性开端事件。疗养院最初包括住宿楼、小卖部、门诊室、药房以及老年活动设施，当年由本地村民简单布置了疗养院里的 5 间房间，便开始接待迎客。后来，通过口口相传，疗养中心吸引了大批上海退休老干部前来治疗休养，短则三五天，长则数月，疗养院床位渐渐供不应求。

此后，随着客流不断增长，房间日渐紧张，附近村民开始出租自住农房供来此疗养的老人使用。一些村庄能人觉察到了其中的商机，于 2000 年左右创办了第一家本地农家乐——王塔庄农家乐。当时的农家乐价格为每人每天 18 元包吃住，以价格实惠取胜，依靠口碑扩散吸引以上海为主要来源的中老年退休群体，每家大约只有十几个床位，一年盈利能达到近万元。周边农户看到农家乐经营成本较低且收益可观，于是纷纷学习效仿这种模式，农家乐发展渐成风尚。此后三四年间，农家乐经营数量和规模不断扩大，逐渐发展成为当地支柱产业。

这一阶段,来自上海的投资者率先开办具有一定技术和资金门槛的疗养院,开启了水口乡休闲养老产业的发展;而本地村民快速觉醒,在外来精英和村庄能人带动下抓住机遇创办农家乐,形成了发展初期的产业集聚,以顾渚村为代表的乡村转型之路初露端倪(图6-21、图6-22)。

图6-21　申兴康复疗养中心
资料来源:顾渚村村委会提供

图6-22　顾渚村农家乐和中老年游客

2. 阶段二:环境规制倒逼产业升级阶段(2005—2007年)

随着村民开办农家乐的数量不断上升,老人游客的休闲餐饮娱乐需求对乡村生态环境造成一定的压力。这一阶段,环境规制倒逼本地政府、农家乐经营者、行业协会等各个产业主体提升产业服务水平,为未来农家休闲养老产业的良性规模扩张打下了良好的基础。

一是当地政府责任部门介入管理。2005年以来,顾渚村村两委班子开门办事,问计于民,最终明确了"生态立村"和"旅游兴村"的发展路径,并开展了多项基础设施建设项目。同时,长兴县农家乐发展综合协调小组办公室、水口乡旅游办等各级政府部门介入顾渚村的农家乐规划和经营,颁布各项审批要求和管理条件,开展农家乐认定和星级评定等工作,规范农家休闲养老产业的发展。

二是农家乐协会的有效运作。水口乡农家乐协会于2005年成立,其目的是加强分散经营的农家乐与旅游主管部门、景区、村委会等沟通。水口乡的500多家农家乐,由一个农家乐协会进行统领,按照区域划分12个片区,每个片区有1个理事,水口乡的农家乐经营者均为协会会员。农家乐协会作为一个民间组织,旨在统筹本地农家乐资源、引导农家乐规范经营以及与村委会协同进行矛盾纠纷调解,在游客、村民与政府之间搭建起交流沟通的桥梁。农家乐协会不仅对农家乐的设施配备、价格体系和服务体系进行规范管理,还与水口乡周边安徽、江苏等地的26

个景区签订协议旅游价格，对农家乐游客实行门票优惠政策。

三是村庄能人填补产业链空缺。2006年，顾渚村村民自主经营的第一支车队"王爱强车队"成立，对散客和团队都能实现点对点上门接送，后又有三支车队相继成立，开通了上海、苏州、常州、无锡等地的运营专线，服务半径覆盖长兴周边200千米范围，补充了旅游运输的产业链条缺口（图6-23、图6-24）。

图 6-23　接送游客的车队

图 6-24　顾渚村农贸市场

3. 阶段三：本地多元主体介入经营阶段（2008—2017年）

2008年以来，长兴县人民政府进一步加大了对于乡村旅游产业的建设投入，一方面借助景区建设深度挖掘顾渚村的历史文化资源，标志性事件为2008年长兴文化旅游发展集团有限公司投资建设的顾渚大唐贡茶院开放营业。另一方面，推动水顾公路建设、景区道区硬化、水纳管工程等项目，针对当时水口乡的发展"痛点"，打出"治脏、治乱、治堵、治房、治水"的五治组合拳，旨在原先的旅游环境和住宿条件上进行全面提升，显著提升了当地农村人居环境治理水平，也推动水口乡农家乐全面进入到整治规范提升的道路。

与此同时，本地企业也加入了的乡村旅游产业的投资经营。浙江长兴复兴农耕文化旅游发展有限公司启动了顾渚村农贸市场、生态停车场、农耕文化展示园等项目的建设，顾渚村农贸市场后来也成为农家乐游客频频光顾消费的地点，老年游客对于物美价廉的土特产品尤其青睐，一家简单的土货店，仅出售鸡蛋、猪肉等农产品，年收入可达20万元以上。

附近村庄也深度参与农家休闲养老产业发展，他们或以定点长期合作供应的方式向农家乐商家提供原生态的食材，或直接到农家乐帮工或从事零售经营活动。实地调研发现，顾渚村的外来人员超过四成来自周边村庄，两成来自湖州以外的地区，甚至有两成来自长兴县城。外来人员对顾渚村的生活满意度很高，并有超过九成愿意继续在顾渚工作。

这一阶段，当地政府及本地国企、民企和周边村庄等多个主体都参与水口乡农家休闲养老产业发展。顾渚村的农家乐也实现了规模扩张，数量达到了500多家，已经接近该村宅基地分户数量的上限（图6-25）。

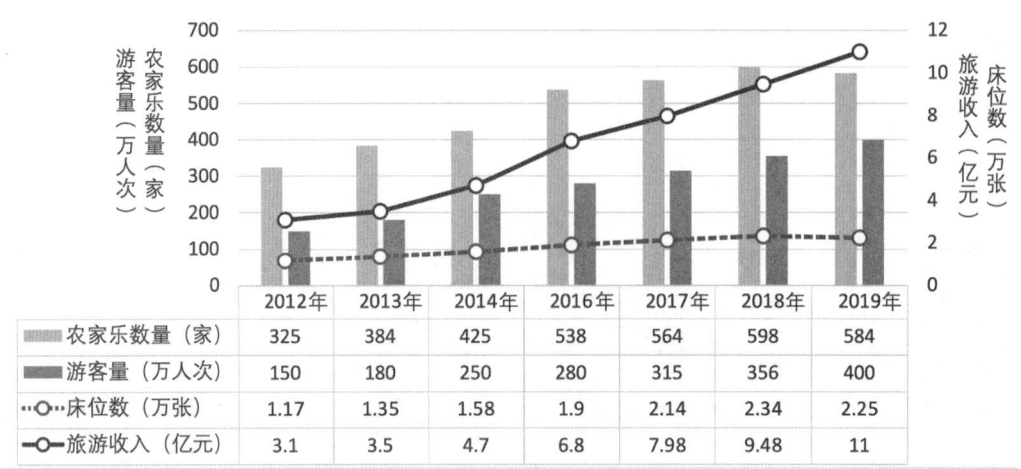

图6-25 水口乡村民宿游客接待情况数据趋势
资料来源：笔者根据长兴县人民政府提供数据绘制

4. 阶段四：外来资本介入下的村庄商品化阶段（2018年至今）

2018年，水口乡被认定为浙江省首个乡村旅游产业集聚区，核心区域面积16.8平方千米，包括顾渚、水口、金山、徽州庄、龙山5个行政村。同年，由杭州新天地集团与长兴文化旅游发展集团有限公司共同投资的大唐贡茶院养生小镇开工建设，项目总投资额达到12.8亿元，主要业态有精品酒店、民宿、零售、文创等。此外，由上海人注资打造的主攻高端消费群体的吃匠·半山、开元、花间堂、隐居等一批高端品牌乡村旅游项目也陆续入驻乡里。集聚区的发展也极大地推动了特色名优农产品生产（如杨梅、茶叶、苗木、毛竹、青梅、樱桃等），以及农产品加工销售（杨梅汁、杨梅酒、紫笋茶饼、蓝莓果干、果酒等），形成了完备的"吃、住、行、游、购、娱"服务体系，成为江浙沪地区休闲观光、度假养生的"乡村游天堂"。

为配合长兴县全域旅游战略的发展方向，水口乡人民政府还通过停发农家乐执照的方式，鼓励当地休闲养老业态向以精品民宿为主的方向转型。通过开展旅游服务业人才的培训，邀请浙江旅游职业技术学院的老师为全乡50多家农家乐业主代表讲课，从乡村旅游服务质量、经营治理质量、村庄治理质量再提高等方面"传经送宝"，提高了农家乐业主服务经营理念。县里还多次组织村民实地考察杭州外桐坞、德清洋家乐等精品民宿集中区，让农家乐经营者意识到短板和差距并自行整改、提升。

农家乐和民宿的品质提升带动了收益增加，2018年农家乐每年户均营业额达到75万元，户均净收益达到25万元以上。截至2019年，水口共有乡村民宿584家，餐位数2.1万余个，床位数2.2万余张，直接从业人员2800余人，旅游收入11亿元。乡村民宿档次呈"金字塔"分布：

一般农家乐占87%，省三星级（含）及以上农家乐占10%，精品民宿占2%，外来工商资本引入的高端度假住宿设施占1%（图6-26）。与此同时，水口乡的客源结构也在发生改变，上海游客占比逐年下降，浙江、江苏客群对水口旅游的贡献度在逐步增大。2019年国庆假期，客源占比前三位的分别是上海（7.3万人次）、浙江（6.9万人次）和江苏（5万人次）；2019年9—10月，客源占比前三位的分别是浙江（35.3万人次）、上海（25.1万人次）和江苏（18.6万人次）。

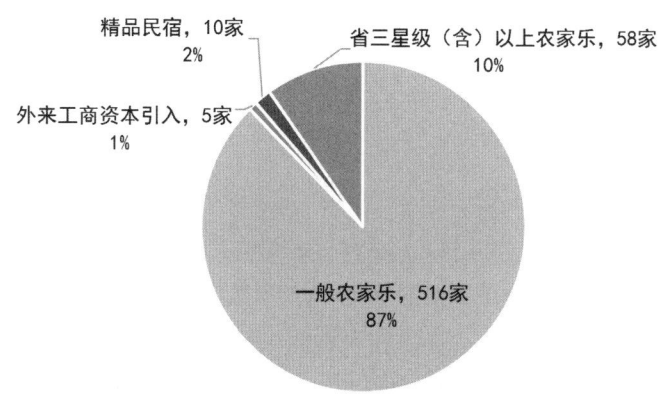

图6-26 水口乡村民宿类型比例
资料来源：笔者根据长兴县人民政府提供数据绘制

2020年，新冠肺炎疫情的影响使水口乡的民宿产业遭受重大打击，在这个特殊时期，水口乡充分发挥电商产业的桥梁和杠杆作用，依托多年积累起来的丰富客源与销售网络，串联起农户、乡村民宿、消费者一体化链条，成功实现了在困境中涅槃重生，进一步推进了产业融合与村民增收。一方面，民宿经营者通过线上销售农产品的方式获得了稳定的收入来源，通过对已有客户资源进行盘活，为本地农产品打开销售渠道，弥补了民宿收益的不足，跳出了产业困境，实现了产业发展的又一次转型升级。截至2020年9月，水口乡已有近70%的民宿开拓了农产品线上销售渠道，每日网络订单数量超过1000单。另一方面，水口乡人民政府充分发挥当地资源优势，联合辖区内8个村经济合作社，回笼资源，积极对接农家乐业主，保证农副产品供应链顺畅。同时，加快电商产业布局，依托2000平方米的农耕文化园，引进专业电商团队，打造农产品电商产业园区，2020年上半年入驻商家200余家，1—7月电子商务交易额达1.84亿元。

这一阶段，在外来企业介入乡村运营和当地政府的规范引导和管理下，水口乡通过积极引进和培育新兴业态，逐渐形成了包括大众化农家乐、中高端农家乐、新兴特色民宿以及精品酒店等在内的多样化乡村旅游产品。与此同时，农村电商蓬勃兴起，实现了从线下"卖风景"到线上"卖产品"的转变，进一步拓宽了产业发展渠道。

6.3.3 产村互动的机制解释

西方语境下的乡村转型研究表明,在乡村从"生产主义"到"后生产主义"的转型发展过程中,会出现去农业化、去社区化和空间商品化等特征。以此为基础,本书从经济、社会和空间 3 个层面对水口乡乡村转型发展背后的产村互动机制进行解析。从发展过程来看,顾渚村作为水口乡发展模式的源头和典型代表,是农家休闲养老产业发展的核心,因此课题组以顾渚村为案例进行了一系列实证研究。

1. 以土地和劳动力非农化推动乡村经济去农业化

对水口乡而言,农家休闲养老产业发展推动乡村经济区农业化的主要体现在土地非农化和劳动力非农化两个方面。以顾渚村为例,首先,顾渚村的土地非农化转变经历了"村庄自发推动"和"外来资本推动" 2 个阶段。调研发现,顾渚村基于传统农业的人地关系并不紧密。这是由于顾渚村地处山地地区,有价值的耕地数量较少,12% 的村民家庭没有承包地,仅有 12% 的村民表示自家有 1 亩以上的耕地或菜地。虽然顾渚村有特殊的茶叶培植历史,但受访者家庭户均承包茶园面积仅为 1.94 亩,因此,仅靠务农并不足以养活一个农户家庭(图 6-27)。因此,在"村庄自我发展"时期,农家乐的经营行为主要发生在自家宅基地上,通过增加楼房层数满足经营需要,对土地数量的直接需求不明显,但这一时期,顾渚村对周边地区农产品的需求大幅度上升,反而强化了本村及其周边地区基于农业生产的人地关系;进入"外部资金介入"阶段,大唐贡茶院、农贸市场、农耕文化园、养生小镇综合体的建设项目快速推动了本地农业用地的功能向非农化转变,并迅速改变了顾渚村的传统人地关系。

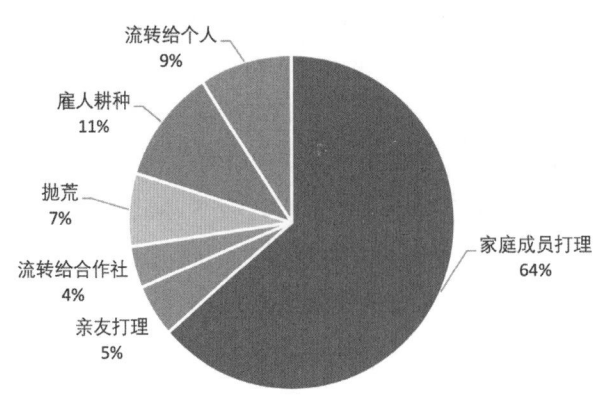

图 6-27 目前家庭承包的耕地 / 菜地 / 茶园打理方式
资料来源:笔者根据调研数据绘制

其次，顾渚村的劳动力非农化过程具有速度快、范围广的特征，同时也显著提升了村民收入。调研发现，在实际经营过程中，农家乐的管理、餐饮、保洁等往往由村民的家庭成员承担，在高客流时期会临时聘请邻近村庄的村民帮工。82%的受访村民表示休闲养老产业兴起前后家庭成员的职业发生了变化，77%的受访村民表示职业为农家乐个体经营户，村庄内几乎达到了家家户户开农家乐的状态。顾渚村的劳动力在第一产业、第二产业到第三产业部门之间的转移，直接引起了村民收入的增加，16%的受访村民表示休闲养老产业兴起前后，家庭收入增加了2倍，21%的受访村民表示增加了>2～4倍，25%的受访村民表示增加了4倍以上。46%的受访村民家庭年收入达到20万元及以上，31%的受访村民家庭年收入为10万～<20万元，21%的受访村民家庭年收入为5万～<10万元。与之相应，考察从事农家休闲养老的家庭成员的收入占家庭收入比例，57%的受访村民表示在75%及以上，此外还有16%的受访村民在50%～<75%。可见，在农家休闲养老成为顾渚村的主导产业的同时，其相关经营活动也已成为村民家庭的主要经济来源和职业选择。这种劳动力在不同部门之间的快速转移，不仅与顾渚村传统农业的人地关系不强有关，也与农家乐投资经营门槛较低有关（图6-28、图6-29）。

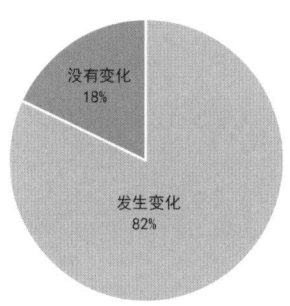 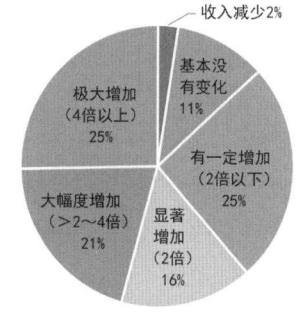

图6-28 农家休闲养老兴起前后家庭成员职业（左）与收入变化（右）
资料来源：笔者根据调研数据绘制

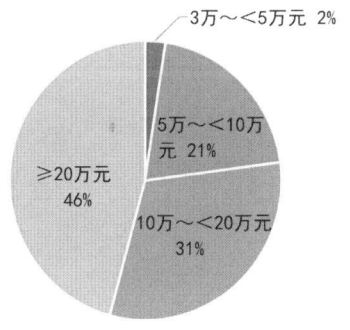 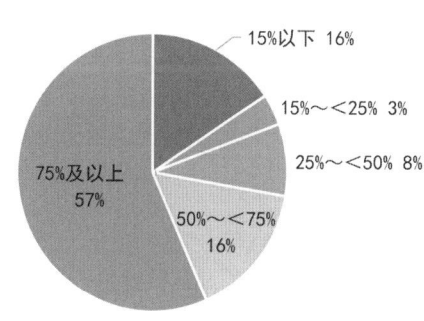

图6-29 2018—2019年家庭年收入（左）与农家乐收入占家庭总收入比例（右）
资料来源：笔者根据调研数据绘制

2. 本地村民返乡、外来人口流入以及熟客联络交往推动乡村社会关系网络重构

由于农家休闲养老产业发展势头蒸蒸日上，本地村民迁入城镇户口的意愿较低，也吸引了不少本村居民返乡创业和外来务工人员，他们依托休闲养老产业发展形成了紧密且广泛的社会交往关系，共同构成了多元融合的乡村社会资本，推动了乡村地区的社会关系网络重构。

首先，村庄的公共交往在经营活动中得到了加强。调查结果显示，58%的受访村民认为与本地居民之间的社会交往因农家乐经营活动而变得更加频繁；同时，40.96%的受访村民认为农家休闲养老产业兴起前后和家庭成员关系更紧密。实际上，当地村民全面参与顾渚村农家休闲养老产业的产业链后，当地乡村社区有了更多的公共交往场所和公共活动。

此外，重游率很高的上海游客也参与了村庄的公共交往，在游客与农家乐经营者之间建立了深厚的友谊与信任关系，形成了城乡叠合的熟人网络。前往顾渚村旅游的游客平均年龄为58岁，68.2%以上的度假者为60岁及以上。老年群体偏好集体出行、依赖熟人介绍等特征使口口相传成为农家乐最主要的宣传方式，有77%的受访者表示是通过朋友介绍了解的顾渚村，同时也出现了客人代表和农家乐一对一电话或微信联系的特殊预约方式。与目前其他乡村休闲度假项目宣传方式不同的是，由于旅游网站会收取代理费用，有充足客源的顾渚村农家乐很少在网络上开展预订服务。这种特殊的预约方式和农家乐服务特点使农家乐积累了不少固定客源，并使其成为本地熟人社区中的成员。村民与上海老年游客们这一独特的社交关系不仅拓宽了村民的视野，扩大了村民的社会交往圈，甚至有机会享受到大都市的公共服务。调研中有村民表示，由于和游客深厚的个人联系，他们甚至有时会经过介绍直接到上海的医院体检或就医；一些游客也会邀请村民前去家中做客。此外，在农家乐缺少资金进行改造提升时，许多长期居住的游客甚至愿意免息给农家乐业主提供贷款；在2020年新冠肺炎疫情期间，民宿经营者依托先前建立的社会关系网络将农产品通过电商渠道销售增收。

新建立的农家乐经营关系也使水口乡的乡村社区共同体得到了进一步强化。随着农家休闲养老产业的发展，水口乡境内的农家乐在空间特征上呈现出在顾渚村高度集聚的特点。在产业发展过程中，顾渚村农家乐的口碑得到进一步传播，"上海村"的名头在长三角的大城市特别是上海逐渐打响。旅游产业有重视口碑的特点，所以在产业发展关联下，本地乡村社区形成了"一荣俱荣、一损俱损"的紧密关系，十分重视本地经营口碑的维护。同时，根据长兴县全域旅游的整体谋划，顾渚村的历史文化资源得到了深入挖掘，村民的生态环境保护意识也显著提高。因此，顾渚村的村民在打造村庄品牌形象，维护生态环境，挖掘和维护本地历史文化资源，提高人居环境品质等目标上形成了深层次的认同感（图6-30）。

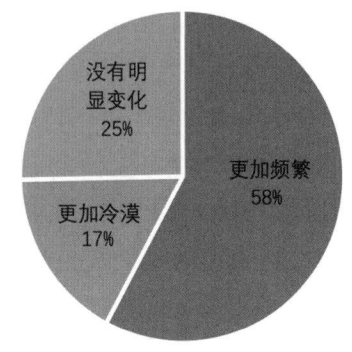

图6-30 2018年产业兴起前后本地居民之间的社会交往变化
资料来源：笔者根据调研数据绘制

3. 本地家庭资本和外来工商资本持续介入推动乡村空间商品化

顾渚村农家休闲养老之所以对上海市民产生强大的吸引力，其核心是城市消费者对"乡村性"的向往。顾渚村依靠发展休闲养老产业对当地乡土资源进行的发掘和销售，实现了当地经济、社会、空间结构的全面重构，并以乡村空间商品化的形式表现出来。具体而言，当地大量村民创业，劳动力向第三产业流动，顾渚村支柱产业和居民主要收入来源转变为农家休闲养老产业，大量空间被改造为产业相关用途，大量村民的生活空间转变为城市居民的消费空间。实际上，顾渚村的空间商品化不但表现在不仅限于村庄内部，还包括也表现在顾渚村农家休闲养老产业发展带动下周边乡村不断涌现的新兴自然和人文景点。

虽然顾渚村在乡村转型中主要是沿着内生式的发展路径，但是工商资本介入、当地政府主导、乡村内部资本积累3种方式也都在不同时期发挥了作用。由于在农家休闲养老兴起前，顾渚村内部农业基础薄弱，经营农家乐和车队的资金来源主要为村民在外通过务工或经商积累的家庭金融资本。在初具规模后，当地政府开始大量投入基础设施建设，并开始进行生态环境方面的政策引导。此外，农家休闲养老的规模发展，实现了顾渚村内部的家庭金融资本积累，为进一步提升服务水平和硬件环境，转换改造乡村空间奠定了基础。而近年养生小镇等项目的建设意味着外来工商资本将驱动顾渚村产生新一轮的乡村空间商品化。

农家休闲养老产业的发展伴随着乡村空间的商品化过程不仅为村民的生活带来了都市化的转变，也促进了村民社会角色的转变。由于村民们精确瞄准中低端消费市场的休闲养老人群，迎合老年人对群体出游、高性价比的餐饮住宿、更重视自然风光的核心需求，新修用于农家乐经营的农宅都达到了家家配备KTV、乒乓球台、棋牌室、各房间独立空调等基本要求，在建筑室内空间布局上普遍使用一楼为餐厅和大厅，二层以上为住宿的空间布局模式。这种迎合游客的审美意识和经济需求的经营行为实际上也极大地影响了乡村人居环境与生活方式，村民家庭的工作生活主要围绕接待游客开展，他们同时兼有管家、导游、服务员的角色，从过去的农业生产者转变为集食宿、土特产、周边游售卖于一身的"产品经理人"，成为具有较高组织性、成熟而活跃的市场经济主体（图6-31）。

（a）顾渚村农贸商场

（b）顾渚水库

（c）顾渚村山景

（d）顾渚村农家乐前的游客　　（e）顾渚村街道上的行人　　（f）顾渚村新建集中住房经营的农家乐　　（g）顾渚村村口

图6-31　顾渚村现状自然风景和村庄日常活动

6.3.4　水口乡模式的经验与启示

水口乡模式的经验与模式创新主要体现在其创新的经济、社会和空间3个层面。

1. 经济层面：铸造特色产品，精准对接市场需求

休闲康养产业驱动的乡村发展其优点在于发展过程中的全民参与，村民的能动性得以充分发挥，凸显包容性；同时，乡村聚落空间格局得以保留，乡村性得以存续，而存在的主要问题在于产业同质化现象十分突出。对此，从推动城乡纵向网络关联的视角而言，应根据不同村庄的区位条件与资源禀赋，对乡村资源进行价值评估，细分客群市场，明确产业定位，完善产品结构，打造符合不同客群体验需求的旅游产品，形成针对不同类型客源的精准对接与服务。在此基础上，通过对乡村生产、加工、流通、服务等各环节的资源进行充分整合，将农业生产也纳入康养产业链其中一环（如有机、无公害农产品生产等），以在市场中取得竞争优势，在一定区域范围内实现差异化发展。

对于学生、白领以及退休中老年三大客源群体，应分别针对不同群体的需求设计开发与之相适应的休闲康养项目与产品。其中，学生客群的需求是"猎奇"，即求知与游乐，针对这一客群，可提供科普教育、农事体验相关的旅游产品，寓教于乐；白领客群的需求是"养心"，可提供田园骑行、节庆活动、养生斋宿等旅游产品，以缓解都市快节奏的生活工作压力；老年人客群的需求是"养老"，应提供有机食材、邻里宴会、养生保健等产品，以此回应其乡村田园情怀，享受健康生活。

以水口乡为例，应立足本地优势生态风景资源，走精品化的乡村休闲康养旅游路线。目前水口乡农家乐、民宿绝大多数停留在以提供住宿为主的初级阶段，康养产业项目类型仍较为缺乏，未来应进一步完善产品结构，一方面要增加以"健康""养生""休闲""娱乐"等为主题相关优质项目与体验活动，同时也需要适当控制农家乐发展规模，避免盲目扩张，通过有针对性地引导与培训，推动农家乐产业转型升级，形成农家乐、民宿、精品民宿并存的差异化发展格局，满足不同人群的消费需求。此外，随着自驾游逐渐成为城市居民去往乡村旅游的首要交通方式，需要进一步完善散客旅游服务和自驾车服务体系，如完善路线标识导引体系、建立旅游集散中心、提升旅游基础设施和公共服务等，保证游客获得便捷舒适的旅游体验。

2. 社会层面：引入多元主体，撬动社会资金介入乡村活化

乡村休闲康养产业打破了传统产业在技术、市场、运作等方面的边界，通过社会、政府、企业等多方力量的汇聚以及乡村地区多元主体之间利益连接关系的整合与重建，为城乡横向网络关联的建立和发展奠定了良好的基础。具体而言，在政府、村集体、村民之间建立"共谋、共建、共管、共评、共享"机制，同时进一步谋求与高校、企业的交流合作，通过多元主体的创新协作和广泛的社会参与，共同推动乡村产业提质发展。

在实现路径上，充分发动民间资本，挖掘潜在的投资主体，鼓励村民创业和提供财政支持；要善用城市资本，但不能过度依赖，明确优惠条件和引进外来资本，提出众筹机制和吸收社会部分闲散资金、建立并完善各种风险分散机制等；建立多方良性互动可持续运营的乡村休闲康养产业系统，营建健康的投资环境，政府在投入必要的公共产品的同时，也为各类经营主体进入留下足够的弹性空间，实现民间资本与政府资金双轮驱动的乡村发展模式。

在水口乡，休闲康养产业的经营主体以本地农家乐经营者、车队经理以及农副产品销售商为主，为数不多的外来投资经营者和本地的关联与互动不足，未能融入乡村发展的横向创新合作网络，且村集体的作用也未能得到凸显。未来水口乡应在村民个体经营基础上，一方面充分发挥合作社、行业协会等集体和组织优势，增强村庄凝聚力。另一方面，加强与本地企业、地方高校合作，如建立教学基地、产品体验基地等，进一步加强城乡横向网络关联，为乡村发展注入新的活力。

3. 空间层面：超前布局基础设施，留出弹性增长空间

在乡村土地资源的供给与使用方面，对于乡村旅游、休闲康养等第三产业为主导产业的乡村而言，随着旅游资源的不断开发以及相关配套产业用地需求增加而导致用地布局结构面临调整是普遍现象，用地布局呈现"主一附三"到"退一优三"的功能转化[1]。其空间规划面临的挑战在于：一是乡村旅游发展的活力主要来自农户或中小旅游企业，资金和能力有限，通常是靠山吃山靠水吃水的状态，往往需要乡村道路、通信等基础设施建设作为先决条件。二是旅游业发展如何在土地供给后避免地产化、城市化的倾向。三是乡村旅游业发展大量依托于风景名胜区、自然保护区等生态空间保护区域，其中大都处于生态敏感区，产业发展在不同程度受到限制。对此，在国土空间规划改革背景下，休闲康养产业主导的乡村地区规划应当着重考虑以下方面。

---

1 徐子风. 发展农业导向下苏州产业发展型乡村发展研究 [D]. 苏州：苏州科技大学，2016.

首先，在相关政策及上位规划要求的基础上，明确空间管制政策分区[1]。对于位于生态保护红线内的乡村地区，可在本区域生态功能与敏感性评估、旅游资源评估基础上，进一步开展不同功能的生态旅游发展空间类型划分[2]，与不同级别和类型的生态管控区的管控要求进行叠加，制定差异化的乡村旅游空间发展及管控策略。对于生态红线、永久基本农田等强制性管控区以外的乡村地区，在保证数量不减少、质量不降低的前提下，允许部分一般农田和林地在村内进行空间置换与腾挪；同时通过简化农地整理和审批程序、加强后期监管等方式，增加空间管理弹性，支持休闲康养产业项目的快速落地，实现乡村产业与空间的匹配性、互促性发展[3, 4]。

其次，探索包括国有土地供给、集体经营性建设用地入市等多元化的乡村旅游产业土地供给方式。同时，在详细规划层面，应实现控规的全域覆盖，对乡村旅游发展空间按照建设时序与土地使用性质进行单元划分，并从开发强度、环境保护、低碳技术运用和产业准入类型等方面进一步加强引导和控制[5]，避免陷入地产化发展模式，降低旅游产业发展对生态效益带来的不利影响与干扰。

最后，在县级和乡镇级国土空间总体规划以及村庄布局规划等专项规划中，根据产业发展对未来需求进行合理预测，统筹乡村旅游基础设施配置与布局，改善卫生、交通、电信等公共服务设施，根据发展需要进行提前布局。

对水口乡发展休闲康养产业目前面临的产业用地不足等问题，可通过现有土地资源的局部调整、流转和安置，保障乡村发展休闲康养产业的配套设施用地[6]，在满足乡村土地管理政策要求的基础上，加强对闲置建筑和公共设施的改造与再利用，增加乡村旅游接待服务设施与乡村游憩设施，满足村民与游客的公共交往需求以及新产业、新业态的发展要求[7]。相关配套设施应尽可能实现商服一体，以达到对内服务村民，对外吸引游客的目的[8]。优化调整村庄产业空间布局，要贯彻"全域覆盖、全要素统筹"的理念，合理确定农业生产区、农副产品加工区、民宿集聚区、商业服务区等产业功能区的分布与规模，在此基础上细化产业用地管制规则，包括准入规则、用途管制、负面清单、开发强度等[9]，并通过采取奖惩措施、形成村规民约等，确保村民遵守并互相监管。

---

1 吴波，吴萍，王娜.生态敏感地区乡村休闲旅游规划思路探讨：以无锡山水城地区为例[J].江苏城市规划，2016，(1)：30-33.
2 田晓刚，刘馨越，赵锐，等.四川省生态保护红线内生态旅游发展空间划分及管控思考[J].环境保护，2018，46（12）：50-53.
3 陈曦.乡村振兴背景下推动农业产业发展的规划策略研究：以杭州为例[C]// 中国城市规划学会.共享与品质：2018中国城市规划年会论文集.北京：中国建筑工业出版社，2018：5.
4 徐子风.发展农业导向下苏州产业发展型乡村发展研究[D].苏州：苏州科技大学，2016.
5 王敏，周梦洁，宋岩，等.乡村旅游发展的生态风险空间管控研究：以池州杏花村为例[J].南方建筑，2018（6）：66-72.
6 刘志超.较高发展水平地区乡村规划路径探索：以盐城市东台市特色田园乡村规划为例[J].小城镇建设，2018，36（10）：34-38.
7 耿慧志，李开明，韩高峰.内生发展理念下特大城市远郊乡村的规划策略：以上海市崇明区新征村村庄规划为例[J].规划师，2019，35（23）：53-59.
8 徐小东，刘梓昂，徐宁，等.多元价值导向下的产业型乡村规划设计策略：以东三棚特色田园乡村为例[J].小城镇建设，2019，37（5）：40-48.
9 周鑫.国土空间规划背景下农村产业发展的规划应对[J].建筑与文化，2020（12）：210-211.

参考文献

[1] YAN S, CHEN C. The Spatial Transformation of Traditional Rural Villages Driven By Private Investment in China's Developed Areas: The Case of Daxi Village, Anji County[J]. Journal of Regional and City Planning, 2018, 29(2): 156-168.

[2] 陈晨, 耿佳, 陈旭. 民宿产业驱动的乡村聚落重构及规划启示: 对莫干山镇劳岭村的案例研究[J]. 城市规划学刊, 2019（S1）: 67-75.

[3] 陈晨, 耿佳. 韧性视角下的传统乡村社区演进研究: 以莫干山镇三个典型村庄为例[J]. 城市规划, 2023, 47（1）: 86-93.

[4] 陈曦. 乡村振兴背景下推动农业产业发展的规划策略研究: 以杭州为例[C]// 中国城市规划学会. 共享与品质: 2018 中国城市规划年会论文集. 北京: 中国建筑工业出版社, 2018: 5.

[5] 耿佳. 浙江省乡村发展和转型实践及驱动机制研究[D]. 上海: 同济大学, 2019.

[6] 江朗, 陈泽胤, 王震, 等. 农家休闲养老驱动的乡村转型及其政策启示: 以浙江长兴"上海村"（顾渚村）为例[J]. 2023（7）: 72-78.

[7] 刘爽. 上海大都市圈地方产业驱动的乡村发展及规划策略: 以沪苏嘉湖地区为例[D]. 上海: 同济大学, 2021.

[8] 刘志超. 较高发展水平地区乡村规划路径探索: 以盐城市东台市特色田园乡村规划为例[J]. 小城镇建设, 2018, 36（10）: 34-38.

[9] 田莉. 工业化与土地资本化驱动下的土地利用变迁: 以 2001—2010 年江阴和顺德半城市化地区土地利用变化为例[J]. 城市规划, 2014（9）: 15-21.

[10] 田晓刚, 刘馨越, 赵锐, 等. 四川省生态保护红线内生态旅游发展空间划分及管控思考[J]. 环境保护, 2018, 46（12）: 50-53.

[11] 王敏, 周梦洁, 宋岩, 等. 乡村旅游发展的生态风险空间管控研究: 以池州杏花村为例[J]. 南方建筑, 2018（6）: 66-72.

[12] 吴波, 吴萍, 王娜. 生态敏感地区乡村休闲旅游规划思路探讨: 以无锡山水城地区为例[J]. 江苏城市规划, 2016,（1）: 30-33.

[13] 吴梦笛, 陈晨, 赵民. 城乡关系演进与治理策略的东亚经验及借鉴[J]. 现代城市研究, 2017, 32（1）: 6-17.

[14] 徐子风. 发展农业导向下苏州产业发展型乡村发展研究[D]. 苏州: 苏州科技大学, 2016.

[15] 许一磊, 陈晨, 耿佳. 产业资本介入下我国乡村空间转型的研究述评及规划启示[J]. 南方建筑, 2018（5）: 22-26.

[16] 颜思敏, 陈晨. 民间资本驱动的乡村转型及其规划响应: 基于浙江省安吉县大溪村的案例研究[J]. 城市建筑, 2019, 16（19）: 128-135.

[17] 颜思敏. 城市化背景下的乡村功能演变与政策导向: 于中德实证研究[D]. 上海: 同济大学, 2020.

[18] 颜文涛, 卢江林. 乡村社区复兴的两种模式: 韧性视角下的启示与思考[J]. 国际城市规划, 2017, 32（4）: 22-28.

[19] 赵民, 陈晨, 周晔, 等. 论城乡关系的历史演进及我国先发地区的政策选择: 对苏州城乡一

体化实践的研究 [J]. 城市规划学刊，2016（6）：22-30.

[20] 赵民，游猎，陈晨. 论农村人居空间的"精明收缩"导向和规划策略 [J]. 城市规划，2015（7）：9-18+24.

[21] 周鑫. 国土空间规划背景下农村产业发展的规划应对 [J]. 建筑与文化，2020（12）：210-211.

[22] 朱介鸣. 城乡统筹发展：城市整体规划与乡村自治发展 [J]. 城市规划学刊，2013（1）：10-17.

第 7 章

地方产业驱动乡村振兴的浙江模式

7.1 基本特征

浙江省地方产业驱动乡村振兴的基本模式特征体现在经济、聚落、社会等多个维度，且不同维度的乡村发展具有相互的影响作用。乡村产业经济发展是带动其社会、聚落发展的引擎，乡村社会群体变化及相对应的空间融合为其经济产业发展提供支撑。作为乡村发展的空间载体，乡村聚落形态则是乡村经济社会发展的基础与表征（图7-1）。

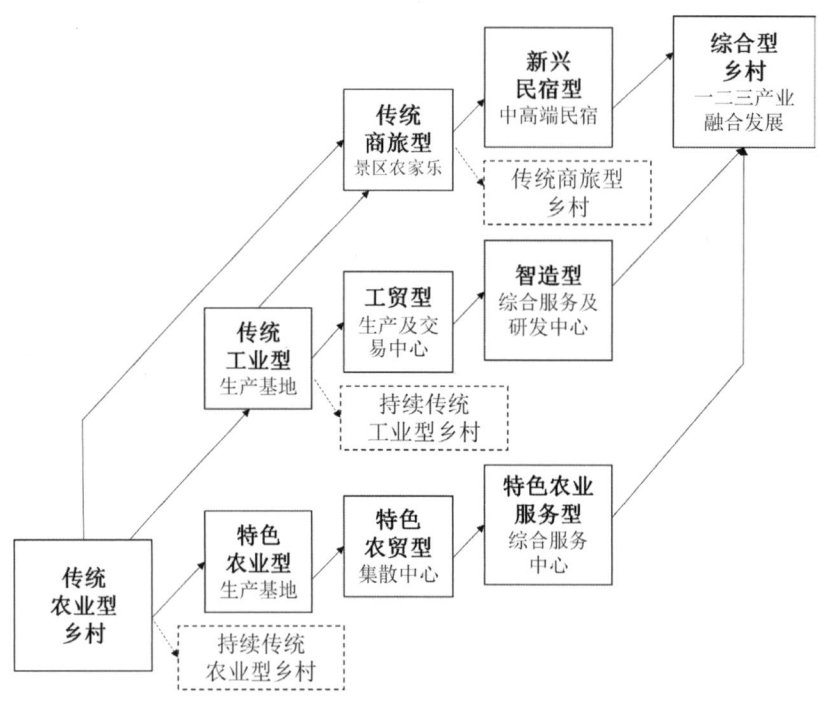

图7-1 浙江省乡村发展路径归纳

7.1.1 乡村产业经济和产业空间的发展

浙江省的乡村经济发展具有多元的路径选择可能性，并呈现出一二三产业融合发展的总趋势。在工业化、城镇化快速发展的早期，一般意义上的乡村发展大多呈现为农业型乡村向工业型乡村的单一路径。由前述浙江省的若干乡村实践可知，在新时代迈向"乡村振兴"的征程中，乡村发展不论主导产业及其发展阶段如何，均有可能将各自资源禀赋优势与外部发展要素相结合，进而突破传统乡村发展的路径依赖，形成高质量、高效益的新乡村经济。随着乡村产业的延伸与拓展逐渐走向一二三产业融合发展，这成为浙江省地方产业驱动乡村发展的一项重要特征。

从具体演变路径来看，以资源禀赋作为主要分类依据，本书大致将乡村案例划分为"基于农业资源""基于工业基础"及"基于风景资源"3种类型。基于农业资源的乡村产业发展路径可大致概括为"传统农业生产基地—特色农业生产基地—特色农贸集散中心—综合服务中心"，其典型代表是山下湖镇、溪龙乡以及洪桥镇等地。在不断做大规模、提升质量和转型发展的过程中，众多个体经营户已经逐步走向了公司化和规范化运作，并呈现出一二三产业融合发展的趋势（图7-2）。

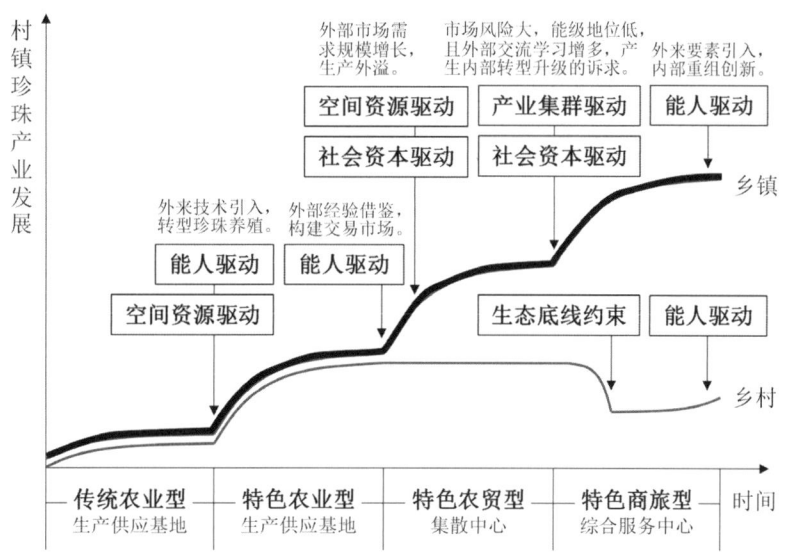

图7-2　山下湖镇村镇经济发展路径及驱动机制总结

基于工业基础的乡村经济发展路径可概括为"作坊主导—工厂主导—企业主导—企业与小微电商并行"，具有由"工业型"向"工贸型"，继而发展为"智造型"乡村的发展趋势，其典型代表是泽国镇、濮院镇、织里镇的乡村实践（图7-3、图7-4）。这类乡村产业不仅纵向延伸产业链，也开始注重横向拓展创新服务体系；乡村产业空间发展逐步从早期的分散和粗放，走向了相对集中和集约化。在工业型乡村的发展和转型的过程中，家庭作坊始终是产业发展的一种基础力量，不仅支撑大中型工厂企业的生产，还具有结合新经济要素另辟蹊径的可能性。

基于风景资源的乡村经济发展路径可概括为"传统工农业—传统景区旅游与农家乐—新型中高端民宿业—综合旅游服务业"，其典型代表是莫干山镇、天荒坪镇、水口乡的乡村实践。其中，传统的"景区—客栈"模式，是围绕景区目的地形成附属服务的农家乐片区；新兴的乡村旅游发展模式则是以中高消费层次的民宿产品为核心。在农家乐向民宿产业转型升级的过程中，产业空间可能呈现二者的有机融合或区隔分布等布局形式。

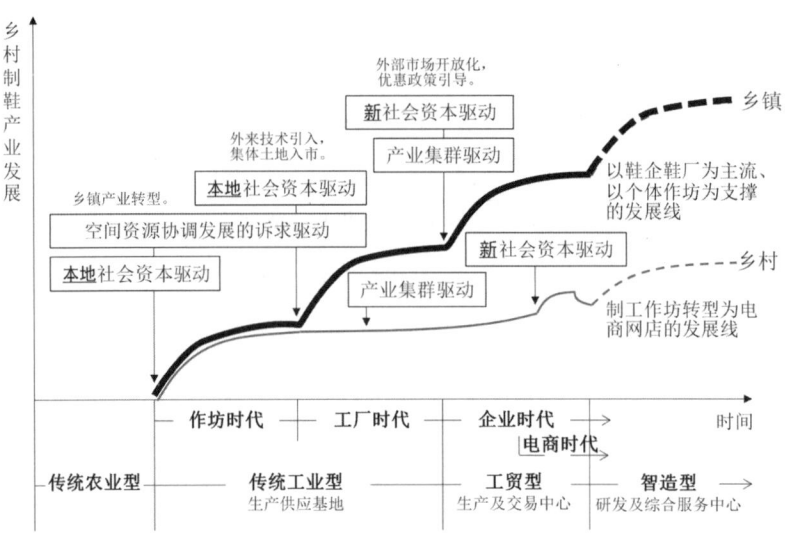

图 7-3　泽国镇乡村制鞋产业发展路径及驱动机制总结

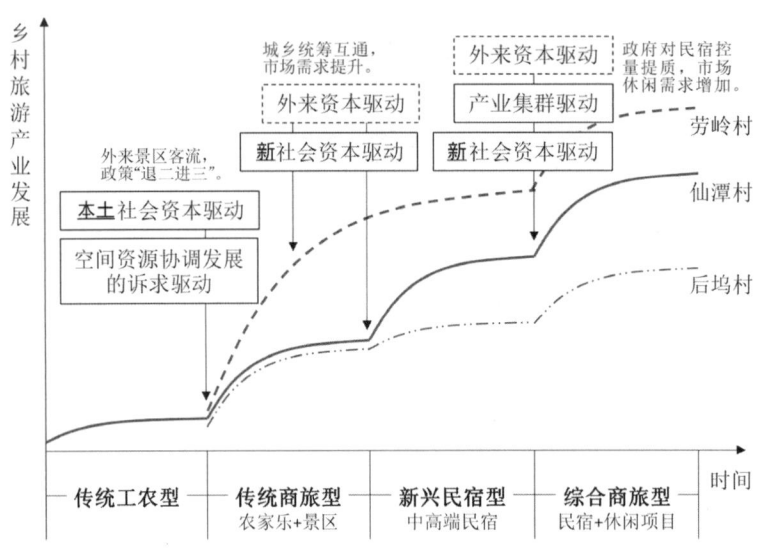

图 7-4　莫干山镇乡村旅游产业发展路径及驱动机制总结

7.1.2　乡村社会群体变化与社会空间融合

　　浙江省乡村地区产业发展与社会演变表明，在城乡统筹的发展背景下，随着现代化及市场化因素对乡村发展的影响不断深化，乡村社会总体上具有从传统的习俗社会向开放的契约社会转型的态势，呈现出从以农民为主体的"单质同一性"向内外并存的"异质多元性"的结构转变。外来群体深入本地乡村社会的不同程度，造就了乡村社会发展和转型的不同特征，可分为内外协同的"融合模式"、草根化的"区隔模式"和绅士化的"入侵模式"（图 7-5）。

基于农业资源发展的乡村社会最具乡土性,保持着本土化的特质。这类乡村转型与振兴发展的受益主体是农民,他们也在农业和非农业生产经营等方面表现出一定的比较优势。随着乡村产业经济的发展,传统乡村社会的自发演进亦会发生,表现为与镇区的互动联系日益紧密。尽管如此,村民始终以乡村地区为根基,这与农业资源的根植性相关,也与乡土文化传承有关。

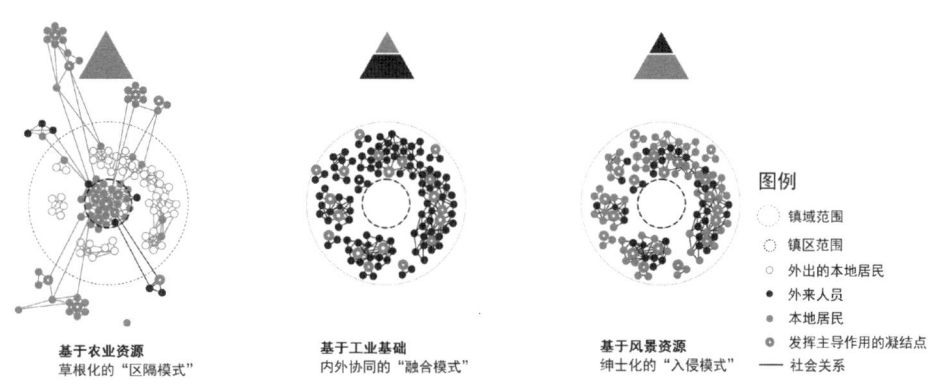

图 7-5　3 类乡村社会结构及关系网络示意

基于工业基础发展的乡村社会具有"内外融合"的特征。最初本地人在乡村经济社会系统中占据绝对主导地位;随着本地人口的外出经商,大量外地务工人员涌进这一类工业型乡村地区,他们逐渐融入并参与重构了本地乡村社会,形成了乡土情感与契约精神并存的新乡村社会。

基于风景资源发展的乡村社会具有相对明显的绅士化、契约化转型特征。外来资本和精英群体的适当介入可以助推传统乡村经济社会发展和转型;在发展的过程中,外来群体逐渐内化并与本地村民共同重构了新的乡村社会,成为本地乡村振兴的重要发展契机。

7.1.3　地方产业发展驱动乡村聚落空间转型

浙江省乡村地区产村互动发展的实践经验表明,在强调生态文明的当下,乡村聚落空间发展越发重视生态空间的保育与适度开发,同时逐渐加强对生产生活空间进行环境整治、基础设施配套等物质环境建设,以提升乡村产业经济的发展水平与人民生活的质量。

随着乡村产业经济的转型发展,乡村聚落空间的利用及生产方式也逐渐趋于灵活与多元化。一方面,乡村空间利用呈现功能的多元混合特征,例如,民居可发展为民宿,也可发展为家庭作坊及电商网店,农业生产空间与生态空间可开发为休闲旅游项目,等等。另一方面,乡村空间发展也不再单纯沿用集约布局的原则,而是注重更具弹性及有机的乡土属性。在某些情形下,零散的乡村聚落可赋予乡村旅游以乡野情趣；低小散的家庭民居作坊则成为嫁接电商产业集群的空间载体，相比正规工厂具有更强的产业弹性与市场适应能力。

7.2 驱动机制

由浙江省乡村案例研究可以看出，外生驱动因素催化可以促进本土资源的"转变"；而内生驱动因素对乡村发展和转型的作用则更具基础性意义及决定性，可促进实现更具韧性与可持续性的"进化"过程。下面以乡村内生驱动机制为主线，以外部环境影响为辅线，对浙江省地方产业驱动乡村振兴模式的驱动机制进行归纳总结，具体从乡村产业集群、社会资本、空间资源协调发展诉求3个层面展开。

7.2.1 乡村产业集群驱动

首先，乡村产业集群发展是乡村内生发展动力的孵化器，既充分发挥产业发展的规模效应，实现配套设施共享等高效发展，还激发乡村学习与创新的能力。一方面，乡村发展具有规模化的内生要求，这是乡村产业集群得以崛起的原因。这一点在相对落后的传统农业型乡村发展中尤为凸显，"抱团发展"可以令乡村个体协同跨越市场的"规模门槛"，实现较好的规模效益。不仅于此，当乡村地区的专业化产业集群在相应领域占据一定主导或者特色地位时，会使之逐渐从生产供应基地转型为集散中心，塑造出产业空间的发散性与产业垄断的中心性。研究中的莫干山镇、山下湖镇、洪桥镇更进一步地由规模效应升华衍生出"品牌效应"，并不断增加与外部市场交流的机会，推动乡村一二三产业融合的综合发展。另一方面，产业集群因同类型或同行业企业的地理接近性而提升了物质资源的组织及共享效率，更重要的还在于促进非物质层面信息、技术等的沟通与学习创新能力的提升，从而逐渐成为孕育乡村产业经济的重要载体。此外，外部市场的要素介入与环境影响也是刺激乡村转型发展的触媒，乡村产业集群则是真正将外部新鲜事物推广与内化、促进内部学习与创新的孵化平台。

其次，乡村产业集群发展均呈现出产业链及服务体系的延伸与完善，并逐渐引领从数量型经济增长向质量型经济增长的发展和转型。前述的若干乡村发展和转型实践案例具有产业集群发展的三种基本特征形态：一是横向集群，以同类同质产品的中小单元"扎堆"为主，目前农业型和商旅型的乡村实践基本上都表现出相对"扁平化"的集群特征。二是纵向集群，通过上、中、下游产业或产业之间链式环节合作形成集群，体现了传统工业集群发展的逻辑。三是整合集群，即在"龙头企业—中小企业—代加工作坊—零部件"的纵向集群的基础上整合升级，拓展至研发设计、市场营销等高附加值的后端环节，并延伸配套服务企业，增强产业集群的综合程度。山下湖镇、大唐镇等产业集群都具有向这一方向转型升级的发展趋势。

从产业顶层发展来看，研发设计与品牌营造逐渐成为龙头企业的重点发展板块；通过交流学习、人才及技术引进等途径，突破传统生产的数量型增长路径，以寻求更具品质效益、高附加值的质变。从产业的底端生态角度来看，无论是天荒坪镇农家乐的横向集群，还是泽国镇等工业型乡村纵向集群中的大量低层家庭作坊，均普遍存"低小散"的发展现象。它们的产业层次低端、生产模式落后、资源利用效率低下；同时，在某种意义上，它们也是具有乡村经济活力的一种体现，在长期发展中逐渐成为乡村产业集群发展的基础力量。客观而言，泽国镇等地在环境规制下的快速整治方式，必然对乡村个体经济收益与整个乡村产业生态造成冲击，乡村产业如何实现环境政策倒逼下的包容性发展和转型升级是普遍难题。

7.2.2 乡村社会资本驱动

乡村社会资本是乡村内生发展和转型的宝贵资源与核心动力，主要体现在本土关系网络的张力、融合发展能力、学习创新能力等方面（图7-6）。

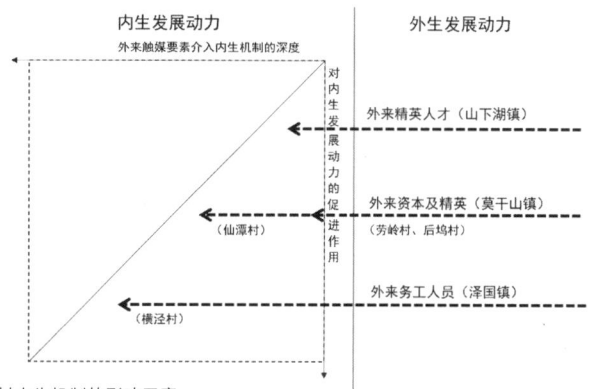

图7-6 外来群体介入乡村内生机制的影响示意

第一，乡村社会资本表征为乡村本土关系网络的组织弹性，发挥较强的"能人效应"，也在广域时空范围表现出本土网络组织的凝聚性与根植性。不同于城市，传统乡村社会基于乡村空间范畴内的熟人网络，是以己为中心、以社会势力为半径来构建差序式的人际关系格局，对应传统乡村社会的封闭性和自组织性。早期政府层面也在外生性的乡村治理实践中看到了"农民组织化"的重要性，以成规模的劳动力替代稀缺资本，可理解为一定资源禀赋条件下派生的制度选择[1]。从山下湖镇下辖村庄的实践来看，对于传统乡村的早期发展，培养本地"能人"尤

---

[1] 温铁军，杨殿闯. 中国工业化资本原始积累的负外部性及化解机制研究[J]. 毛泽东邓小平理论研究，2010（8）：23-29.

为重要，本地能人可以带动村民相互学习，从而形成更具凝聚性与根植性的组织关系。

第二，乡村社会资本具有融合发展的能力。乡村社会资本以关系网络及信任结构为基础，是乡村可持续发展的重要动力。此外，外来群体的有机融入可能激发乡村社会资本的更大潜能。相比莫干山镇，虽然泽国镇的乡村发展相对草根化，但是外来群体更深层、更有机地融入了乡村发展，成为了新乡村社会资本中的重要组成部分。

第三，乡村社会资本的价值在于培育与提升本土适应、学习与创新的能力。乡村的农民组织发挥的效用不仅限于团结农民，还激发乡村经济社会发展适应、学习与创新的能力。由山下湖镇案例的后期发展可见，更加网络化、开放化的乡村社会关系网络的背后，实际上是在城乡市场互动、地方政府支持等外部环境影响下，乡村居民不断相互学习、自我适应形成的信任结构与规范标准。

总之，实现乡村"质"的转型需要一定数量的某些外部要素的注入，例如，信息流动、科技创新、管理运营等。莫干山镇仙潭村的实践直接地揭示了乡村社会结构与投资结构的适当外倾可以良性促进乡村发展和转型。外来群体作为市场化的利益合作者，可成为沟通城乡要素流通的桥梁。同时，他们还一定程度上与本地村民分享经验，带动村民学习交流和共同进步。本地村民也会主动适应与融入市场环境，将外来技术内化于自身经验中，逐渐培养与提高自身的学习与创新能力。由此，乡村社会便会逐渐重构，形成以村民为主体、以社会精英为凝结点的关系网络。这意味着外生因素的深入与内化，也预示着一种新的共信共治模式的建立、内外协同的乡村社会资本的形成，乡村社会发展因而更具弹性与可持续性。

7.2.3 乡村空间资源协调发展诉求驱动

在地方产业驱动乡村发展的浙江模式中，乡村空间的协调发展诉求是驱动空间生产的基础动力，不同乡村空间系统的协调机制可塑造出不同的乡村发展和转型的路径特征。

首先，生态环境本底对乡村发展和转型具有"底线约束"的客观制约作用。基于农业资源与风景资源的乡村发展地区尤其表现出环境依赖性，其生产生活与生态环境具有密不可分、相辅相成的关系。为保证乡村经济社会的可持续发展，乡村地区必须贯彻践行"两山理念"，着力改善与保育生态环境。此外，生态底线约束客观上会倒逼乡村走向智慧环保和高效产业发展的转型道路。例如，出于珍珠养殖对水体生态环境污染的考虑，山下湖镇人民政府实施塘面"禁养令"，尽管导致珍珠产量下降，却促进了对绿色清水养殖技术的探索，并引导了整个珍珠产业提升发展质量。安吉县天荒坪镇的乡村地区则是"退二进三"，将矿场、水泥厂、竹拉丝厂等关停，恢复与保育了生态环境的元气，为转型为乡村旅游业奠定了基础。这些均可谓是"两山理念"的实践典范。

其次，乡村地区偏低的管控能力一定程度上有利于营造具有灵活性与包容性的发展环境，为其空间资源的早期利用创造了多种可能；但在发展的较高阶段，对乡村空间加强整治极为必要，治理能力要不断提升。乡村用地功能上，尤其是民居从单一的居住功能逐渐容纳制工、商旅等多种功能，具有较强的包容与转换能力；而农业生产空间及生态空间也逐渐成为超越农业生产、旅游景区的一种空间生产资源，如开发为具有较高附加值的休闲旅游项目。此外，顺应乡村新经济的转型发展，乡村用地布局逐渐呈现出对零散用地适当的管控与包容，形成与经济社会相对应的乡村空间治理能力。乡村规划中的"集约布局"原则将不再刻板应用，而是在避免"粗放、低效"的基础上允许部分高价值零散用地的存在。

7.3 趋势展望

在新时代"城乡统筹""乡村振兴"的政策导向下，乡村地区能否抓住机遇、善用外部资源，并真正实现自我造血的可持续发展机制，可被看作是乡村振兴的重要标准之一。在当前的发展情景下，产业经济仍是乡村发展的重要目标与引擎。然而，乡村发展想要实现"产业兴旺、生态宜居、乡风文明、治理有效、生活富裕"的全面振兴目标，就必须认识到乡村聚落的空间资源是基础，社会资本是核心竞争力，从而构建起乡村"经济—社会—聚落"的多元目标体系。

7.3.1 聚落空间维度的探讨

在聚落空间维度探讨"生态保育"作为"空间生产"的前提，"精明开发"与"精明收缩"的规划策略并举。

1. "生态保育"作为"空间生产"的前提

生态文明是乡村转型发展的重要前提，应将"两山理念"贯彻落实于今后的乡村实践中。乡村空间资源是乡村经济社会发展的基础，尤其农业型与商旅型乡村对环境资源具有更强的依赖性，必须树立对空间资源保育与开发的科学认识。某种程度上，"两山理念"为乡村的空间规划提供了强大的武器，倒逼乡村产业经济发展走向环境友好型的生态经济，实现乡村"经济—社会—聚落"系统的协调与可持续发展。

2. "精明开发"与"精明收缩"的规划策略并举

浙江经验表明，在遵循"两山理念"的前提下，有限的乡村空间资源需有序组织与精明开发，并不断挖掘存量资源的内涵价值。乡村地区应充分整合利用本土空间资源的特色，通过适当的空间生产方式提升附加值,与乡村经济社会发展共同整合与构建成一个紧密交融的发展系统。我国大量传统乡村具有优良的农业、风景等空间资源,但相当一部分处于发展优势不明显、产业经济薄弱、长期处于发展困境的状态,这是因为它们还未构建起空间资源与"新经济"的紧密关联。需要注意的是,这些相对落后的传统乡村与山下湖镇等先发乡村案例不仅存在发展的"时间差",还存在时代背景的差异。这既意味着原先的某些发展条件已经不复存在,也意味着新时代有新机遇。例如,新的乡村发展可以跨越工农"剪刀差"的鸿沟,可以创造出资源价值与消费超过城市的"价值高地",还可以借助互联网构建城乡家庭的"流"通道,为乡村与城市双向流动提供更多可能性。

由此,乡村发展应放置于城乡统筹系统中进行考虑,结合外部市场需求进行"精明开发"。例如,莫干山镇是以长三角地区大量的白领阶层人群为市场客群,依托风景资源打造中高端消费的"民宿产业",以满足城市解压、休闲度假的需求。可见,并不是有风景的地方就有新经济,而是风景资源找到了对接市场需求的"接口",在科学规划的前提下实现了"精明开发"。

由于乡村空间及其范围内各类资源要素的有限性,乡村规划还应倡导乡村人居空间的"精明收缩",需要合理退出和优化重组乡村人居资源,引导乡村生产生活组织方式的转型升级,使乡村个体和社会整体福利都能得到有效提升。山下湖镇的乡村实践就是一个跳出"资源陷阱"、精明收缩并集群优化的发展过程。其生产空间的收缩一定程度上倒逼了产业转型升级,使其由依赖生态资源转为更加依赖产业集群与社会资本,完成乡村功能定位与空间优化利用的"晋升"。延伸而言,农村人居空间规划和发展中的"精明收缩"与"农业现代化"及"乡村振兴"应是并行不悖和相互促进的关系[1]。

7.3.2 产业经济维度的探讨

在产业经济维度探讨"数量增长"与"质量转型"相协调,"门槛宽进"与"底线严出"规划控制机制相合宜的"乡镇"与"村庄"联动发展与规划。

1."数量增长"与"质量转型"相协调

乡村经济发展和转型是一个循序渐进、螺旋上升的曲折过程,需把握"规模增长"与"质量转型"的阶段性辩证关系。党的十九大报告明确提出,城乡经济发展需建设现代化经济体系,把提高供给体系质量作为主攻方向,显著增强我国经济质量优势。与城市经济发展规律相似,乡村经济发展是数量型增长与质量型增长协调交替、螺旋上升的过程。一方面,规模扩张是乡村发展过程中的必经之路与重要基础。另一方面,资源依赖、投资依赖的数量型增长终究不可

---

1 赵民,游猎,陈晨.论农村人居空间的"精明收缩"导向和规划策略[J].城市规划,2015(7):9-18+24.

能实现可持续发展，因而高质量、高水平的质量型增长是乡村突破传统路径、实现转型发展的基本目标导向。从本书基于农业资源的3个乡镇乡村案例可见，乡村地区基于传统乡村的规模增长而搭建资源平台、提升生产标准，较好地实现了城乡互通、品质提升的质量转型；新经济的渠道打通后，农业型乡村将进行规模扩张，成为广域范围的集散中心。当乡村经济规模增长到一定程度，面临低价竞争、效率下行等发展瓶颈时，就需要转向以质量求发展的转型。

在乡村发展的语境中，"质量转型"不应只在经济职能、形态布局等方面以城市发展的标准作为评判，而是要注重整个产业集群生态与内生发展动力的培育。对于乡村工业化发展来说，乡村产业集群不仅要推进产业链的纵向延伸与产业功能的横向深化，还应对早期发展起来的"低小散"企业及个体户等底层资源进行合理的整合与充分利用，从产业生态层次的两端同时推进发展质量的转型。"低小散"现象是早期以劳动密集型中小企业为规模主体的"温州模式"的缩影，具有产业层次低端、资源利用粗放低效等问题；同时，在产业生态的不断丰富与深化过程中，它们也是支撑整个产业发展的重要内生力量。泽国镇等地"一刀切"式的整治行动，不仅削减乡村家庭经济收入，也间接阻碍整个产业生态的发展弹性，但其实践似乎为现阶段乡村"低小散"整治提供了的一种解决方案，通过企业及个体户的合并与集约化布局，以激励与倒逼的方式双向促进"低小散"转型发展为"小微企业"，从而使微观经济的内生发展动力得到了保留与升华。

2."门槛宽进"与"底线严出"规划控制机制相合宜

在城乡二元结构尚未打破的背景下，乡村地区应适当营造较为宽松的政策及市场环境，并通过促进城乡要素流动来激发乡村内源活力。在政策制度的驱动下，要素输入式的产业发展政策可能会带来短期的快速经济增长，但若不能化"输血"为"造血"、化"外延"为"内生"，乡村发展终将难以持续。

发达地区乡村经济内生与结构转型很大程度上依托民营经济的集群发展，这种自发性的培育是一个曲折渐进的过程，与其所处的市场土壤与政策环境息息相关，尤其要借助市场要素活力去激发与储备乡村长期发展的内源系统动力。例如，相比山下湖镇和泽国镇及其所在地区，莫干山镇原本没有很强的市场经济氛围；该镇政府适当降低产业发展和空间规划的政策门槛，逐渐吸引内外资本的投入与积累，孕育出具有较强经济活力的民宿产业集群。自下而上的莫干山镇与自上而下的天荒坪镇乡村实践的对比则是为"产业环境与产业政策之辨"提供了实证素材。由此可见，政府与规划的介入应明确"服务型"的角色定位，着力创造更广阔和更具包容性的市场经济环境与产业成长的物质空间，以吸引村民与外来人才积极创业，并引导与促进乡村产业转型升级。

随着乡村产业规模的不断扩大，乡村规划与治理作用将逐步凸显，需要对乡村发展施以必要的管控，包括实施严格的生态"底线约束"管制。一方面，各类发展要素的介入不能过度，外生驱动的意义在于培育与激发乡村内源动力，而非乡村经济发展的非农化以及或社会发展的绅士化。若长期依赖外源动力，乡村经济社会内生动力便得不到培育，也就难以形成"内生—外生"协同发展的态势。另一方面，乡村产业发展应不断抬高产业发展的底线，例如，山下湖镇的珍珠清洁养殖试点改革、莫干山镇的民宿规范化等，以不断推进乡村产业整体水平的提升。但是，过度的"底线约束"也可能带来乡村经济社会发展的负效应。例如，泽国镇对"低小散"企业及个体户"一刀切"式的整治行动，缺少了循序渐进的诱导过程，容易破坏乡村产业生态结构及其背后的经济发展内源动力。由此可见，乡村经济发展的"底线约束"不同于城市治理，需要在包容性与原则性之间取得平衡，在"门槛"与"底线"的区间中寻求乡村规划的精明之道。

3. "乡镇"与"村庄"的联动发展与规划

乡镇与村庄发展与保护应纳入乡村规划的统一框架，要构建二者之间的经济社会和空间发展的联动关系，以实现《乡村振兴战略规划（2018—2022年）》中提出的"以镇带村、以村促镇、推动镇村联动发展"的发展目标。笔者在案例研究中分析过几种不同的乡镇—乡村发展关联：其一，山下湖镇是"腹地关系"，其乡村经济发展重心逐渐从村庄转移至镇区，村庄则成为了镇区的生产腹地；但与寻常的工业乡镇发展不同，该镇因农业资源禀赋的根植性，长期保持着"乡村支撑乡镇、乡镇带动乡村"的密切发展联系。其二，莫干山镇是"均衡关系"，原本因工业发展而形成以镇区为核心的产业空间结构，却因民宿产业的兴起与发展，激活了乡村地区经济社会发展的动力，形成了镇区与乡村均衡发展和良性互动的模式。其三，泽国镇是"错位关系"，该镇乡村产业经济发展在农村电商的兴起与发展过程中探索出平行于镇区发展的路径。

总之，乡村地区的发展与规划应结合自身资源禀赋、产业发展等特征，因地制宜地构建与乡镇经济发展相协调的空间框架和联动机制；乡村要在县市和乡镇规划的引导下，积极融入城乡发展的大系统中，借助城市和乡镇发展的带动力量，促进培育与形成乡村发展和转型的内生动力，以实现乡村振兴的美好愿景。

7.3.3 社会组织维度的探讨

在社会组织维度探讨发挥"农民主体"与"内外协同"的共同作用，由聚焦"资本积累"到更重视"社会资本积累"。

1. 发挥"农民主体"与"内外协同"的共同作用

浙江经验表明，乡村振兴规划的实施主体不是单一的政府、企业、村集体或村民，而是存在多层级主体。从社会发展角度看，乡村社会群体正逐渐趋于多元化；在不同乡村实践中已经表现出不同角色的作用差异性。

以莫干山镇的3个乡村实践为例，劳岭村的高度市场化带来社会绅士化的倾向，尽管外来精英数量不多，却在经济发展方面占据主导性地位。该村虽然经济发展效率最高，呈现出清晰、明确、直接、快速的直线型转型路径，但在很大程度上以城市型产业开发逻辑压制了本地村民的学习、创造能力，削弱了乡村发展的内生动力。

比较而言，仙潭村、后坞村呈现出相对不清晰、不确定、渐进式的非线性发展路径，更为体现出内生学习、创造、开发能力的培育与探索。后坞村的发展路径在某种程度上是全国乡村发展困境的一个缩影，反映出以本地村民为单一主体的乡村发展难以突破传统路径依赖、实现转型与创新发展。对于外延发展还是内生摸索的问题，仙潭村的实践似乎给出了一份相对理想的答案，外来资本与精英的介入带动了本地居民返乡创业的热情，从而建立起了基于多元主体之间互利互信、内外协同的"融合发展"模式。这种模式既避免了"绅士化"对乡村社会的异化作用，又不会因为过于"草根化"而降低本地发展的水准，因而有利于实现"经济—社会—聚落"多元目标系统的全面振兴。

在未来的乡村发展中，"人"将起决定性作用，这里不只是指乡村基本三要素中的"人力"，而是指"人才"的重要性更为凸显。总之，适当的外来人才引入与多元主体的共谋可以更好地促进乡村经济社会发展，从而更快地实现乡村振兴的目标。

需要特别注意的是，重视外来人才的导入，并不是否认村民在乡村社区的主体性，而是以适当的外部刺激来推动乡村本体微小渐进式的内源韧性的培育，从而化外延"介入"为内生"驱动"。为了达成这个目标，政府应通过土地资源的规划配置及权利等要素的流动控制，保障农民主体的发展地位；引导构建以村民为主体、以社会精英为凝结点的关系网络和物质空间体系，促进建立共信共治、内外协同与融合的信任结构与交往空间，形成更具发展韧性与可持续性的新型乡村社会。

在外来工商资本介入乡村发展的背景下，更需要发动村民参与乡村规划和决策的全过程；要充分发挥村民自治的作用，强化村民对乡村家园建设的认同感和参与度，加强乡村社区共同体的塑造。在以往的村庄规划中，公众参与较多流于形式，村民只是"被动"地参与或"伪参与"。未来的乡村规划应以民意为落脚点，对公众参与的对象、流程、内容和表达加以明确规定，并完善相关的体制机制。要基于生态维护、古村保护和文化传承等底线思维，完善规划建设各个环节的工作，并以村民的系统性参与来进一步激活乡村发展的内生动力。

2. 由聚焦"资本积累"到更重视"社会资本积累"

随着乡村经济发展水平的不断提高，乡村发展对于要素积累的诉求也会发生内涵上的转变，主要由聚焦"资本积累"转变为更重视"社会资本积累"。土地、资本、人力是传统乡村发展的三个基本要素，政策驱动下的要素输入大多以投资的形式介入乡村建设。在新时代乡村转型与振兴发展的征程中，"乡村经营"的内源培育应成为"乡村建设"发展的新目标。由此，各类人才及知识技术发挥的推动性作用变得尤为凸显。作为新的乡村发展要素，人才与知识的流动与乡村经济社会发展环境的开放相互促进。

在新时代的乡村发展中，要进一步激发产业集群内部学习与创新能力，与乡村社会关系网络、经验积累、地方支持、产业集群等本土资源逐渐融合，并形成新的乡村社会资本，使之成为本地的核心竞争力。例如，在本书的乡村实践案例中，莫干山镇的乡村民宿产业发展更为彰显知识学习的力量；相比招商引资，山下湖镇、大唐镇等乡村经济产业发展相对成熟的乡镇则表现出对人才、知识更强烈的渴求，不仅针对研发设计、市场品牌等重点产业发展板块进行技术人才的引入，还在管理运营、服务配套等方面进行相应配置，为乡村的创新发展奠定新型要素的基础。

参考文献

[1] 陈晨,耿佳,陈旭.民宿产业驱动的乡村聚落重构及规划启示:对莫干山镇劳岭村的案例研究[J].城市规划学刊,2019(S1):67-75.

[2] 陈晨,刘爽.乡村转型与村社共同体重建:基于天津市常州村(旅游专业村)的案例研究[J].城市建筑,2020,17(34):60-66.

[3] 耿佳.浙江省乡村发展和转型实践及驱动机制研究[D].上海:同济大学,2019.

[4] 温铁军,杨殿闯.中国工业化资本原始积累的负外部性及化解机制研究[J].毛泽东邓小平理论研究,2010(8):23-29.

[5] 许一磊,陈晨,耿佳.产业资本介入下我国乡村空间转型的研究述评及规划启示[J].南方建筑,2018(5):22-26.

[6] 颜思敏,陈晨.白茶产业驱动的乡村重构及规划启示:基于浙江省溪龙乡的实证研究[J].现代城市研究,2019,34(7):26-33.

[7] 颜思敏,陈晨.民间资本驱动的乡村转型及其规划响应:基于浙江省安吉县大溪村的案例研究[J].城市建筑,2019,16(19):128-135.

[8] 赵民,游猎,陈晨.论农村人居空间的"精明收缩"导向和规划策略[J].城市规划,2015(7):9-18+24.

[9] 朱介鸣,陈晨,游猎.花卉产业驱动的包容性乡村发展:云南案例研究[J].城市发展研究,2019(10):93-101.

第 8 章

面向乡村聚落"产业 - 社区"可持续发展的规划策略

面向乡村聚落"产业-社区"的可持续发展,产业政策重点关注提升乡村地区的产业发展效率,而城乡规划重点关注乡村地区的人居环境品质提升,并与乡村产业发展的空间要求相适应,由此推动产业发展与乡村人居环境发展的产村"对称互动"发展。基于上述的产村互动解释框架,本书以浙江省的3个典型的乡村案例地区展开实证研究:①安吉县溪龙乡,当地种植白茶形成产业,是传统农业驱动模式的代表。②诸暨市山下湖镇,以淡水珍珠养殖、加工、贸易为特色,是加工贸易业驱动模式的代表。③德清县莫干山镇,以民宿产业为特色,是旅游业驱动模式的代表。

基于产业经济学和城乡规划学的双重视角,本章选择不同主导产业驱动的典型乡村地区,从"产村互动"的视角总结了一系列地方产业驱动乡村发展的典型模式,并在此基础上针对不同的产业类型提出"三阶段、九要点"的"乡村产业振兴工作法",为相关地区的乡村产业振兴及其规划建设提供借鉴。

8.1 面向农业驱动模式的乡村规划策略

本书聚焦的传统农业主导型浙江省村镇中,白茶产业驱动的溪龙乡是种植业驱动模式的典型代表。安吉县溪龙乡用20多年的时间,从无到有地培育出远近闻名的白茶产业。2004年,溪龙乡被农业部授予"一村一品"强乡强镇,白茶成为农户重要经济来源。习近平总书记曾用"一片叶子,富了一方百姓"概括白茶产业对当地乡村发展的贡献。溪龙乡的实地调研主要包括溪龙乡集镇、黄杜村、后河村和溪龙村等。

8.1.1 产业发展的阶段性及其要素驱动关系

从初级农产品到高效农业,安吉溪龙乡白茶产业的发展过程可以分为萌芽期、增长期、提质期3个阶段,笔者发现每个阶段的产业发展特征和推动产业发展的主导要素不同(图8-1)。

1. 萌芽期

1)要素分析:优势品种、区位优势、能人主导白茶产业进入初级阶段

初级农产品有"靠天吃饭"的特征,溪龙乡发展的根基在于找到了最适合的高效农业品种——白茶。安吉白茶源于20世纪末偶然发现的本地特有的野生树苗,经技术人员多年实验,培育为"白叶1号"茶苗。溪龙乡优越的气候、土壤等自然条件为白茶提供了良好的生态环境基础。从此,溪龙乡的产业迅速从单一的竹子向竹、茶并重转型,并最终发展为以茶为主。

区位与交通的优势为白茶产业提供了良好的销售渠道与市场。溪龙乡位于浙江省湖州市安吉县东北部，与上海大都市区、苏锡常都市圈、杭嘉湖城镇群、南京都市区等地区构成了0.5～2小时交通圈。"安吉白茶"品牌知名度不断攀升，与上述地区大量的高净值的高端消费人群和他们对清茶的偏好有重要关联。有了这一基础性的地区市场，"安吉白茶"才能一跃成为地理标志，迅速打开全国性市场。

研究发现，市场意识极强的溪龙乡村民及能人乡贤的带头作用也是白茶产业发展的重要内生动力。白茶品种育苗之期，溪龙乡村民盛振乾依靠以往的种茶经验，积极进行白茶新品种研发，并率先试点种植；宋昌美等人建立白茶合作社，学习种植技术，推出品牌，带领村民种植，此后，溪龙乡村民纷纷改种白茶，种植面积迅速扩大，白茶种植逐渐从农户的个体行为上升至规模化种植的产业集聚区。

2）产村互动：产业扩张需要更多的种植空间

随着白茶种植规模的逐年扩大，对种植空间的要求逐渐提升，此时村庄通过土地的整理，以土地分红的形式从散户手中吸收闲散的土地，通过建立农业合作社、农业园区等方式规模化、专业化种植白茶，推动白茶产业的发展。2001年6月，安吉溪龙千亩无公害白茶示范园区完成建设，同年获得茶叶类全国第一个原产地保护证明商标，推动白茶产业进一步发展。

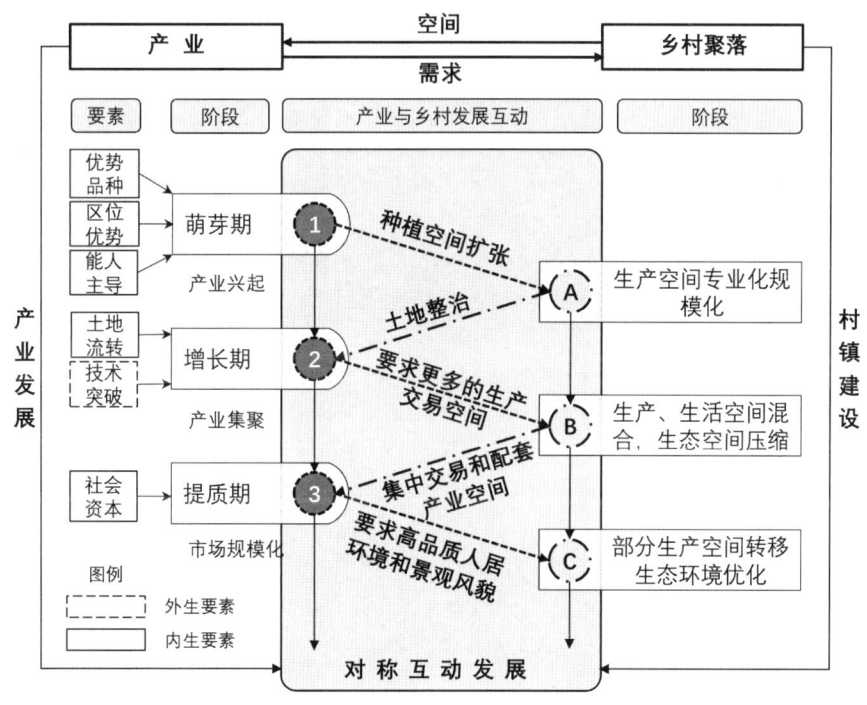

图 8-1 传统农业驱动的产村互动发展模式（以白茶产业驱动的溪龙乡为例）

2. 增长期

1）要素分析：土地流转、资本集聚、技术突破带动下的白茶产业高度集聚

产业兴起后，村民以通过土地流转、联耕联种等多种经营方式参与产业，获得家庭金融资本的提升，通过购买机器设备，扩大茶山规模的方式将其投入再生产，从而带动白茶产业的规模进一步扩大。从问卷结果看，受访村民九成以上从事白茶产业，产业兴起后，近3/4村民年收入在20万元以上，九成以上的村民年收入呈增加趋势，超过两成的村民收入大幅度增加。

村民积极培育茶叶品种，探索茶叶加工、包装等技术，是安吉白茶产业快速成长的重要原因之一。1980—1987年由县科委批准，县林科所科技人员主持设立"浙北地区当地茶树品种选育研究课题"，培育了本地特有白茶品种。1998年6月，开始制定《安吉白茶》县地方标准，9月颁布实施，2004年升级为省级地方标准；2006年，升级为国家标准。邀请中国农业科学院茶叶研究所等科研院所，合作开发有机茶，举办一系列茶叶技术培训，提高茶叶生产水平，并包装和商标实施规范化管理（图8-2、图8-3）。

（a）溪龙乡村庄风貌　　　　　　　　（b）某农村建成环境失控的茶叶种植专业镇风貌

图8-2　溪龙乡与某建成环境失控的茶叶种植专业镇的风貌比较

（a）茶园　　　　　　　　　　　　　　　（b）度假酒店

图8-3　溪龙乡高品质的人居环境和景观风貌

2）产村互动：产业对生产交易空间提出进一步需求

在白茶产业的增长期，产业链不断延长，形成了白茶的生产、加工、销售体系及产业配套，安吉白茶从地方品牌发展成为全国的品牌，在全国范围内掀起种植白茶的浪潮。在这个过程中，为匹配产业对村庄生产、交易空间进一步的要求，溪龙乡推动村民集中居住区的建设，例如，乡集镇区的白茶街规划建设，营造了良好的村民生活，实现生产生活空间的有机混合，但是生态空间受到了挤压。各村改造、建设居民住宅，在乡镇中心开发了以白茶等名优茶的销售、品尝为特色的白茶一街、二街、三街，成为出售高档安吉白茶的标志性交易市场。

3. 提质期

1）要素分析：社会资本主导下的白茶产业可持续发展

由于白茶对新鲜度的要求以及土地承包权的分散，当地更多采取"公司 + 农户"的方式，即"企业提供品牌、运输和技术培训，种植端分散到各个家庭茶场"。在这个过程中，溪龙乡建立起企业和村民之间的互惠关系和社会网络，社会网络的张力成为后期集散的重要支撑。溪龙乡白茶企业规模相近，没有出现大规模兼并的现象，前10位的龙头企业在本地白茶产业中的市场份额仅为1/30。对比中等规模以上的企业茶山规模，龙头企业在溪龙乡境内的茶山面积在300～400亩，农户的种植面积普遍在10～30亩。

此外，村集体、企业、村民形成了以白茶为中心的乡村共同体，特别是在面对产业发展中的生态环境影响控制问题，涉及各方都积极应对，以实现"产村融合化"的可持续发展模式。

2）产村互动：产业发展要求高品质人居环境和景观风貌

白茶产业进入发展期后，种植模式逐渐从开垦茶园向实施生态修复转变，这对村庄高品质人居环境的建设和景观风貌的塑造提出了进一步要求。溪龙乡建设影视基地，优美的茶园风景吸引了大批游客到园区旅游观光，规划农旅结合的产业发展空间，引进帐篷客·溪龙茶谷度假酒店，成为国内首家"景区 + 帐篷式住宿"风情度假酒店，为村庄带来180多万元的税收。村庄的部分生产空间转移，生态环境优化，进一步引导了产业的高品质发展。

8.1.2 模式优缺点分析

传统农业驱动模式的优点主要有2个方面：一是乡村性较强，产业发展根植于乡村社区。该模式下的乡村社会仍然基本保持着高度本土化的特质，虽然随着本地空间容量的饱和，村民分散到各地种植，但始终以本地乡村为根基，依赖本地资源禀赋和乡村社区。二是包容性较强，产业进入门槛低。传统农业在本地可复制性强，发展速度快、门槛低、平民化。企业的规模、生产量、利润等较为分散，市场集聚度较低，有利于村民直接参与产业扩张与发展，在各个发展阶段都能使附加值回归本地的本土关联产业。然而，传统农业驱动模式的缺点主要是农产品市场不稳定。单一的初级农产品仍然存在"靠天吃饭"的困境,抗风险能力弱。产业利润易受自然环境的影响,波动较大。

8.1.3 助力农业驱动模式发展的外部干预

外部干预主要从政策建议与规划策略2个方面着手。对于传统农业驱动模式,考虑如何增加产业抗风险能力,摆脱"靠天吃饭"的困境。

1. 政策建议

地方政府应通过促进种植技术升级、劳动力引流、引导产业向可持续发展等举措进行有效的政府干预,具体有3个方面。

一是促进全产业技术升级,如组织育苗,成立基地实验课题组,进行技术培训指导,支持茶苗育种和种植;出台种植补贴政策、取消茶叶税、建立茶叶保险等方式大力推广白茶种植,引导白茶产业的不断升级。

二是扩大品牌知名度。实行强有力的品牌保护,管控市场,保证产业的良性发展,并通过公共平台建设不断提升本地农产品的市场美誉。申请白茶商标,建立白茶网站,采取母子商标等政策,为消费者提供品质保障,巩固溪龙乡"安吉白茶核心保护区"的地位,保护品牌形象,也进一步拓宽销售渠道,进而保证茶农的利益。

三是引导产业可持续发展。政策应为白茶产业未来的持续发展提供保障,如专门设立白茶核心保护区,进行生态保育工作,控制白茶种植面积、控制药物使用等环境规制政策,调节产业发展与生态保护之间的关系,保证产业健康发展。

2. 规划策略

针对传统农业驱动模式的村庄,空间规划应该重点关注如下问题。首先,强调对乡村性的存续和提升,应保护村庄原有的村居风貌,将高强度的生产空间建设向镇区转移。其次,规划引导农业景观向旅游景观转型,通过提升自然环境、增加农作物的可观赏性,以及村镇建设水平,并相应配套公共服务设施,改善农业"靠天吃饭"的问题。最后,优化销售渠道及配套物流系统,上位规划中应包含对市场和物流系统的专项规划。建议开发以名优茶的销售、品尝为特色的白茶交易市场"白茶街",同时积极拓展虚拟网络市场。

8.2 面向加工贸易业驱动模式的乡村规划策略

本书聚焦的加工贸易业主导型浙江省村镇中，珍珠产业驱动的山下湖模式是加工贸易业驱动模式的典型代表。山下湖镇位于绍兴市诸暨市，基于当地优越的淡水湖资源，自20世纪90年代起至今形成了完整的珍珠产业链。受益于当地农户良好的商业和市场意识，现已形成第六代珍珠市场，为全国最大的淡水珍珠养殖、加工、贸易中心，全球淡水珍珠粗加工及批零中心，被誉为"中国珍珠之都"，对我国广大乡村地区的发展更具借鉴价值。研究的实地调研主要包括山下湖集镇、新长乐村、山下湖村、新桔城村、枫江村等。

8.2.1 产业发展的阶段性及其要素互动关系

山下湖镇的珍珠产业从原珠养殖，逐渐发展到珍珠加工、形成交易市场，再到大规模地铺开建立珍珠企业、贸易市场迭代升级，整体产业发展历程可以大致分为萌芽期、增长期、提质期，每一个时期的主导要素及其产村互动都表现出了较强的规律性（图8-4）。

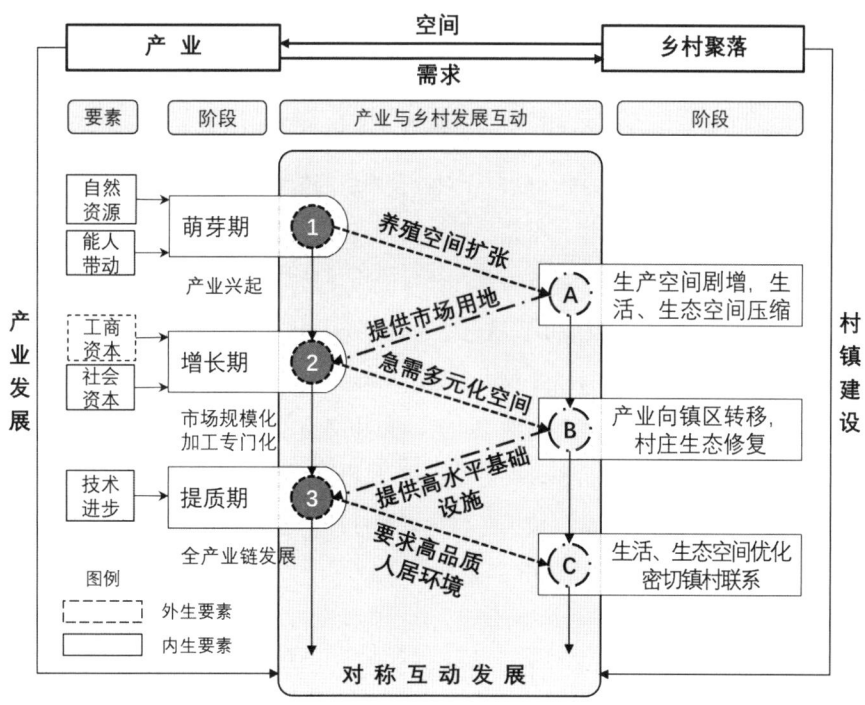

图8-4 加工贸易业驱动的产村互动发展模式（以珍珠产业驱动的山下湖镇为例）

1. 萌芽期

1）要素分析：优质淡水资源、村庄能人带动珍珠产业兴起

山下湖镇的珍珠产业的从无到有得益于当地的淡水湖资源。该镇地处平原水乡，河流、湖面、水塘密布，有可养殖的水面7000余亩，东部以湖畈为主，水深1.5～4.0米，是极佳的珍珠养殖水域。

1972年年底，当地村民何木根成功养出第一批淡水珍珠，到1978年改革开放后，何木根联合村内三家农户养蚌收益达2.8万元，引发轰动，村内及周边村庄的村民们被其经济价值吸引，争相追随养蚌。长乐、尚山、广山等白塔湖一带90%以上的村民都从传统水产养殖的"湖民"转为珍珠蚌与传统水产复合养殖的"珠民"。

2）产村互动：产业对发展空间需求剧增

由于珍珠经济价值高，村民纷纷投入珍珠产业，并向周边村庄扩散，导致产业所需的养殖空间急剧增加，继而产生了交易空间的需求。村庄通过村民自发协商、整理，腾挪出了市场用地，促成了初代珍珠市场的建立，使乡村生产空间扩张，生活、生态空间受到一定程度的压缩。

2. 增长期

1）要素分析：外部资本投入、当地社会资本驱动珍珠产业快速发展

珍珠产业的进入门槛较高，珍珠养殖、加工等环节成本较高，且发展与市场的大环境密切相关，2008年金融危机造成严重影响，需求锐减，市场机制的优胜劣汰作用导致了对珠农与企业的洗牌，抗风险能力弱的珠农和企业在养殖端的竞争中出局，促成养殖规模的格局变化并推动了珍珠产业由基于自然资源和原始资本转向了对社会网络的依赖。

当山下湖镇的珍珠养殖初具规模，受益于当地农户良好的商业和市场意识，第一代珍珠市场就办起来了。至今，珍珠市场已历经6次变迁，每一次交易空间的升级换代都极大地推动了珍珠产业的发展。随着珍珠市场的发展历程演进，逐渐形成了山下湖珍珠产业的社会资本积累。基于村庄的共同背景的珠农、企业等一手操办的珍珠市场，铺设了基本的互信关系，使珍珠产业的经济关系具有较强的社会根植性。在原珠生产、市场交易紧密的共同行动下建立起的社会网络，保证了集群信息流通的良好机制，更好地促进了珍珠养殖、加工、交易一体的产业链在当地的完善。高水平社会网络的建立，成为了当地发展珍珠产业的新的竞争优势，流通的资本运作促成产品的后端延伸，驱动珍珠产业不断发展。

2）产村互动：产业发展亟须多元空间

随着珍珠产业的发展，外来资本的投入和本地社会网络的支持使产业发展迅速，产业链向后延伸，出现了工艺品设计加工、食品药品加工等环节，市场日趋规模化、专门化，相应所需的生产空间的类型增加，乡村难以满足产业的发展，因此产业空间逐渐向镇区转移。村

庄转向为产业发展提供基础设施配套，如交通、物流等，并推进养殖空间退出后的生态环境修复。

3. 提质期

1）要素分析：技术进步促进珍珠产业可持续发展

珍珠养殖的技术人才返乡，将新兴农业技术注入养殖方法中。通过研发清水养殖方法，将本地的养殖塘面变为试验田，使用全自动化靶向控制系统，用管网精细控制投放量和频率，做到传统养殖密度（1000只／亩）8～9倍，提高生产效率。企业积极引进加工新技术，把重心放在设计、提升、打造品牌上，通过设计营销，提升产品品质和附加值。

面对外部弹性多样的市场需求，出现了开珍珠网店和直播的新经济模式。在当地，"珍珠哥"最先尝试直播开蚌，日收入高达几千元甚至上万元。引发一大批珍珠商纷纷效仿，初步形成镇区的电商集群。在村庄中，2016年新长乐村的农户开始家庭经营淘宝店、开通直播。交易空间发生了从实体店面到"线上线下"相结合的转型（表8-1、图8-5）。

表8-1 山下湖镇珍珠养殖业发展历程

阶段	零散养殖阶段	大户养殖阶段	规模养殖阶段	向外辐射、内外规模养殖阶段	收缩养殖阶段
时期	1970—1979年	1980—1991年	1992—1993年	1994—2015年	2016年至今
转折事件	何木根养蚌育珠	养殖技术门槛高，市场动荡影响大	经济体制改革	市场需求与养殖规模不匹配	环境污染严重，本地、外省退养政策
特征	家家户户，小塘	开始集中大户	少数百亩户	不乏千万亩户	本地均为百亩户

资料来源：笔者根据访谈资料整理

(a) 华东国际珠宝城及周边珍珠加工企业

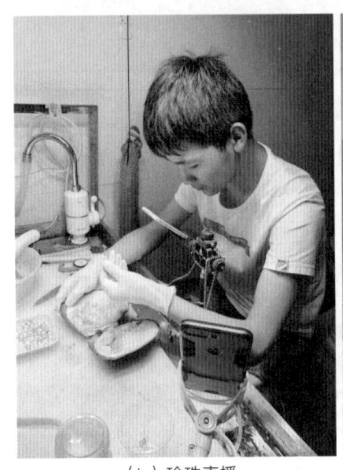

(b) 珍珠直播

(c) 珍珠养殖

图 8-5 山下湖镇珍珠产业发展的空间载体

2) 产村互动：产业向空间提出高品质诉求

随着生产技术革新、贸易市场迭代以及电商经济的兴盛，发展期的产业转入了全产业链发展，相应地也对高品质的人居环境提出了诉求，以期留住高素质人才，推进产业的可持续发展。作为回应，村庄则进一步优化生活、生态空间，如建造景观健身步道、统筹设施配套，提供城乡一体化的公共服务设施，实现村镇的密切联系。

8.2.2 模式优缺点分析

加工贸易业驱动模式的优点主要是村庄集聚效应强,将劳动力留在乡村,村镇联系紧密。山下湖镇的乡村工业化已经进入中后期。镇区的发展规模由于产业发展及配套的需求不断扩大,吸引大量农业人口到镇上潮汐式工作或固定生活,村镇之间的产业及就业发展紧密。总人口数据呈现"小镇大村"的特征,2015 年山下湖镇农业人口高达 89.08%。

加工贸易业驱动模式也存在两方面的缺点:一是包容性较弱,产业进入门槛较高。养蚌的成本投资较大,除购买幼蚌的成本以外,在养殖过程中,珠农还冒着"死蚌"的风险,稍有不慎感染病菌等情况,会出现大量的死蚌,前期的培育与投资全都付诸东流。最重要的是,珍珠市场具有较大风险,价格周期性震荡明显,几年一个轮回。2008 年金融危机对很多贷款养殖及经济实力不足的珠农是致命的一击,使他们不得不做赔本买卖,以致负债累累,放弃养殖。这也是从早期家家户户养蚌到现在珠农户数大量缩减的原因,在几次市场的震荡波动中一些散户逐渐退出了养蚌,从散户逐渐集中至大户规模化养殖。

二是资源环境压力较大。珍珠养殖对乡村环境会造成较大压力。传统的珍珠养殖需要向水体投入大量氮磷肥料,造成水体富营养化,破坏水体及其他生态资源的品质。经过市场的淘汰选择和政府的环境规制"禁养令"的提出,珍珠养殖从"面大、量小"的千家万户分散养殖转变成"面小、量大"的集中塘面养殖(图 8-6)。

图 8-6 死蚌造成环境破坏(左)与河道环境规制(右)

8.2.3 助力加工贸易业驱动模式发展的外部干预

外部干预主要从政策建议与规划策略2个方面着手。对于加工贸易业驱动模式，政策建议应从市场、电商经济、产业链和基础设施4个方面进行政策干预。空间规划着重在环境修复、人居环境提升与交通联系。

1. 政策建议

当地政府应在增强产业包容性、加强生态保护和人居环境建设等方面进行积极有效的政策干预，具体有4个方面。一是对市场宏观管理，对珍珠产业的转型升级发挥着牵引的作用，如辅助建设和管理农民自发组织的珍珠市场，推进市场规模化、专业化，进一步提升山下湖镇作为全国范围的珍珠交易中心的影响力。二是推动电商经济良性发展，整合电商资源；合作大数据业务，将现有的一些数据，如珍珠指数等扩充完善，利用平台为电商、直播商家提供培训课程。三是促进产业链后端延伸，如创办珍珠研究院，与高校合作进行研发；设计中心与国际、国内大师级别的设计师对接，以及同设计专业学生、草根设计师合作进行创意设计；举办珠宝设计大赛、珠宝论坛等。四是提供基础设施、市场信息等公共服务，对新经济电商集群完善推动扶持，如加强与阿里巴巴、京东等电子商务平台合作，建设诸暨山下湖珍珠交易专区，建立电子商务中心，扩大互联网贸易进步带来的个体经济发展。

2. 规划策略

针对加工贸易业驱动模式的村庄，空间主体为生活和生态空间，产业空间大体转移到镇区，留在村庄的产业空间及历史遗留影响使村庄环境仍存在一定压力，因此其空间规划要点应主要关注如下3个方面。首先，应长期关注并致力于环境修复与治理，为村庄和产业的可持续发展提供基础。其次，应逐步提升农村人居环境水平，增加村庄内的公共服务设施配套，满足村民对生活空间日益增长的品质要求。最后，应加强村镇交通联系，并进一步将主要产业空间转移至镇区，注重小镇建设，通过提升生产、生活及生态环境品质，拓展产业服务配套功能，以打造产业转型升级的空间载体。

8.3 面向旅游业驱动模式的乡村规划策略

本书聚焦的旅游业主导型浙江省村镇中，民宿产业驱动的德清县莫干山模式最具代表性和先锋性，是旅游业驱动模式的典型代表。莫干山镇是一个生态资源丰富、聚落结构松散的山区乡镇。2008年以来，其下辖乡村社区吸引并快速培育出强活力、高品质的民宿经济，成为乡村民宿业发展的标志性地区，是全国民宿风潮的策源地。莫干山镇的实地调研主要包括莫干山集镇镇区、燎原村、劳岭村、后坞村、仙潭村等。

8.3.1 产业发展的阶段性及其要素互动关系

莫干山风景名胜区享誉海内外，然而民宿经济并非出现在景区内部，而是出现在莫干山镇，虽然基础条件与风景区内部仍有一定的差距，但仍以自下而上、星火燎原的发展过程集聚了优质的民宿产业，其发展过程可以分为萌芽期、增长期、提质期3个阶段，笔者认为每个阶段的产业发展特征和推动产业发展的主导要素不同，其产村互动发展模式也呈现很强的规律性（图8-7）。

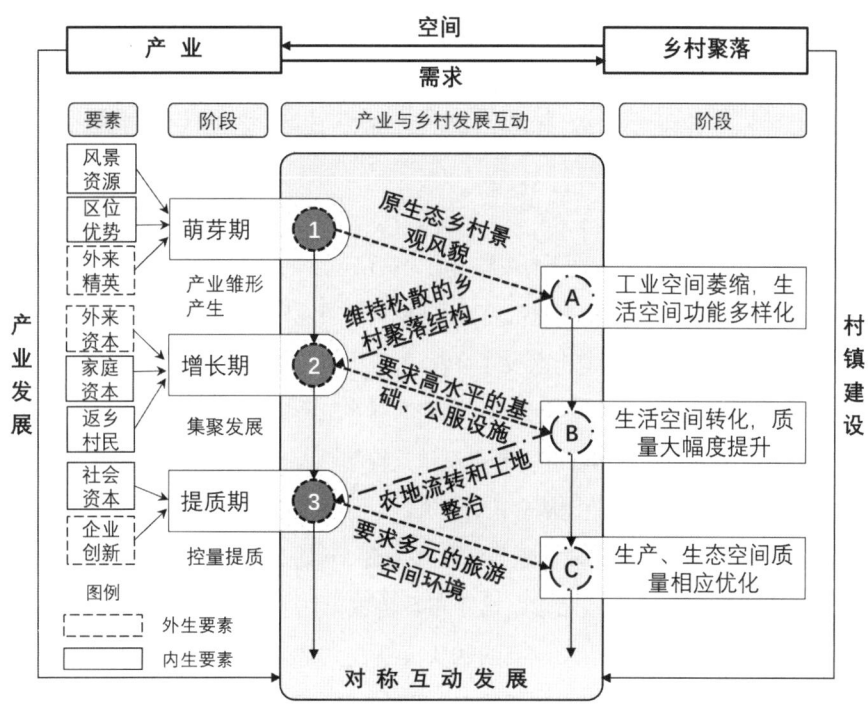

图8-7 旅游业驱动的产村互动发展模式（以民宿产业驱动的莫干山镇为例）

1. 萌芽期

1）要素分析：风景资源与区位要素主导下的民宿产业雏形初现

一方面，优越的风景资源是莫干山发展旅游业的前提条件。作为国家4A级旅游景区、国家级风景名胜区、国家森林公园，莫干山镇是很多人旅游度假的目的地。2007年，南非商人高天成也正是看中了这里得天独厚的自然禀赋，在毗邻风景区的劳岭村山鸠坞改造农房并开发莫干山镇第一家精品民宿,取名"裸心乡"。

高天成作为首个外来精英,创造性地引入民宿产业,对劳岭村经济转型发展具有触媒效应。"裸心谷""裸心堡"在之后的几年里相继投入建设,"裸心系列"的开发让投资者看到了潜力,携大量资本到劳岭村开发高端民宿。资本的注入使当地的村庄形成了最初的民宿产业集群。与此同时,投资者们引进了先进的管理技术和经营理念,驱动劳岭村整体民宿产业向高质量、高水平发展。

另一方面,莫干山镇的区位优势一定程度上助推了民宿经济的形成,民宿经济与区域内以上海为代表的大都市高净值人群的休闲旅游及度假需求相结合。莫干山镇地处上海、南京、杭州构筑的三角区域的核心位置,其区位优势使莫干山镇以一种超越行政管理体系的方式融入新型区域城镇网络。调查数据显示,48%的游客来自上海,本科及以上学历的游客占81%。

2)产村互动:产业萌生需要村庄维持原生态的乡村景观风貌

民宿产业对环境品质的要求很高,面向的消费人群偏好原生态的乡村景观风貌,为留住外来资本,村庄主动促使工业空间收缩,减少迁村并点,维持松散的聚落结构,充分利用现有资源基础进行空间生产。

2. 增长期

1)要素分析:劳动力、家庭金融资本主导下的民宿快速发展

莫干山镇案例表明,基于风景资源的旅游业驱动模式天然地具有"绿水青山"与"金山银山"和谐统一的特征,这种模式一定程度上激发了乡村的活力,吸引劳动力在当地集聚。民宿产业的发展为村民提供了大量的就业岗位,吸引本地年轻人返乡工作,在保有原本生活方式的同时,为村庄注入新的活力。据统计,"洋家乐"带动全镇直接就业人员4500余人。民宿产业兴起后,外出打工的村民比例明显下降,创业比例有较大提升。

民宿产业的发展给本地村民带来了额外的收入来源,可进入市场的家庭金融资本增加。一是提升了农产品销售收入,精品民宿以高于市场价的价格收购附近村民种植的食材以提升服务品质,游客的介入也拓宽了农产品的销售渠道。二是通过租赁流转的形式增加农民的财产收入,民宿的发展带来了房屋出租市场,2017年德清西部农房出租年收入1000余万元,每幢年均收入6万多元;一些村庄依托乡村旅游获得流转土地收入,将一些土地流转给民宿老板,平均每户每年增加收入15 000元,每5年递增10%。随着村民收入的提高,家庭可周转的金融资本增加,部分资本被转移到民宿产业,推进民宿的进一步发展,形成良性的资本循环。

2)产村互动:产业发展对高水平的基础设施、公共服务设施提出进一步的要求

民宿产业的有利可图使投资者和村民纷纷进入市场,民宿产业到达增长期,游客和劳动力的激增需要村庄配套基础设施建设和公共服务设施,村庄通过土地的流转和土地的整治来获得

集中的建设用地,为基础设施的建设和大型项目的引进提供前提条件,推动民宿产业向高端化、精品化发展。

3. 提质期

1）要素分析：社会资本与技术主导下的民宿产业转型升级

随着民宿产业高端化发展的需求,现有的配套服务不能满足高净值人群对品质的需求,莫干山镇又开始自发形成观光农业、户外运动以及文化创意等休闲产业,逐步构建出一二三产业融合发展的全产业链。义远有机农场、Discovery 户外极限探险基地等纷纷落户莫干山镇,对专业管理人才和技术人才的需求激增,民宿主通过引入高端管理人才,对本村的劳动力进行技术培训,为民宿配备小型精品酒店的服务标准,同时配套采摘园、游泳池等的休闲娱乐设施,在市场竞争压力的驱使下形成各具特色的品牌形象和企业文化。铺设了基于民宿产业的互利互惠的社会网络,形成了外来精英、本地乡贤、村民共同致富的场景。

2）产村互动：产业发展带来对多元的旅游空间环境的要求

随着社会网络的形成和管理水平的提升,市场不断扩大,消费人群的复杂化相应对多元旅游空间环境提出了诉求。为避免同质化带来的竞争压力,村庄进一步优化生活、生态空间,匹配适合不同人群的产业空间,培育多样化的产业功能,实现全产业链融合发展（图 8-8）。

图 8-8　民宿产业驱动乡村空间多元化发展

8.3.2 模式优缺点分析

旅游业驱动模式主要有 2 个方面的优点：一是发展过程始终根植于农业农村的自然资源禀赋，凸显乡村发展的包容性。当地基于自然风景资源发展民宿产业，村民可通过出租宅基地或是自主经营的方式以较低的成本进入，准入门槛较低，在发展的过程中自发建立起民宿经营者、村民、游客和谐共处的社会经济网络。二是聚落空间格局得以保留，存续乡村性。用乡村旅游连接城市需求和乡土资源，避免向城市化的模本发展，保留传统乡村聚落空间格局，借助民宿产业焕发新生命。不但使村民致富，还留存了"绿水青山"的乡野面貌，使乡村性得以存续。

然而，旅游业驱动模式的缺点主要是：产业同质化现象十分突出。由于进入门槛低，现在市场上民宿的同质化比较严重，重复模仿，造成资源浪费，也会涉及水资源、环境容量、可持续发展以及交通问题等。竞争加大带来的价格下降也势必导致服务质量的下降。如果民宿数量的增长超过了游客的增长速度，入住率和收益率都将出现下降，甚至面临倒闭的危机。从另一个角度来说，民宿行业经历了高速发展后，需要进入变革与整合的深度调整期，同行竞争将倒逼民宿进行品质升级，市场也会在经历一轮洗牌后重新回归理性。

8.3.3 助力旅游业驱动模式发展的外部干预

外部干预主要从政策建议与规划策略 2 个方面着手。对于旅游业驱动模式，政策干预从土地、环境和品牌着手，规划策略从村庄结构、空间环境和基础设施方面开展。

1. 政策建议

当地政府应向高效服务市场经济的服务型政府转变，提高工作效率、创造良好营商环境，具体可行的政策有 3 个方面。

一是革新土地制度。试点集体土地入市政策，坚持农民主体地位、集约高效利用、市场配置资源、收益均衡共享，其主要意义在于盘活农村土地，为村民增加额外收入的基础上，置换更新产业，为乡村产业发展注入新动力。

二是实施环境规制。基于对环境容量等客观约束的考虑，应出台对民宿进行规范化、品质化的引导政策，如规定合法的民宿必须有卫生许可证、营业执照、税务登记证等，通过明确的指标要求进行规范性建设，鼓励开发精品民宿，实现从数量向质量增长。

三是打造尖端品牌理念。政府应出台相关政策推动劳岭模式的建立，以"深山劳岭，裸心养生"为主题，倡导新的生活方式，推动相关产业"裸心化"发展。明确市场定位，吸引特定客户群体。综合化，引入其他类型的休闲项目作为民宿的配套（图 8-9、图 8-10）。

图 8-9　莫干山民宿行业协会
资料来源：莫干山民宿行业协会提供

图 8-10　仙潭治理工作站

2. 规划策略

针对旅游业驱动模式的村庄，空间规划应该重点关注 3 个问题。首先，保持原有松散聚落结构，对居民点不再强行拆并整合，充分利用现有资源基础进行空间生产，为旅游业重新赋予"乡野"和"生态"的意义。其次，打造具有特色的乡村旅游空间环境，在尊重村庄现有历史文化的基础上改善建筑风貌、提升环境品质，凸显村庄特色，减少旅游产品同质化现象。最后，积极提升基础设施和公共服务设施的建设水平。为村庄的旅游业发展提供对应的环境配套，如提升和修缮道路、排水系统、网络覆盖等，改善松散型村庄结构供给效率低下的问题。

8.4　地方产业驱动乡村发展的"乡村产业振兴工作法"

"乡村产业振兴工作法"包括"九要点"和"三阶段"，具体要点如下。

8.4.1　"九要点"具体内涵

在浙江省典型案例乡村地区的"产村互动"发展框架检验的基础上，本书试图总结出一套具有一定通用意义的"乡村产业振兴工作法"。针对不同产业主导型的乡村，总结提炼了"九要点"。

首先，传统农业驱动模式的优点是产业发展的根植性和乡村性较强，在各个发展阶段都能驱动价值回归到本地的本土关联产业。同时，产业进入门槛低、平民化，有利于乡村地区的包容性发展。该模式下的乡村产业振兴需要重视 3 个方面：种源定桩、要素配置和细化确权。其中，

"I-1种源定桩法"的具体策略包括：寻找适合村庄的农业品种，结合周边市场需求进行农产品定位，农产品培育技术提升与推广，以及农产品品牌塑造与营销等。"I-2要素配置法"的具体策略包括：努力让流转土地达到规模化种植水平，提供与生活空间相对分离的生产交易空间，配置相对完善的基础设施和公共服务设施，以及劳动力量的输送与质的保证等。"I-3细化确权法"的具体策略包括：推进和保障农村产权的长期稳定，界定清晰土地所有权、使用权、经营权、分红权、监督权，促成农产品公益性与产业市场化有机结合，以及颁发原产地证书，维护品牌利益等。

其次，加工贸易业驱动模式的优点主要是村庄集聚效应强，将劳动力留在乡村，村镇联系紧密。该模式下的乡村产业振兴需要重视3个方面：能人带动、服务固基和镇村共享。其中，"II-1能人带动法"的具体策略包括：深入了解群众的在地智慧，创新学习技术与教学的奖励机制，引入适合农村的技术培训点，以及加强乡情培育，引领有志者返乡建设等。"II-2服务固基法"的具体策略包括：全域化因地制宜布局服务设施，产品化定制符合村庄基本情况的服务配套设施，完善经营管理体制和落实养护责任，以及拓宽投融资渠道，鼓励政企合作等。"II-3镇村共享法"的具体策略包括：推进美丽乡村建设和缩小镇村差别，在镇村协同发展的框架内推进资源要素配置，加快镇村交通、物流设施建设，为"互联网+"背景下的新型业态提供基础支持，以及创新镇村共享的公共政策等。

最后，旅游业驱动模式的优点是发展过程始终根植于农业农村的自然资源禀赋，凸显乡村发展的包容性；同时，聚落空间格局得以保留，乡村性得以存续。然而，缺点主要是产业同质化现象十分突出。因此，该模式下的乡村产业振兴需要重视3个方面：精准定位、金融支持和功能注入。其中，"III-1精准定位法"的具体策略包括：根据区位条件明确旅游产业定位，保持原有的乡村聚落结构，避免大拆大建，引进适合村庄的高质量项目，形成效益示范，以及建立可供村民和投资者共用的教学和培训点等。"III-2金融支持法"的具体策略包括：鼓励村民创业和提供财政支持，明确优惠条件和引进外来资本，提出众筹机制和吸收社会部分闲散资金，以及积极探索、建立和完善各种风险分散机制等。"III-3功能注入法"的具体策略包括：修复和激活乡村特色，避免同质化，保持为乡村注入现代化的宜居功能，因地制宜培育多样化的产业功能，以及树立行业规范，抑制低质"农家乐"泛滥等（图8-11）。

	传统农业主导型	加工贸易业主导型	旅游业主导型
萌芽期	**I-1 种源定桩法** 1) 寻找适合村庄的农业品种 2) 结合周边市场需求进行农产品定位 3) 农产品培育技术提升与推广 4) 农产品品牌塑造与营销	**II-1 能人带动法** 1) 深入了解群众的在地智慧 2) 创新学习技术与教学的奖励机制 3) 引入适合农村的技术培训点 4) 加强乡情培育，引领青年返乡建设	**III-1 精准定位法** 1) 根据区位条件明确旅游产业定位 2) 保持原乡村聚落结构，避免大拆大建 3) 引进适合的高质量项目，形成效益示范 4) 建立可供村民和投资者共用的教学培训点
增长期	**I-2 要素配置法** 1) 流转土地达到规模化种植 2) 生活空间与生产交易空间分离 3) 配置完善的公服设施和基础设施 4) 劳动力量的输送与质的保证	**II-2 服务固基法** 1) 全域化因地制宜布局服务设施 2) 产品化定制符合实际的设施 3) 完善经营管理体制，落实养护责任 4) 拓宽投融资渠道，鼓励政企合作	**III-2 金融支持法** 1) 鼓励村民创业，提供财政支持 2) 明确优惠条件，引进外来资本 3) 提出众筹机制，吸收社会部分闲散资金 4) 探索、建立和完善各种风险分散机制
提质期	**I-3 细化确权法** 1) 推进和保障农村产权的长期稳定 2) 界定土地所有权、使用权、经营权 3) 兼顾农产品公益性与产业市场化 4) 颁发原产地证书，维护品牌利益	**II-3 镇村共享法** 1) 推进美丽乡村建设，缩小镇村差别 2) 镇村协同发展推进资源配置 3) 加快交通物流设施建设 4) 创新镇村共享的公共政策	**III-3 功能注入法** 1) 凸显乡村特色，避免旅游产品同质化 2) 保持为乡村注入现代化的宜居功能 3) 因地制宜培育多样化的产业功能 4) 建立行业规范，抑制低质"农家乐"

图 8-11 "乡村产业振兴工作法"的"三阶段"与"九要点"

8.4.2 "三阶段"总体特征

上述"乡村产业振兴工作法"的"九要点"的作用时机也有一定的阶段性特征，对应着乡村地区产业发展的"三阶段"——萌芽期、增长期、提质期。随着产业发展"三阶段"的展开，三种主导产业型乡村的工作法呈现出"异—同—异"的总体特征。

首先，在乡村产业发展的萌芽期，乡村产业振兴工作法因不同产业所依赖的资源禀赋不同而具有显著差异。传统农业依赖的资源禀赋是优势农作物，因此选择优势品种的"I-1种源定桩法"为首要工作。加工贸易业的启动在于发现商机和技术变革，因而"II-1能人带动法"为关注重点。而旅游型村庄依赖的资源禀赋是风景文化资源，关键在于对已有资源的挖掘和定位，此时产业发展最需要的是"III-1精准定位法"。

其次，在乡村产业增长期，乡村产业振兴工作法在不同产业间具有普适性，核心均是为产业规模进一步扩大提供所需的要素，如基础设施、公共服务设施以及金融制度等的支持。在具体操作时，考虑不同产业的主要选择指标不同，故而为传统农业、加工贸易业和旅游业分别选择了"I-2 要素配置法""II-2 服务固基法",以及"III-2 金融支持法"。

最后,在乡村产业发展期,乡村产业振兴工作法由于不同产业的导向侧重点不同而具有显著差异。传统农业与土地联系紧密,为维护农村产权的长期稳定建议采取"I-3 细化确权法"。加工贸易业对基础设施及公共服务设施的要求不断提高,因此为了强化乡村与产业的联系应采用"II-3 镇村共享法"。旅游业发展的侧重点在于是摆脱低质化、同质化,建议以"III-3 功能注入法"引导旅游业提质升级发展。

8.5 小结

本章以地方产业驱动乡村振兴的浙江模式作为研究样本,选择传统农业、加工贸易业和旅游业 3 种不同主导产业型乡村展开案例研究。从乡村地区产业发展与人居环境发展的匹配程度,建构"产村互动"发展解释模型,揭示上述案例地区地方产业驱动乡村发展的动力机制及规划干预的重要性。进一步总结提炼出"三阶段、九要点"的"乡村产业振兴工作法",以期为乡村地区产业发展的规划干预及乡村干部总结一套切实可行、以振兴产业为宗旨的通用型实践工具。

伴随着"乡村振兴"战略在全国范围内的持续推进和深化,我国广大的乡村地区将迎来新一轮的发展机遇,但学界对地方产业驱动乡村聚落发展的认识落后于现实情况的发展,现行的乡村规划体系缺乏有效的干预手段,在理论和实践 2 个层面都存在一定缺憾,但也存在较大的潜力和机遇。而本书涉猎的乡村实例种类有限,无法实现全面覆盖各种类型的乡村地区,对于产业驱动乡村振兴的模式和规律性认识仍有局限性。后续研究宜不断细化产业类别进行乡村聚落分类和深度田野调查,从经济、社会、空间等多维度归纳基于不同类别地方产业的乡村聚落发展的类型学特征,不断深化构建地方产业驱动乡村聚落发展的解释性理论,提出更有针对性的面向乡村聚落"产业-社区"可持续发展的规划策略和政策建议。

参考文献

[1] LONG H L, WOODS M. Rural Restructuring Under Globalization Ineastern Coastal China: What Can be Learned From Wales?[J]. Journal of Rural and Community Development, 2011, 6(1): 70-94.

[2] 陈晨，杨贵庆，徐浩文，等 . 地方产业驱动乡村发展的机制解析及规划策略：以浙江省三个典型乡村地区为例 [J]. 规划师，2021，37（2）：21-27.

[3] 杜宁，赵民 . 发达地区乡镇产业集群与小城镇互动发展研究 [J]. 国际城市规划，2011，26（1）：28-36.

[4] 费孝通，鹤见和子，等 . 农村振兴和小城镇问题：中日学者共同研究 [M]. 南京：江苏人民出版社，1991.

[5] 贾根良 . 演化发展经济学与新结构经济学：哪一种产业政策的理论范式更适合中国国情 [J]. 南方经济，2018（1）：5-35.

[6] 李孝坤，李忠峰，翁才银，等 . 县域乡村发展类型划分与乡村性评价：以重庆三峡库区生态经济区为例 [J]. 重庆师范大学学报（自然科学版），2013，30（1）：42-47+133.

[7] 李裕瑞，刘彦随，龙花楼，等 . 大城市郊区村域转型发展的资源环境效应与优化调控研究：以北京市顺义区北村为例 [J]. 地理学报，2013，68（6）：825-838.

[8] 梁樑，程子绮，张梨慧 . 台湾"农村再生"计划的经验和做法：以台东县永安社区及南投县桃米社区发展为例 [J]. 海峡科学，2017（5）：57-59.

[9] 龙花楼，刘彦随，邹健 . 中国东部沿海地区乡村发展类型及其乡村性评价 [J]. 地理学报，2009，64（4）：426-434.

[10] 陆铭，张爽 . 劳动力流动对中国农村公共信任的影响 [J]. 世界经济文汇，2008（4）：77-87.

[11] 孟欢欢，李同昇，于正松，等 . 安徽省乡村发展类型及乡村性空间分异研究 [J]. 经济地理，2013，（4）：144-148+185.

[12] 孙伟，邝乃翰 . 关于美丽乡村建设内生动力的调查与思考：以 J 市为例 [J]. 经济动态与评论，2018（2）：30-39+177.

[13] 王祯，杨贵庆 . 培育乡村内生发展动力的实践及经验启示：以德国巴登—符腾堡州 Achkarren 村为例 [J]. 上海城市规划，2017（1）：108-114.

[14] 吴亮，王先知，里雨曦 . 黄岩报告：乡村振兴工作法 [J]. 财经国家周刊，2018（7）：23-33.

[15] 吴梦肖，尹洁 . 乡村发展九模式：以陕西省西安市村庄发展规划为例 [J]. 农村金融研究，2007（8）：24-28.

[16] 新华社 . 生动的实践 美丽的昭示：读解浙江"千万工程"中的全面小康建设示范村生动的实践 [EB/OL]. （2019-01-13）. https://www.gov.cn/xinwen/2019/01/13/content_5357544.htm.

[17] 颜文涛，黄欣，邹锦 . 融合生态系统服务的城乡土地利用规划：概念框架与实施途径 [J]. 风景园林，2017（1）：45-51.

[18] 颜文涛, 卢江林. 乡村社区复兴的两种模式: 韧性视角下的启示与思考 [J]. 国际城市规划, 2017, 32 (4): 22-28.

[19] 杨贵庆, 戴庭曦, 王祯, 等. 社会变迁视角下历史文化村落再生的若干思考 [J]. 城市规划学刊, 2016 (3): 45-54.

[20] 张培刚. 发展经济学教程 [M]. 北京: 经济科学出版社, 2001.

[21] 张尚武. 城镇化与规划体系转型: 基于乡村视角的认识 [J]. 城市规划学刊, 2013 (6): 19-25.

[22] 张天泽, 张京祥. 乡村增长主义: 基于"乡村工业化"与"淘宝村"的比较与反思 [J]. 城市发展研究, 2018, 25 (6): 112-119.

[23] 赵民, 游猎, 陈晨. 论农村人居空间的"精明收缩"导向和规划策略 [J]. 城市规划, 2015 (7): 9-18+24.

[24] 赵泉民, 井世洁. 转型期乡村社会资本生态: 动态发展中的共存与互动 [J]. 天府新论, 2011 (6): 101-107.

后记

本书源于一项有关江浙地区地方产业驱动乡村聚落发展研究的国家自然科学基金研究课题、上海同济城市规划设计研究院有限公司的规划实践，以及同济大学乡村振兴研习社组建前后连续七年的浙江省乡村社会调查。2018年4月，同济大学建筑与城市规划学院牵头成立同济大学乡村振兴研习社，以城乡规划、建筑、风景园林、土木、环境、交通等众多优势学科为基础，推动全校范围内"乡村振兴"相关理论学习、社会实践、志愿服务和创新创业等工作，探索建立高校第一课堂与第二课堂融合的实践育人培养体系——"乡村共创"体系，笔者担任指导老师。同济大学乡村振兴研习社最重要的工作之一，就是每年发动以浙江省乡村振兴最佳实践案例研究的乡村调研，扎实的田野调查和组织创新为本书成果奠定了扎实的基础。

笔者在对浙江案例的研究过程中，逐步认识到地方产业驱动乡村聚落发展与产业振兴的经验具有重要的理论价值和现实意义，可以为我国先发地区地方产业发展的特征和普遍规律的探索提供借鉴。同济大学课题组由陈晨、赵民、杨贵庆、陈智杰、刘爽、耿佳、颜思敏、孙烨、李湘铖、罗展仪、张卓昇、徐浩文、王昱菲等老师和研究生组成。本书编写思路和提纲由陈晨拟定；第1章由陈晨撰写；第2章由陈晨、陈诗芸、罗展仪、孙烨撰写；第3章由陈晨撰写；第4章4.1节由陈晨、颜思敏撰写，4.2节由陈晨、刘爽、罗展仪撰写，4.3节由陈晨、耿佳撰写；第5章5.1节由陈晨、耿佳撰写，5.2节由陈晨、刘爽撰写，5.3节由陈晨、张卓昇、李湘铖撰写；第6章6.1节由陈晨、耿佳撰写，6.2节由陈晨、颜思敏撰写，6.3节由陈晨、刘爽、李湘铖撰写；第7章主要由耿佳、陈晨、孙烨撰写；第8章由陈晨、杨贵庆、徐浩文、王昱菲撰写；全书最终由陈晨、聂中义、陈诗芸、孙烨、黄龙颜、高文琳完成文字校正工作。

本书的写作受到了同济大学朱介鸣教授、彭震伟教授的指导，在此对朱教授和彭教授的思路启发和诸多帮助致以诚挚的谢意。特别感谢浙江省各市、县（乡）和村镇有关政府部门以及许多村镇居民对相关调研的配合和支持。此外，还要衷心感谢同济大学团委陈城、唐志宇、高玉磊、刘扬、孙羽捷、乔木、张绣宇、齐梦瑶和同济大学建筑与城市规划学院团委方勤、赵承志的全力支持和共同奋斗，以及同济大学乡村振兴研习社的颜思敏、郭伟斌、刘爽、于子涵、冯子亭、邬文婕、霍逸馨、周奕辰、王佳慧、陈梦阮、吴雨欣等许多学生骨干力量的辛勤付出，在此一并致以诚挚的谢意。

陈晨

2024年3月31日

图书在版编目（CIP）数据

地方产业驱动的乡村振兴之路：浙江模式研究 / 陈晨著．-- 上海：同济大学出版社，2024.8
ISBN 978-7-5765-1169-7

Ⅰ．①地… Ⅱ．①陈… Ⅲ．①乡村－农业产业－产业发展－研究－浙江 Ⅳ．①F327.55

中国国家版本馆 CIP 数据核字 (2024) 第 103421 号

国家自然科学基金面上项目"地方产业驱动乡村聚落发展的特征、机理及规划对策——以江浙地区为例"（批准号：51978478）

地方产业驱动的乡村振兴之路
浙江模式研究

陈晨 著

出 品 人	金英伟
策划编辑	吕 炜
责任编辑	金 言
责任校对	徐春莲
装帧设计	张 微

出版发行　同济大学出版社 www.tongjipress.com.cn
　　　　　（地址：上海市四平路 1239 号　邮编：200092　电话：021-65985622）
经　　销　全国各地新华书店
印　　刷　上海安枫印务有限公司
开　　本　787mm×1092mm　1/16
印　　张　14
字　　数　309 000
版　　次　2024 年 8 月第 1 版
印　　次　2024 年 8 月第 1 次印刷
书　　号　ISBN 978-7-5765-1169-7
定　　价　88.00 元

本书若有印装质量问题，请向本社发行部调换　　版权所有　侵权必究